中 国 朗 诵
艺 术 论 纲

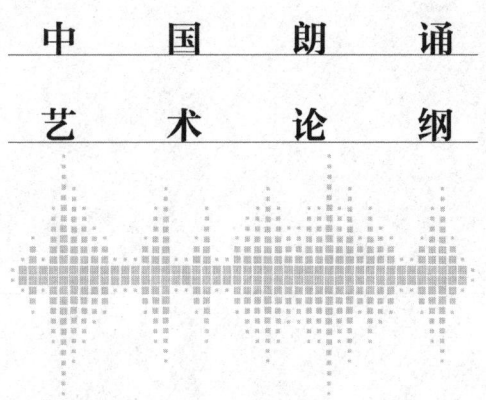

郭 雷｜著

中国广播影视出版社

图书在版编目（CIP）数据

中国朗诵艺术论纲 / 郭雷著. — 北京 ：中国广播
影视出版社，2022.11（2024.3重印）
ISBN 978-7-5043-8751-6

Ⅰ．①中… Ⅱ．①郭… Ⅲ．①汉语－朗诵－语言艺术
Ⅳ．①H119

中国版本图书馆CIP数据核字（2022）第002586号

中国朗诵艺术论纲

郭雷　著

责任编辑	宋蕾佳
责任校对	龚　晨
装帧设计	智达设计

出版发行	中国广播影视出版社
电　话	010-86093580　010-86093583
社　址	北京市西城区真武庙二条 9 号
邮　编	100045
网　址	www.crtp.com.cn
微　博	http://weibo.com/crtp
电子信箱	crtp8@sina.com

经　销	全国各地新华书店
印　刷	三河市同力彩印有限公司

开　本	710 毫米 ×1000 毫米　1/16
字　数	247（千）字
印　张	20
版　次	2022 年 11 月第 1 版　2024 年 3 月第 2 次印刷

书　号	ISBN 978-7-5043-8751-6
定　价	79.00 元

自 序
PREFACE

一

对这本书的写作，我的思考是用心的、落笔是认真的。这是我在本书伊始就要给自己和读者从思想意识层面和行为方式角度的一个明确而又坦率的交代。

这本书主要提出并回答了如下三个问题：

什么是朗诵？

为什么这样的语言外化形态叫朗诵？

怎么才能提高朗诵技巧？

此外，本书结合列举解析，首次提出并阐述了"朗诵五元"理论。

朗诵，是指读[①]文而使之有节。

朗诵是一种高级的有声语言表达活动，是有别于生活语言状态的，当然也是源于生活语言并远高于它的，已经进入了艺术语言范畴的大众传播行为。换言之，朗诵是有标准界定的，不是任何一次或者任意一种将文字大声地背诵、说出来或者读出来的口语活动都可以被称为"朗诵"的。

朗诵是表意达情，既要表述文字信息的意，又要传达意识逻辑的情。朗诵要

———————————
①读：多音字，dú 音，本义为读书；dòu 音，多指句中停顿。

全面地建立意识层面的"无一处无依据",也要精准地实现口语外化角度的"无一处无变化"。朗诵不是大喊大叫。

二

这个伟大的数字化时代,让音频、视频文件的获得与传播变得极为方便。

很久以来,我受邀或者被动地收听、收看了多个口语表达作品,稍加留意即可发觉绝大部分所谓的"朗诵"还远远不可以被称为真正的、专业意义层面的朗诵。这些朗诵只能被当作某些口语表达爱好者和技艺不精的执业者们由于缺少甚至没有基本的专业天赋,缺少甚至不具备基本的训练功夫,缺少甚至没有基本的播讲意识居然毫无顾忌地、错误地使用了自认为舒适或者自我感觉良好的所谓的技术技巧后,非常勇敢地将嗓音呈现在大众视听范围的举动。之于此,鄙人将其称之为"见字儿出声儿"或者"念字儿出音儿"。

朗读者将每个字、词都念对了,读清楚了,这仅仅是做到了没有吃字和吞音而已,但是这样的思想认知和口语方法,以及由此衍生而成的有声语言样式都并不意味着朗诵时每个字都要等重量、同形态,否则就是"念字儿"了。还有许多人将播音主持基本功训练中两字词、三字词等的播读练习手段,直接当作了口语表达的技术技巧并缺少甚至毫无变化地运用到了朗诵口语外化的实践当中。这是朗诵的专业规定性和职业实践性所不允许的,因为那样也只是"念字儿"而已。

三

这本小书是从朗诵是什么、为什么、怎么做,这三方面来阐述的,即依据社会大众普遍和广泛的认识问题、分析问题、解决问题这样的认知顺序,形成了"正本清源识朗诵""本立道生习朗诵""经典作品朗诵阐释"三编。这样的写作次序相信广大朗诵爱好者、职业工作者以及社会大众是可以看得明白和易于接受的。

虽然我没有那么全面和放之四海而皆准的关于所有被朗诵文字和汉语表达的思想认知标准,但是本书每一篇(段)文字的表达和分析都并不是我个人的主观臆断，它们都是从社会大众即老百姓最容易认同和理解的层面——饥则念食、渴则思饮、疲则欲息一样的通识认知角度来进行诠释的。这些有关"饥、渴、疲"三方面的认知，都是社会大众情感得以建立和能够存在的一般性、共通性和最基本的情理来源。

虽然不排除在大千世界的茫茫人海之中，可能存在着"饥不念食、渴不思饮、疲不欲息"的特殊社会成员以及他们的个性化举动，但那毕竟是极为罕见的特异化的个人行为，不属于"大众"的范畴，更不在"朗诵作为大众传播活动的社会意义之中"，所以本书中相关的认知、解析、阐述、诵读的技术和建议是可以被绝大多数社会群体所信服和接纳的。

本书中"是什么"是基础，它解决的是大众对朗诵作品基本认知和感悟的问题；"为什么"是关键，它解决的是意识原因和逻辑根据的问题；"怎么做"是总成，它最终实现了表意达情的目的。论纲中也有大量的实践案例，当然有关实践的技术和建议也是以解析、论述为基础展开的。

四

我的播音主持学习和实践起于弱冠之年，后研习、执业于 25 年的朝暮之间从未中断，延传至今已逾不惑之年，各类体裁内容我多有涉猎，虽不敢妄言成就，但是我对播音、主持、朗诵等口语表达专业和职业的经历感悟，是与这类实践性专业、职业同步契合的。所以这本小书的字里行间不仅裹挟着我个人的专业理想，同时也饱含了一位老播音员的职业情怀。也正因为如此，朗诵"五元"理论的提出和相关朗诵实践的指导动议并非无源之水、无本之木。它们都是我结合多年专业实践并经过系统研判、仔细梳理和综合思虑后负责任的结论表述。

朗诵"五元"理论是指支撑朗诵口语外化行为和构成朗诵语言艺术性存在的五位元素，即"声儿""字儿""气儿""劲儿""味儿"。其中"声儿"是主导，"字儿"是承载，"气儿"是核心，"劲儿"是感知，"味儿"是目的。之所以在此将"声、字、气、劲、味"五种现象和感知类型加以儿化音的表述，就是便于大众最直观地认知和理解。

五

本书的主要内容是从朗诵口语外化实践的意识建立出发的，经过基本认知得出信息、逻辑分析生出感悟之后，进而才确定了诵读的意识原则直至给出具体建议以利于朗诵实践。换言之，凡是在每一个"朗诵技术技巧和口语表达基本态"的朗诵指导建议之前的所有文字阐述，都应该是朗诵者在进行该篇作品朗诵实践之前的意识存在和备稿逻辑。

本书的实践内容融入了理论内容的阐述之中，以举例解析为主要方式。首先进行了字、词的科学性识别和标准化界定，继而进行了文字信息的解释和逻辑关系的分析，以令上述两步成为第三步——"声儿、字儿、气儿、劲儿、味儿"的技术技巧和口语外化基本态的认知基础和感受支撑。

本书对每一个作品或者节选段落都按照《中国播音学》中备稿六步的要求进行了研究性说明，虽不敢妄言条分缕析、字字珠玑，但也尽量做到了通感的准确和意识的流畅，可为人知晓进而能被人看懂最后可供参考和使用，如此方有实践和实际意义。

在列举的诵读技术技巧和口语外化基本态的指导建议中有许多指令性的提示性词语，于此做相关的解释性说明：

"气儿足"，指气息量大；"气儿实"，指气息的密度大；"气儿浅"，指气息量小而且稀疏；"缓吐"，指气息慢速地上行运动；"徐吐"，指气息有控制但是持续的上行运动，与"缓吐"有别；"疾吐"，指气息快速地向上运动；"虚吐"，指气息衰弱、似有似无地运动。

"字儿全"，指字的所有形态都明显存在；"字儿半全""字儿短"，是指在做到不吃字的基本专业要求的同时，"字儿"的形态存在长短的不同；"音程"，指声调完成的速度。

"声儿""劲儿""味儿"的提示描述词语易于理解，在此不再赘述。

　　以上述形式的列举进行比对性地解析、讲述和实践指导旨在表明朗诵"五元"理论不是孤立存在的，它们是互相成全、彼此实现的。假以时日，相信朗诵习练者在揣度、试验和实践之后，可以逐步建立起一个科学的播讲意识惯性和协调的表达生理记忆。

　　朗诵实践需要感性的认知、理性的思考和科学的表达。对朗诵的研究也需要"大胆地假设，小心地求证"。这里的"假设"是朗诵者对文本跨越时空的合理性推测，此处的"求证"是实践者符合大众意识的通识性获得。

　　本书中的有些阐述对诸多初学者而言可能会颇感深奥，对有些从业者来说可能也会略感蹊跷。在此我建议大家仔细地、比对着、琢磨着、思辨着、上下文联系着、前后文关照着将朗诵"五元"理论协调着来阅读。特别是许多技术技巧的诵读指导建议部分需要上着口、念叨着、嘀咕着，以实践的状态研判着来阅读。这些都是十分必要的和科学的。

六

　　对语言表达的专业学习方法和职业实践技巧，我是一个天赋论和实践论者。

　　简言之，你是不是那块料？你有没有经历过长时间的系统学习和规范的专业实践？客观地讲，许许多多的有声语言学习者和职业者往往缺少、缺乏甚至根本就没有艺术语言表达的基本素养，只是出于个人的兴趣和职业的需求而多年来在自己闭门造车的道路上"孜孜不倦"，导致形成了顽固的无法回到正轨的错误。

　　"闻道有先后，术业有专攻"，这个道理再正常不过。当然这些人如果学习其他专业也许是合适的，从事其他职业也许会是很优秀的，但从事不了朗诵所以既然有那么多人喜欢朗诵，诸位就不能只是简单、慵懒的，还存在着距离地走近它，而是要让我们零距离地走进它，真正地走入它，真心地研究它、琢磨它，真切地实践它、丰满它，真实地建设它、规范它，继而拿出真情来去爱护它、发展它！

　　这才是真正的不忘初心和记得我们出发时的方向。

七

　　我与中国播音主持史研究基地主任高国庆教授曾经共读于北京广播学院（现中国传媒大学），此君乃为中国第一位广播电视语言艺术方向的博士后。他曾经多年实践在播音、主持一线，现活跃于语言表达传播的教学和研究前沿，著述甚丰。我每与此君晤面，不论何地，我们双方都以最快的语速和最大的信息量就共同关心的专业和职业问题广泛而深入地交换意见。国庆兄经常的言辞就是——说得对！写出来！你要发声！

　　之后还将其掌握的极为鲜见的相关专业史料馈赠予我，并时常过问写作进度，同时毫不吝惜地加以真诚的赞赏，进行了及时的把关。可以毫不夸张地说，这本小书的诞生是在高国庆教授催促式的鼓舞下完成的。于此特向老同学、好弟兄高国庆博士表达由衷的感谢！

　　衷心地感谢中国传媒大学马玉坤教授和夫人刘春燕老师的热情鼓励。刘老师当初的话犹在耳畔——"先做好砖头、打好基础"。此时想来，是啊！一个专业、一个职业又何尝不是如此呢？！

　　基于中国传统文化中的"五行""四象"理论和其他相关的文史哲知识，我在这本书中首次提出了朗诵"五元"理论并且形成了一个基本完整的意识逻辑和连贯的实践体系。当然其中的内容还需要我在未来的学习和实践中继续完善，同时也热忱地欢迎和真诚地期待学界、业界专家的共同研讨和坦率指导，以期携手建设和实现汉语言表达之美！

　　这是我的第一本学术专著，谨以此书献给我的父母、亲人、师长、同行和朋友们！

郭雷

2022 年 3 月于北京三省斋

目　录
CATALOGUE

上 篇

正本清源识朗诵

正本清源

什么是"正本清源"？

清代文字训诂学家段玉裁在《说文解字注》中述："正、本，意即是也。清，朖者、明也。澂而後明，故云澂水之皃。引申之'凡潔曰清'。凡人潔（jié，同"洁"）之亦曰清，'清'，同瀞（jìng，古同"净"）。源，水、泉之本也。"

具体音、义为：朖（lǎng），古同"朗"；澂（chéng），今作"澄"，水清而静；"後"（hòu），今同"后"；皃（mào），同"貌"，形容……的样子，就是干净、澄澈和本来的样子。

所以，正本清源就是指事物原本和应该有的样子。

朗诵的定义

什么是"朗"？

什么是"诵"？

什么是"朗诵"？

东汉时期著名文字学家许慎于《说文解字》中记："'朗，明也。'本意指明亮、响亮。'诵，讽也。'本意指背诵、诵读。抑、扬、高、下其声，而后可以得其人之性情与其贞淫、邪正、忧乐之不同，是诵之范式。"

《周礼·大司乐》曰："背文曰讽，以声节之曰诵。" "节之"，意思是使之产生节奏、节律和节韵。如果依据"诵"字的构成形态来认知的话，"诵"由"言"和"甬"组合而成，"言"是指语言文字，"甬"是指事物的初始形态和原有的内涵，那么"诵"就是指文字和语言天然就具备的社会情感内涵。

所以，朗诵的概念可以被定义为——读文而使之有节，就是用明亮的，并可被接受的嗓音背诵和朗读文字，使之听起来有重音、停连、语气和节奏的感受，进而让受众对被朗诵的文字产生情感认同的社会化有声语言表达行为。

朗诵的认知

上述所言的"读文"与"有节"又各自存在两个层面的认知和理解。

"读（dú）文"，将文字嗓音口语化。此其一。

"读（dòu）文"，读（dòu），通"逗"，逗号，一句话意思未完之时的停顿即为"逗"，书写表示所用的标点为"，"，意指在文字口语外化过程中停顿的长短与后续连接的变化。此其二。

唐代文学家韩愈于其所著的议论文《师说》中记："句读之不知，惑之不解，或师焉，或不焉……"今译为：（学生）在不知道文章的休止（句）和停顿（读dòu）而感到迷惑不解的时候，有的请教老师，有的不请教…… 这样的记述就是古时师者在向学者传道授业解惑之时，要求学生认知和理解文辞方式、方法的明证。

还有一个为人熟知的相关例子——下雨天、留客天，天留，我不留！如果句读（dòu）变化成——下雨天、留客天，天留我不？留！同样一个句子所呈现出来的文字意思表示就截然相反了。

通过这两个事例足见在文字的口语外化过程中因声音信号停顿的长短与后续

连接变化即语气的不同，对传播效果的产生和存在具有了是非的决定性作用。所以，朗诵定义中的"读文"就不仅仅指表象的嗓音口语外化行为这一个层面，还指必须在朗诵中形成和建立口语外化之后的逻辑意识关系。

关于"有节"的认知和理解也有两个层面。

"有节"，节制、节约。这是指朗诵者对嗓音使用得（de）有节制、有目的和非随意，需要口语外化的收放有度和运用自如。此其一。

还要使被朗诵的文字信息听起来得（děi）有重音、停连、语气和节奏的感受，这样的变化即为节律和节韵。这就要求朗诵者要通过有依据的和相对规律性的声音信号，令受众对朗诵的传播结果产生来自精神层面的感受性震动。此其二。

《说文解字》："卖，出物货也。"可见不论"读"字取 dú 义，还是取 dòu 义，皆可理解为对左偏旁（言，即文字语言）的口语外化。那么如何进行口语外化才能让社会大众接受进而产生持续性地接纳，或者像使用钱币一样来心甘情愿地购买"语言"这个"物货"呢？这就是"读"的意识和行为要追求的高级艺术境界了。

鉴于此，朗诵的语言形态就不能是随意地念文字了，那样只能被界定为见字儿出声儿或者念字儿出音儿而已。朗诵的语言外化形态和结果应该包括声儿、字儿、气儿、劲儿、味儿这五方面，简称"朗诵五元"。

声儿，就是朗诵者的嗓音样式；字儿，就是口语表现出来的字的形态；气儿，是指气息的存在形态和运动状态；劲儿，是指口语外化之后受众能够感受到的听觉力度；味儿，是指朗诵表达完成之后可以和已经给受众的精神世界造成的感觉、感受和感动的意识变化。

第一节　朗诵之"声儿"的内涵

声，音也。（东汉·许慎《说文解字》）

"感于物而动，故形于声"（《礼记·乐记》），是指物体在气流振动下所产生的能被听见的声响。

事实上可以被朗诵使用的"声儿"，有其口语表达的专业规定性和大众传播的职业特定性，但不是所有生命体的声带振动产生的全部嗓音都可以适用于朗诵，这是语言传播的社会属性的必要和人文美学的界定。

历来，社会成员之间无法以无声的或通过书写状态来完成最大体量和最精细化的意思表示，这是只有有声语言的便利性和准确性才能带来的社会沟通属性。由于我国社会成员众多，汉语言使用者数量巨大，加之个人意识标准无法完全实现统一，又缺少和不易进行专业化地普及，进而令社会群体对嗓音的个体认知较宽泛，形成了差异化，因而导致了对朗诵"声儿"的大众认知结果各异，甚至差别程度有如天壤之别。

这类现象恰似家常菜品还是美味珍馐，抑或高官巨贾还是黎民百姓，实在是众口难调，更不敢奢望达成众人皆赞。这是个体味觉喜好和判别标准不同的原因所致，也是社会生活的常态和大众的通感。你可以有各美其美的喜好、自由，也允许他有美人之美的主观心愿，然而由于朗诵活动的社会性，不得不让广大朗诵习练者、职业者研判和实践来自社会层面的接受和大众范畴的接纳问题。

那么朗诵者应该和能够做些什么呢？

朗诵者需要保持嗓音之正、秉承声音之本，还需要认识它们的标准而服从、遵照其中的规则去执行，才可以使书面文字精准地重现汉语言普通话所承载的汉民族群体共同沟通手段，即"正本"，才能将声音找到普通话携带大众社会情感的真正源头，即"清源"。

笔者结合多年专业学习和播音主持实践经验后总结认为，朗诵正本清源的"声儿"至少应该具备以下四个标准：明亮、圆润、持久、自然，而且只有这四个方面单独存在以及在综合使用的时候，才可以满足口语表达的嗓音配置和情感活动的需要。

一、声儿之明亮

明亮是朗诵声音本身最重要的自然属性。

那么什么是好的并可以用在口语朗诵中的明亮呢？

"朗"字，左良右月。"良月"，会在夜间的苍穹之上呈现出皎洁、浑圆状态和明亮耀眼的视觉形态。美好的月亮携带着肉眼可见的光，它倾洒在大地上可为路人的夜行指引方向，也能够成为人们内心情怀生发的源起，以至诗人们可以"举头望明月，低头思故乡"，也可以"举杯邀明月，对影成三人"，能够诞生"明月几时有？把酒问青天"，也能够写出"月落乌啼霜满天，江枫渔火对愁眠"。

虽然朗诵"声儿"的明亮所指易于被认知，然而对于精准的朗诵口语行为而言却并非容易的事儿。这是什么原因呢？是因为朗诵者认知和使用的专业程度所致。

纵观时下种种朗诵"声儿"的所谓"明亮"，有的仅仅是高声、大嗓，有的属于呼喊、啸叫，还有嗓音颗粒暂断的，更有将明亮的高低调控运用放置在有悖于大众可以接受的情理范畴之中的……究其原委，都是因为朗诵者对"明亮"所指的认知和使用错误，从而导致朗诵原本的口语外化形态被破坏，进而使文字的信息处理和外化节奏寡淡，甚至完全没有了有声语言原本就携带着的韵味。

"哮厉"非明亮。哮，吼叫；厉，猛烈。

其一，在日常生活中，尖利、刺耳、呼喊、啸叫的声响对受众的听觉系统而言已经就是聒噪之音，没有谁会喜欢，都唯恐避之不及，这是人之常情、人之常态。当然受众也不会持续接纳高频率的声波信号刺激进而使意识系统产生字、词认知，这也是人之常情、人之常态。事实上此时此地的现场观众不捂耳、掩面，猝然离席已经属于礼貌了，如何还能够听得下去和听得进去呢？！

其二，哮厉的嗓音会掩盖、破坏鼻韵母（由一个或两个元音后面带鼻辅音构成的韵母谓之"鼻韵母"）中音素的频率携带和色彩的准确承载。汉语鼻韵母共有 16 个：an、ian、uan、üan、en、in、uen、ün、ang、iang、uang、eng、ing、ueng、ong、iong，如果出现了哮厉之声，就会挤占前鼻音（韵母中以"n"结尾的，如 an、en、in、un 等）的中通；如果尖锐，就将削弱后鼻音（韵母中以"ng"结尾的，如 ang、eng、ong、ing 等）的醇厚；如果猛烈，就会削弱甚至夺取前、后鼻音组合后被拼读形成的字腹和字尾的韵味。

所以"哮厉"之状的嗓音并非好的"明亮"，反而是口语表达中不可取的声音形态。

"暴冯（píng）"非明亮。

"暴冯"一词取自成语"暴虎冯河",据《论语·述而》记载:暴虎,徒手搏虎;冯,同凭;冯河,不借助工具徒步涉水过河。该成语比喻有勇无谋、有力无技、粗糙鲁莽。徒手伏虎,身体很有可能成为猛兽口中的牙祭;徒步涉河,生命就会面临一去不复返的危险。那样无异于暴殄天物,实在是不可为也不能为的行动,应该被视为缺少对生命的关照和保护的野蛮之举。

纵观播音主持专业的历史就很容易得知:发声为一技之能,是口语表达的首要因素,更是学习者和执业者应该长久秉持和追寻的永恒。西汉文学家、目录学鼻祖刘向在《新序·杂事》叙:"皮之不存,毛将焉附?"同理,技之不存,能将焉在?换言之,无技,何以为能?那么无"声儿",又何以传情?

结合多年播音、朗诵实践,笔者将人体声带局部或者非自然振动下发出的带有明显颗粒感的且颗粒之间有类似于气泡暂断状态的"声儿"称之为喉音,这也是"暴冯"之音。它是什么原因导致的呢?这是因为口语使用者缺少可以发出标准的和自然明亮"声儿"的先天能力,缺乏能够产生专业明亮"声儿"的后天技能和手段,欠缺甚至完全没有可供口语表达"声儿"的意识素质。

语言是文化的现象,也是文化的载体。著名语言学家许国璋说:"语言是人类特有的一种符号系统,当它作用于文化的时候,它是文化信息的载体和容器。"于此,汉语言中所含的"文"的基因、元素和"人文"这一词语就成了五千年前中华文明的起始,最早见于《周易》"贲(bì)"卦(六十四卦之一)。

文,本为"纹",后引申为美好,如文火、文言。与同时代的另一词语"文明"具有大体相同的含义,即"文明以止,人文也"。"文"是指社会成员与"粗野"相对的优秀品质。

孔子曰:"质胜文则野,文胜质则史。文质彬彬,然后君子。"

具体意义就是:质,质朴、原始,可以引申为粗糙;文,文雅,引申为保守之态；野，野蛮，引申为世俗；史，传统，引申为板滞；彬彬，分寸、尺度，引申为文与质之间的比例。

换言之，如果质朴多于文雅，就是野蛮；要是文雅多于质朴，就可视为呆板。以文为表，以质做内，携着适度真实又质朴的思想意识，外化出适度灵活却可以合众的语言形态，就是语言的文雅和行为的真实，这样的嗓音形态才可以称为君子之"声儿"。

没有技术和缺乏技巧的声带的不自然振动所发出的"暴冯"之"声儿"就是"喉音"。喉音虽然也有明亮的听觉感受存在，但是由于并非全频率、全频段的声带运动，而是人为的为了达到明亮而挤捏出来的，所以这类"声儿"无法彻底阐述和诠释汉语言字音谈吐的韵味状态，进而也不能实现文字内容所讲述的人文承载。

口语表达者需要以科学的技术技巧令自我嗓音的"声儿"能明亮、可明亮、会明亮，不可以将世俗的所谓的"明亮"主观地视为"良月"一样的真明亮，更不可以将自认为的"亮"作为和使用成专业实践中的真明亮。

以明致人愉悦，以亮可使共鸣，如此方为真明亮，也是朗诵"声儿"正本清源的明亮。

《易经·说卦传》："震为鸣。"自然震动为"震"，如地震。物体部分振动的时候可视为"非震"。既然发声者生理器官是非自然振动，那么怎么可能生成可以致人愉悦之"震"并引发受众感情的随动之"声儿"？此所谓明亮之"声儿"，实为暴冯之力使成，不可以被认为是真明亮之"声儿"，更不可以为朗诵等大众传播活动所使用。

二、声儿之圆润

《说文解字》中记："圆，圜（huán）"本义是围绕，通"环"，数理学意义中 360 度之圆周，引申为全。《广雅》中述："润，饰也。"

对朗诵而言，周全而无遗漏的声音修饰为圆润。

具体解释为：高音以华丽为美，中音以结实为要，低音以深沉为最，全音以通圆为好。如若朗诵者可使各个音色层次即高、中、低音区无遗漏和全覆盖，便可视为圆润的上品。如若能以饱满的音韵成全字音的无缺欠，就可以被视为圆润的最佳形态了。

轻、短、细为高音之外化表象，重、长、粗乃低音之听觉形态，于二者之间取其泛量的音素运动尺度而且还可以做到喉腔、声带舒适地运动，就是中音区域的可接纳感受。因为汉语言声母、韵母的排列组合众多，又因为这三者已经共生、共存而且无法人为地进行分割，所以需要在朗诵实践中主动地使用嗓音调控的技术技巧，以令高音的"轻、短、细"和低音的"重、长、粗"分别成为相互融合的状态。

润，饰也。凛冽温暖、坚硬柔软、云长月短、晨昏早晚、离别相伴、新奇习惯、厌恶喜欢等诸多天地自然与人文主观之情感以及情感外化的语言形态，都需要存在于"润，饰也"的意义所指之列，否则就是圆之亏欠、润之不全。

炎黄子孙在物质、精神方面已经达成的进步状态，以及在此过程中形成并延续了的情感集合，构成了华夏文明之大成。方块汉字虽历经多次、多种形变，但自始至终没有中断且仍强劲发展。上述列举的短语以及无法尽数的其他情感状态就始终贯穿并蔓延其中。所以朗诵口语的"声儿"如果做不到"润"，那么汉字的意思需要修饰之处就会由于音素不全将无法淋漓尽致地得以外化。如果做不够"润"，那么文字情感表达的具体之意就无力实现了，届时祈愿表意的圆满和达情的到位就只能成为朗诵者一厢情愿的设想而已了。

三、声儿之持久

东汉许慎《说文》中记："持，握也。"久，本义为"未到终、起点"，引申义为"延时"，再引申义为"长时间的"。

这是朗诵正本清源"声儿"的要素之一，也是前两个元素"明亮、圆润"在延展之后的综合规定性。这就要求朗诵者起码要较长时间地掌握住、掌握好"明亮、圆润"之嗓音要素，心甘情愿地在文字信息所携情感的驱使下为了表意和达情的目的而完成有形的声音外化。

掌握，不是可有可无的，而是胸有成竹，是胜券在手、成竹在胸、成愿在心的，是无法被剥夺离去的。较长时间，就不是朗诵中的一句、两段，而是通文、通篇，实际上是先通情再达理后的完全感受。

然而持久到什么时段？多久才能算得上是够用得久呢？久即需要久至足可以作为通篇文字朗诵的支撑，久至足可以完成全部信息播送的使用，久至足能够伴随受众情感接纳的始终。

反推如下：如果朗诵者只是在初始的几句或者前几段可以存在并保持"声儿"的正本清源之态，接续之时却背离原来应有之貌，例如明亮不及、圆润不够，抑或明亮偏于尖利、圆润趋于枯涩等，势必就会造成字词形态的里出外进，情绪逻辑的参差不齐。至此，汉语言的整体信息链条就容易变成支离破碎而非连贯如一的通达状态。

若此，朗诵者已然外化过的口语信息面貌怎能入耳？已经传递出来的情感信息怎会入脑？受众之于文字信息的接纳岂能入心？此理就等同于"皮之不存，毛将焉附？"如此，口语表达已现颓败之象，受众接纳也已成凋敝之态。这些不应该出现的效果都是因为朗诵的"声儿"无法持久而导致的。

那么在这个时候朗诵者就束手无策了吗？当然不是的。应该怎么应对呢？其实通过建立气息持续的意识与进行调控练习是能够解决的。

四、声儿之自然

东汉许慎《说文》中记："自，鼻也。"

人们日常向他人确认"自己"的对象感时，通常以手指点触自己的鼻尖，这个动作就是"鼻，自义"的历史泛化应用，所以"鼻"字可以引申为自我、自由、无拘束。

然，形容……的样子。

当然这个无拘束所指的自然不是绝对的无拘无束，更不是完全自我的肆无忌惮。

对朗诵者和朗诵表达而言，"自然"不是完全无技术、无技巧的自由发挥，更不是想当然的恣意而为，更不是自我感觉良好、自己认为舒适甚至主观自创的所谓"特点"和"风格"等的口语外化状态。

上述这个"无拘束"所指的"自然"，其本质上是指朗诵者在经过系统地学习口语表达的正统理论，并以此为基础加以较长时间的大众口语传播实践后，再以专业的文字意识和熟练的外化能力为依托，而水到渠成地形成的口语表达能力；是指在专业、规范的指导下历经长时间表达实践而萃取出的口语表达意识精华；是朗诵者在兢兢业业地研习和殚精竭虑地实践后流淌于血管里、生长在骨髓中的大众人文情怀；是受众已经听不出朗诵者正在使用着技术、技巧的，规范和成熟到恰到好处的，已经融于文字信息和声音信号中的纯熟、圆通的口语表达功力。

这时的朗诵者仿佛武侠世界中的人物那样手中无剑，但心中有剑，此时他们的朗诵的技术技巧已经是"无招胜有招"的境界了。换言之，朗诵者正在洋洋洒洒地口吐华章，如若可令诸位受众即便屏息凝气、全神贯注，却依然听不出朗诵者有明显的为了口语外化而使用的技术、技巧,这就可以说明此时的朗诵者已然将心中预备的技术和口中有型的技巧融入于无形的口语外化信息集束里了。

这才是真技术,这方为大技巧!

这时,"自然"俨然已经成为明亮、圆润、持久的朗诵"声儿"三要素的统帅。

这时,上述的"明亮、圆润、持久"这三方面技巧,都已经顺从了"自然"方向的指引,而向着表意达情这个核心而来。这是朗诵或者说可以将其延展为所有大众口语表达艺术形式的"声儿"的最高标准。

第二节 朗诵之"字儿"的把握

朗诵者口语外化的载体是中华文明的瑰宝——方块汉字。

现实生活中，朗诵者在习练和实践的时候经常选择古诗、古文和现当代经典的文学作品。然而不论体裁和题材如何，这些数量巨大的文学作品都是以汉语言的文字形态呈现在纸面上的。诚然它们早已构成了汉语言口语系统的源头活水。

汉语普通话音节口型顺畅、声调简明，易于受众辨知，而且语速适中、气流贯畅、韵味丰富，适于日常交流和广泛传播。正因为如此，才广阔而久远地分布于全国乃至世界多地，以至于成了汉民族群体高频度和大密度使用的共同语。

普通话是现代标准汉语的另一个称谓了。它是以北京话为标准音，以北方官话为基础方言体系，以典范的现代白话文著作为语法规范的现代标准汉语。在中国，有超过七成的百姓具备普通话应用的能力，其余部分民众可达到知其音、明其义，但还不能达到口语化使用的程度。

一、字儿之叼准字头

叼，不是咬，可以解释为用嘴以合适的力度持续地衔着。

字头，一个字的开端。它是在声母发音起始的一瞬间，以及与首个韵母接触往拼读方向行进时的混合状态，这也是字音形成的初始。

对朗诵者开口生成字音的要求，可以借鉴如下情景：母虎想要携带幼崽移动的时候，遇沟壑难行，母虎需要触地爬行的时候就将虎崽衔在口中，虎崽部分身体露在母虎嘴外摇摆着，之后便顺利地随其母的携带而实现了位置的移动。

事实上，在母虎开口衔住虎崽的一瞬间并持续移动的过程中，如果其上下颌骨的咬合力度过大，锋利的犬齿势必会将崽虎的皮肉、筋骨刺穿，如果时间过长还会导致虎崽因为窒息或血尽而亡。

那么同理对朗诵者而言，在开口进行声母与韵母拼读生成字头之初，就需要拟定一个力度：需要轻重适度和科学。如果重了，会导致字头乃至整体字音局促、挤压、逼仄；如果轻了，则零散、松垮、模糊，甚至会造成字头乃至整体拼读吞音的后果。也就是《中国播音学》所讲的"吃字"。

常言道："良好的开端，是成功的一半。"此处亦应适用此理。

二、字儿之拉开字腹

《说文解字》中记："腹，厚也。"

字腹，是一个字最核心、最重要的部分，为一字成意的基础所在。

双音节（如：音 yīn）也好，三音节（如：雄 xióng）也罢，整体认读音节（如：诗 shī）也好，自成音节（如：爱 ài）也罢，在发音的时候都需要保持和延伸声母的起始状，同时顺势建立并开启唇、齿、舌、腭、喉等发声系统的运动意识，于保持中运动、于运动中延展，直至全部音素拼读完成，这就是"拉开字腹"

的"拉"。

那么"开"是指什么呢？这是指间隙、距离以及气息运动的速度和嗓音延展的程度。如果"开"得慢又大，则字腹外化的听觉感受会拖沓；如果"开"得快而小，则字腹外化的受众形象会不足和扁瘪。

该如何解决呢？这就要求朗诵者应以字义、文情为依托，适当、适时、适度地调整字腹存在的时间和空间，做到慢而不散；大且不垮，达成快但不怪；小又不渺，这是字腹拉开的上品。

三、字儿之收住字尾

《说文解字》中记："尾，微也，"引申为事物的末端。

常言道："编筐编篓儿，全在收口儿。"此时筐、篓的口儿，实际上就是一项工作的收尾和整理。然而"全在收口儿"就是指末尾事务的整体数量和形态完成的必要性，也是指收尾行为对整体事务质量和价值的重要性。

口儿收完了，一个筐、篓的编制即告完工，同时如果口儿收得好，也指这项工作完成得质量高，可以更受使用者的欢迎，此外经济效益和社会效益也会更高。

朗诵语言中字尾的收住，不仅是指朗诵者要将一字之音发得完整，所含音素毫无遗漏，更是指字音完整的表达效果和社会意义。住，做动词的补语时表示牢固或妥当之意。收住，即指嗓音调度字尾之时，要收得牢固而不可动摇，更不可有残缺，其更重要的意义在于要收得妥当、科学。

急收也好，缓停也罢，都要根据文字信息传递的需求，服从受众接纳和传播技巧的要领来斟酌、选择，万万不能也不可随意为之、随性为之。

如果表达效果需要，徐疾并用、徐疾变通使用也并非不可以。若是能够令受众的听觉感受进入"三月不知肉味"的境界，才是字尾处理的上品。

四、字儿之声调准确

汉语普通话有五个声调，即一声，又称阴平调（如：八 bā）；二声，又称阳平调（如：拔 bá）；三声，又称上声调（如：把 bǎ）；四声，又称去声调（如：坝 bà）；五声，又称轻声调（如：吧 ba）。

调，言之周也。声调是字音的最终形态，字义的定论。朗诵者的嗓音在经历了字头、字腹、字尾处理后，在声调的约束和规定之下，此刻终于得到了确定。至此，该字的字义和字韵也就水到渠成了。

需要强调指出的是，大众乃至某些专业人士通常会认为汉语普通话的字音有四个声调（即阴平、阳平、上声、去声）。殊不知还存在着一个特殊的声调，即轻声。虽然轻声声调符号在汉语拼音中并不加以标示，但是它同样具备分辨语义的作用。

轻声用在祈使句尾，使语气变得较为舒缓，如：咱们走吧（ba）！用在陈述句尾，使语气变得不十分确定，如：你是北京人吧（ba）！用在疑问句尾，以使原来的提问带有揣测、估计的意味，如：这间办公室是新装修的吧（ba）？

轻声，是四声之外的特例形态。它实际上也是某个字、词、句抑或某些音节在运动过程中依据文字表意达情的需要而失去了原有的惯常声调，进而生成的轻巧又短促的新声调。这对朗诵传播效果而言是不可或缺的，也是朗诵者在口语传播实践中不能忽略的。

识正、用准是声调意识认知和朗诵践行的上品。

第三节　朗诵之"气儿"的涵养

《说文解字》中述："气，云气也。"气，乃人体之本也，气息的存在与否，是判断生命体存亡的最主要体征。气，引申为朗诵者生理之气，再引申可以理解为朗诵行为之气，就是呼吸。

"气儿"在朗诵的"五元"中居于首要地位。

气息上承"声儿""字儿"，是前二者的产生的基础；下携"劲儿""味儿"，这两个元素是"气儿"的继续存在形态。所以，"气儿"一方面是口语表达成为朗诵形态的核心，另一方面为朗诵可成为受众情感上承下继的枢纽。朗诵的"气儿"时静时动、时凝时融、或滞或通、或轻或重，具体使用全需朗诵者以文情为依凭，皆要以字义为引领。

气儿，声儿之帅也。气儿强则声儿阳，气儿弱则声儿迫，气儿顺则声儿润，气儿阻则声儿枯。进而会导致：声儿阳则味儿靓，声儿迫则味儿涩，声润则味儿俊，声儿枯则味儿苦。

朗诵者欲塑造口语表达趋近阳、靓、润、俊韵味的形象，务必需要从根本和源起之处规避迫、涩、枯、苦气息之式样。而且在朗诵表达进行之中，朗诵者人体生理之气尚需供生命自身呼吸之用，所以就更需要将气息客观地调控并科学配送以便自如地使用。如果可以做到这些，"气儿"的上品即可达成。

一、气儿之徐而有序

《说文解字》中记："徐，安行也。"安，女子居于闺房正中之字形，静之意也。安行的本义是平静地行动，由此引申出舒适、稳妥等义。序，次第、顺序。

朗诵口语之气儿欲安、欲静，首先就需要朗诵者的身体之气安行、呼吸平稳。然后在口语外化之前加以计划、调控，并在使用中复加科学化的运动，方得舒适、稳妥。然而"静"并非绝对停止，而是字、词、句个体组成单元的本体以及诸本体彼此作用后，与所生感受之间的相对平稳、柔和以及终了时的顺畅。

序，它是人体气息在惯常的成排、成行、成列后，又在口语外化成言、成诵之后，虽排、行及列尚在，但已经是艺术化和专业化了的状态。这时的排、行、列就成了表意达情所用的新秩序，也成了信息传递依托的新次第。

对"文情"之"序"，应以徐随于序、徐从于序为宜，必要时徐可破拆序、迁移序，甚至徐可重建序，于是徐序并举，皆为"气儿"之所需。

然而对"字义"之"序"，在初始时徐可生出序、成全序，于过程中序可调整徐、反哺徐，甚至序会胁迫徐，以致让呼吸变化呈现出快呼慢吸、快吸慢呼、慢呼快吸、慢吸快呼，以及快呼快吸或慢呼慢吸之序的更改、变化的多个形态。

徐之用，切忌拘束、呆板导致拥挤、徘徊；序之用，切勿主观臆断，为了有序而勉强令徐生序。此时口语外化形态即告零散，此乃拙陋之序。

徐而有序，以涟波涌动而无水流之声，有清凉之感却不觉强风吹拂才是上品。

二、气儿之疾而有计

"疾"字始见于商代甲骨文,《说文解字》中述:"计,会算也;算,数也。"引申为计算、计划之意。

《说文解字注》中记:"矢能伤人,矢之去甚速,故从矢会意。""疾"本义应当为外伤、疾病,然而由于"疾"字形中含有"矢"(箭头),"矢"离弦后给人以迅速之感,所以"疾"才引申出"很快、急速"的意味。

疾之"气儿"可造短促的字音,可塑有密度的音感,可使颓靡(mǐ)成生机之状,可令暗淡现力量之光。

《礼记·中庸》有记:"凡事豫则立,不豫则废(豫亦作预)。言前定则不跲(jiá,绊倒,引为理屈词穷之意),事前定则不困,行前定则不疚,道前定则不穷。"

虽然"疾"对朗诵者和朗诵活动而言裨益颇多,但是很需要有计划地使用。朗诵者需视疾之地而起,需服疾之时而应,需据疾之境而用,需依疾之情而定。当疾则疾,当徐而徐。

那么在实际的朗诵语言中什么是疾?什么又为徐?这全应根据文情、字义与口语形象塑造结合后的整体表达效果预设来计划。

疾乃计之随。疾弱时,调计以补;疾过时,调计以疏;疾乱时,调计以束;疾治时,调计以辅。

计乃疾之规。然而计需以传播效应之计为好,需以谋篇整体之计为妙,需以布局合理之计为高,需以诵者与受者同步之计为巧。

疾不逾计,计不误疾,疾不僭计,计不束疾。这样才是"疾而有计"的上品。

第四节　朗诵之"劲儿"的运用

《说文解字》中述："劲，强也。"取力气、力量之意。

对朗诵者而言，应该理解为口语表达时所遣之气；对朗诵活动而言，可以理解为口语外化中给付受众之力。气与力合成之后的声音传播形象感受即为"劲儿"。

力生出气，气始于力。一生一始，何足巧耶？一始一生，岂不妙哉？朗诵者口语外化的基本目的是获得受众的情感接纳，进而生发人体生理之气以发声、塑字，以供表意、达情之使用。

力如何，气亦如何，进而劲儿亦如何。

力猛则气冲（ chòng）、则劲儿欠稳、则口语之形不存；力尿则气虚、则劲儿乏实、则口语之像不至；力重则气滞、则劲儿过沉、则口语之韵不真；力轻则气佻、则劲儿已飘、则口语之味不醇。

力、气儿、劲儿三者，是生发、形成、外化既分工又有合作的行为。

然而此工之分并非离分，实乃离而不断、互关互联、藕断丝连之态。三者环环相扣、环环联动、相辅相成，才是它们的本质属性。

控而有术、纵亦有度、控纵顺畅、纵控相当,这应该是"劲儿"的意识与使用技术的上品。

一、劲儿之起而有依

《说文解字》中记:"起,能立也;依,倚也。"本义为靠着,引申为依据。

对于朗诵者和朗诵活动而言,也指力离开原来的位置。气儿由下向上、由小向大,劲儿随即发生、产生。

力为何而起?力如何能起?力起时,气儿可否知晓?劲儿是否明了?口语外化技术之需乃力起始之基,实现技术之方法乃气儿运动之源,力与气儿综合运动、变化后形成之劲儿乃受众感悟之魂。如此,三者之运动需以各自独立为本,三者之变化需以相互协调为根,进而三者之独立与变化既平衡亦科学,如此即可成口语外化形象之大成!

力起之时,气儿的接受程度有多少?

如果部分接纳,则力之有余,可遗后续之需,亦可将肺泡腾空以为新气儿之聚;如果全部接纳,虽表象尚好,貌似供需相等,实则肺泡内空空如也,反倒不利于应对气儿的不时之需;如果接纳有欠,气儿的生发就会不足,就有可能外化时出现劲儿的虚弱。

虽然也可以临时调整呼吸,另行组织新力旋即再快速生发出新的气儿,但恐怕来去匆匆,有碍气于气儿的平顺流动,进而干扰到劲儿的深沉、凝重。常言道:"亡羊补牢,犹未为晚。"但如果能做到未雨绸缪,岂不是有备而无患?

有依而来,协调而用,可留时间以调整,可有空间供流通,这是劲儿"起而有依"意识与使用的上品。

二、劲儿之落而有据

《说文解字》中记："凡艸曰零，木曰落。"此字秦时小篆体方见，后循小篆"落"字之形体发展为汉隶和今天楷书之"落"。

此字上以"艸（艹）"头表意，下以"洛"表音。洛，水向下流动之意，整体为草叶掉到地上，由此引申为掉下、衰败、停留、归属等义；据，杖持也，引申为根据、凭借。

对朗诵者和朗诵活动而言，"落"意指口语外化声音信号之削弱，文字形象塑造之停止，受众感知接纳之终了。

落，不可现秋叶凋败之态，亦不能呈枯木伐损之样；落，不可放恣而为，亦不能敛束无为；落，不可落之后置之不理，亦不能落之前丢三落四；落，需落得合理、落得舒适、落得令人难以忘记、落得让人还想忆起。

字、词之间"劲儿"的落是由句子中的停连所组成的文字意思表示。这是指区间之落。

然而如果文字信息的意义还远未尽述，这个"落"就会旋即又起。于是此处虽然是字、词的落，实则为力与气儿的再起、声儿与劲儿的续建。字、词、句继而运动的有起有落与前序的若干次此起彼落、落而又起，连贯构成了信息的逻辑链条，这就是句段之"落"了。然而如果此时整体文字信息仍意犹未尽，继而往复构成信息之逻辑闭环，此时才是通篇之"落"。

至此，朗诵者口语外化的业务告毕，文字信息的意思表示已现，作者内心世界的情感已经得见，受众对表意达情之精神感受已经被接纳。

如能做到，落之前设计成落而有归、归处可宿、宿之能寐，落之中可实现如约而降、循据而行、从既而定，落之时能完成可迟可疾、平稳着陆、仍可继续，这就可以成为"落而有据"的上品了。

第五节　朗诵之"味儿"的品鉴

《说文解字》中记："味，滋味也；滋，益也。"引申为美好的、令人愉悦之感，可继续引申为言辞之外的意境。

然而朗诵是萌起于喉嗓、生发于口唇再形成声音的事物，是归属于听觉范畴的，它与味觉系统有什么相干呢？这就是通感。即文学研究家钱锺书先生所言："一种感觉超越了本身的局限而领会到属于另一种感觉的印象。"

在通感的概念中，颜色可以有温度（就像看见"白雪"二字就会联想到寒冷），声音能够有形象（恰如听见咿呀学语的声音就会联想到蹒跚学步的孩童），冷暖会有质量（听闻冷言冷语的内容就会感到心情异常沉重）……凡此种种，犹如听觉与视觉相通，宛若视觉与触觉相逢，恰似各种感觉于人体生理和心理之中相融。这些都是大众的日常认知感情和社会感受的常态，这就是"通感"的概念范畴了。

对朗诵者与受众而言，朗诵者需要口语外化出被朗诵作品中所涵盖的通感意境，这是首要的；这个意境也是易于被受众接纳的，简言之就是"听得懂和愿意听"，这是重要的；但是更需要受众具备易于接纳的基本能力和能够感悟的天赋素质，这些是必要的。

在此，上述有关"必要"方面的事可以暂且搁置。

对朗诵者而言，朗出意境是义务，诵出味儿来是责任。否则就是见字出声儿、念字出音儿而已。如果是那样，朗诵者就与朗诵之本谬之千里了，朗诵行为也早已与"味儿"、意境有云泥之别了。如果因为朗诵者个体的因素而造成"味儿"的建设有错，进而致使意境的创造有悖于作者的原意，继而再令受众接纳的认知偏离或者有误，实在是朗诵口语活动的过错了，也实在是朗诵者的责任了。

如果出现那种情况，朗诵者只能是自认为的所谓"朗诵者"，实则就是念字儿者。这种情况是朗诵专业的正本清源意义所不允许的。

第一时间被认知，点滴接纳无遗失，入耳入脑不吃力，入心而后有共识，这才是正本清源之"味儿"的上品。

一、味儿之行时顺遂

《说文解字》中记："顺，理也；遂，亡也。"

顺，根据隶定字形之释："川"本指归向大海的水流，引申为归向、降服意；"页"指头。"川"与"页"联合就意指人头朝向王者，本意是指朝同一个方向，引为事情进行顺利、合乎心意；遂，引申为完成意。

关于朗诵"味儿"顺遂的认知有两方面：首先可以理解为朗诵者能完成文字信息的韵味建设，其次可以理解为受众可以完整地接纳朗诵语言意境之创造。对朗诵者而言，需要先有味儿的存在，才可以做到顺；继而再有味儿的继续，才能够实现遂。

然而怎么才能做到先"存在"呢？去建设它。

朗诵者需要以口语外化形象为首要，否则味儿将无法存在，更何谈顺呢？对某篇文章朗诵的开始，不必要也不需要气儿过足、声儿过高、字儿过满、劲儿过大。这样的计划是为了后续跟进的朗诵其他四元素调配、使用预留空间和运动余地，也是为了规避受众初始接纳的突兀和蹩脚之感，更是为了通篇文字表达的整体"味儿"的塑造。

生活常识已经证明，听觉系统（耳朵）较之视觉系统（眼睛）更缺乏注意力，更没有耐性。简言之，耳朵遇见不想听或者不愿意听的声音，大脑就会瞬间溜号儿，听觉系统就会立即暂停工作。但是眼睛不同，视线往往能够在不想看或者不愿意看的景物上会略加停留。所以生活中经常会出现这样的情况：明明某人在目不转睛地看着某一处，可是口中会连续问道："啥？你刚才说啥？"这就说明此刻他虽然是在看，但他却没有在听。同样的情况还有，人们经常一边播放着音乐，一边收看着电视节目，却丝毫不影响脑中或者手上持续思考或从事着某件细致的工作。

换言之，声音虽在，但听觉输入和感受并没有同步进行，简言之，就是并没有听进去。因为视觉在进行迁移时需要行为人或转睛或闭眼，或转头或动身等动作，可是听觉系统想要发生迁移是无须以任何可视动作来作为支持的，只有赖于听觉系统内部通过人体神经元的生物电调控完成。这是人体的生理特性使然，是固有的。

既然如此，朗诵者在聚精会神朗诵的过程中，是需要腾出一小部分注意力的，但是要以不给口语表述的外化造成不利影响为尺度。然而腾出注意力的目的仅仅是为了观察和判断受众对朗诵语言的现场感受和反应。

换言之，即便受众安坐于朗诵者面前，但他们的注意力和接收状况如何？大家都在听吗？大家真的听进去了吗？所以说，"聚精会神朗意思"实乃味儿可以成顺之基，"一心一意诵精神"实为味儿可以行进并可为受众跟随直至韵味最后达成之本。

以上段落所述是针对朗诵者所言的。所以,在初始时即被跟随,在行进中亦不离不弃,在终了时仍未见流失,这才是朗诵味儿"行时顺遂"的上品状态。

二、味儿之止后回味

《说文解字》中记:"回,转也;止,下基也,象草木出有址,故以止为足。"味,此处可理解为"感也"。回味本意乃食后之余味,引申为于回忆中细细体会、玩味。

"止后回味"的意义对朗诵者而言也有两方面:

其一,感悟是朗诵者口语表达的最大权重。

朗诵者在开口之前准备即备稿的时候,就需要在思想意识层面了解受众的基本情况,包括其年龄、性别、职业和受教育程度如何等信息,继而结合此情况,以之作为适时、适度微调和理顺口语外化技术的必要条件。

如果本次朗诵传播活动的受众是少年儿童,那么朗诵"五元"可以适度靠前、偏轻,以便令口语外化形态接近娓娓道来;如果受众是成年人,那么语言表达技术所需的各个方面(重音、停连、语气、节奏……)当然可以常态化、大众化一些;如果是饱经风霜的老年人,那么口语形态则可适度侧重于亲近感、谦逊态。

当然这样的处理方式也是不一而论的。它们都需要以便于受众在第一时间可以最大体量接纳的意思表示为考量,也要以最高的传播效率传递出最大的感动程度为出发点,这里暂且以"投其所好"这个不当之喻来说明。然而这个"投其所好"的想法,应该是朗诵者因回味的需要而进行的主动设计。

简言之,如果不喜欢,岂肯乐于接受呢?然而不论技术、技巧如何微调,也不计较外化韵味怎样去建造,都不可有悖于大众传播的规范,也不能打破大众口语表达的正本清源状态，即万变不离其宗、万调（tiáo）不离其要。

其二，感悟是受众可以实现回味的可能。

然而什么是"感悟"呢？感，此处音"gǎn"，另有"hàn"音，意同"憾"。

"感"，会意兼形声字，在字形上，"感"字由上部的"咸（表示全、都，兼表声）"和下部的"心（心脏形状，表示内心）"组成，两相会意，表示整个心受到震动，即感动。感动的本义是指外界事物在人们思想情绪上引起的反应，即《说文解字》中所谓的"动人心也"，由此引申出受到外界事物的影响而激动等含义。感，上半部是"咸"字。咸，是盐与其同类物质可以产生的味道，实乃食物之基本味儿，"感"意指心（感动）已有之基本味儿。

"悟"，形声字，左心右吾（我）。"吾"，亦表声；悟，觉也。（《说文解字》）"吾"义为"正中的"，引申为"一箭正中靶心的"。"悟"，即吾之心、汝之心，此处可指朗诵表达者之心、受众接纳之心。"心"与"吾"联合起来表示"一种'一箭正中靶心'的心理状态"。

所以"感悟"的本义就是人在正确理解后的精神震动。

借此，"感悟"一词对朗诵者而言，应该理解为：

★文字信息一箭正中朗诵者的靶心，令朗诵者在第一时间能全部"悟"到文字信息之基本味儿。

★文字信息经过朗诵者的口语外化，也在第一时间全部正中受众者的情感靶心，令受众为之感动。否则，朗诵者就会将"误感悟"传递给受众造成"误传播"，继而就会造成受众的"误感悟"。

可以想见，如若此心已动，岂有不回味之理呢？

第六节 朗诵的五个元素

朗诵艺术和口语表达的五位元素关系之中，以气儿为核心、以声儿为主导、以字儿为承载、以劲儿为感知、以味儿为目的。这就是"朗诵五元"的各自职能和彼此间的相互关系。

而最终建设和塑造出来的韵味，即朗诵"五元"中的"味儿"，就是朗诵口语外化形态对受众最终的情感支配，也是受众认知文字信息的方向和感悟逻辑意识的力量。

一、"五元"理论案例解析

"两个黄鹂鸣翠柳，一行白鹭上青天。"这是唐代诗人杜甫所作组诗《绝句四首》之三中的前两句。现在以此为例，逐表意达情之本、溯口语外化之源进行倒推，以期寻找到口语表达技术技巧的意识缘起和练习方法的实践根据，进而以佐证朗诵"五元"的来龙去脉和现实存在。

这两句以十四字成诗，描写了作者身边及远处的景物，一近一远、一低一高、一静一动，足以使大众惯常的视觉形象，即"黄鹂、鸣，白鹭、上"，既跃然灵动又仿佛呼之欲出。

首句"两个黄鹂鸣翠柳"中的"两、黄"二字的韵母均为后鼻音"ang"，这个韵母对大众惯常口语外化时，是一种宽广、有力的感觉，然而对朗诵艺术专业或者艺术语言状态的认知则完全不尽然。

这是什么原因呢？"翠柳"的立高可达几尺？大概不及十米吧。如若"两、黄"二字不从朗诵"五元"的层面加以收敛和变化，仍以宽声（字儿）、大嗓（声儿）、拙气（气儿）和蛮力（劲儿）的日常生活口语形态示人的话，所生出的文字形象就注定无法与黄鹂鸟婉转、悠扬的鸣唱（低、小、近）相适应，更不可能与区区数米高的翠柳随风飘荡之感（轻、柔、静）相比肩。这样的思维结果就是社会大众一般性的通识情理认知。所以首字的"两"从"五元"中的任一元素角度研判，都不可大而化之，而应该以窄发为宜。三字的"黄"必须要有变化：应该以圆润的声儿，字头、字腹、字尾全拉开的字儿，深沉而缓释的气儿，和煦如春风的劲儿，来建设和塑造早春生机盎然的户外形象。这就是朗诵五元的"味儿"之所在。否则就会造成既有悖于大众口语表达的专业之规，更有失汉语言整体韵味的人文之美的后果。

二句"一行白鹭上青天"中，"青天"高远几何？视觉之无限也。

这两句诗整体的形象由近至远（翠柳——青天）、由小至大（黄鹂——白鹭）、由少至多（两个——一行）、由静至动（立于柳枝鸣——飞至青天上）。

既然文字信息的整体形象是立体式运动的，那么朗诵"五元"也必随之而变。

"一"，应该首先变为去声。虽然此处有了变化，但是不宜过重，以免产生突兀之感。

"行"（háng），是刚刚两次连续出现的黄（huáng）、鸣（míng）之同韵字，所以不宜再行强调。

"白"，此乃汉语言中最典型明亮之字，以双元音"ɑi"为韵母，既有力又明亮，更宜收敛"五元"进而窄发，以免松垮，有悖于文雅。

"鹭"，应中度运用"五元"，以别于前之"黄鹂"，亦可为接续之"上"字做"五元"预置。

"青天"，随动处理，"落而有据"即可。

如此，春天景物之描写已述，作者文字之情感已抒，大自然和谐、惬意之图景已成。至此，"朗诵五元"中以"气儿"为核心，以"声儿"为主导，以"字儿"为承载，以"劲儿"为感知，以"味儿"为目的，而达成的相互关系都能够清晰可见了，朗诵者与受众之间的关系也能了然于胸了。

二、朗诵"五元"的关系

通过以上案例和逻辑推理，可以将它们具体归纳为：以气儿为主，以声儿为辅，以字儿为补，以劲儿为助，以味儿为果。如此，便可获得腹饱、体健的同质和同向的传播效果了，继而在朗诵的实践当中即可使嗓音信号的"韵"得以建立、口语外化的"味儿"能够存在。至此，口语外化的韵味建设和塑造业已实现。这才应该是朗诵的习练者和职业者，以及社会大众在鉴赏之时对汉语言朗诵艺术的五位元素，即"声儿""字儿""气儿""劲儿""味儿"最正本清源的认知和理解。

在前面阐述的朗诵"五元"理论的结构关系中，存在着依据根源而顺序性地生发，即"气儿"为统领，也存在着有理有节而延展性地产生，即"声儿"生"字儿"、"气儿"生"劲儿"，最后形成了意识和行为的人文终极归宿，即朗诵口语表达之"味儿"的总成。

与此同时，朗诵者在"味儿"的预先设计之时和建设、塑造过程之中，会根据表达所需，对"声儿""字儿""气儿""劲儿"这四位元素进行个体和集合调控。这是朗诵者在对文本具有备稿的意识和进行口语外化的行为过程中完成的，当然是相对侧重于意识层面的。简言之，对某一篇被朗诵的文字作品应该朗诵成什么感觉、什么样子，朗诵者在开口之前会根据文字的意思表示和作者的表达主旨，有在思维系统中形成预判并在发声预备里做好计划。

还是在这同一过程中，"声儿""字儿""气儿""劲儿"这四位元素彼此之间也在相互生发、彼此制约。当然这里所言的"制约"是积极的、正向的，并且为表达目的，即"味儿"的建设、塑造服务的。

当朗诵者需要加大某个"字儿"的音量或者提高某个词的声调的时候，就需要增加"气儿"吐出的量，并加快可以使声带振动所需气息的流速，以加大"气儿"的密度和力度，从而产生变大的声音信号，此时外化出来的声音信号刺激就随之强烈了。也就是说"劲儿"的感觉增强了，反之亦然，其他的类型变化形态同理。

所以在朗诵"五元"理论中，如果没有五位元素之间彼此的相生，就没有朗诵表达的发生和变化。如果没有"声儿、字儿、气儿、劲儿、味儿"之间的相克，文字信息向口语信号转化也就无法实现，作者的逻辑意识到受众的精神感动这一发展过程中的协调与平衡也就无法实现。这里的"相克"并非是有碍于其他元素存在的，而是出于整体传播效应的需要而相互给予的制约性变化。"相克"在此是一种积极的、正向的和相得益彰的元素集约式运动。

各个元素间的相互产生保证了事物发展的原动力和可能性。与此同时，彼此的相互克制也保证了事物发展的控制力和协调性。朗诵"五元"之间的这种生中有克、克中有生、相辅相成、互相为用的关系，维持了朗诵意识的建立和不断完善，推动了朗诵口语表达行为的变化和发展。

三、守住正，才能创得新

《说文解字》中记：

守，本义是官吏的职责，引申为节操、掌管、保守、遵守等意义。

正，是也，引申出事物原本的形态和属性。

创，本作"刅"（音 chuàng），以第一次掘井表示事业上的尝试。

新，所谓的"取木也"，是"薪"的本字，由此引申出初始的、新的事物、没有用过的含义。

《史记·礼书》中记："循法守正者见侮于世，奢溢僭差者谓之显荣。"典故源于司马迁以官刑之后身体和心理上的双重痛苦，践行了一位守正者不忘初心、恪守正道的正义之举。虽然在当时"见侮于世"，最后还是被历史经验和客观规律证明了那是一种合乎法度、规律或常情的正途。

著名书画家、教育家启功先生在评议传统书画的习练时曾说："功夫不是时间和数量的积累，而是正确性的重复。"简言之，在学习和实践某一项技能的时候，不论你怎么努力，如果立足点和出发点就出现了谬误，即一开始的方向就错了的话，那么就会在错误的道路上越走越远，错误的数量自然也就会越来越多，导致最终不能到达真正的目的地。而且，如果是这样，花费的时间越多，投入的精力越大，错误就越严重并难以改正。

同理，朗诵的练习者和实践者为了规避错误而在立足和出发时就选择正道，即为"守正"。

《易经》有记："夫大人者，与天地合其德，与日月合其明，与四时合其序，与鬼神合其吉凶。先天下而天弗违，后天而奉天时。天且弗违，而况於人乎？况於鬼神乎？"今译为：大德行的人，要与天地的功德相契合，要与日月的光明相契合，要与春、夏、秋、冬四季的时序相契合，要与鬼神的吉凶相契合。以先天而言，它构成了天道的运行变化，那是不能违背的自然规律。以后天而言，天道的变化运行，也必须奉行它的法则。无论先天或后天的天道，尚且不能违背它，何况是人呢？更何况是鬼神呢？

今天的人可以理解为：君子的道德规范应该具备四方面的相合，即首先要与天地合其德。天，辽阔深远、高不可攀，人要向天学习进取之心；地，容纳和生长着万物，要向地学习包容之心。而后还要与日月合其明，说明为人处世要光明磊落、端端正正。与四时合其序，人的言行不要违背大自然的规律。与鬼神合其吉凶，要求人对凡事都要有敬畏之心。

这个意识判断与"静止是相对的，运动是绝对的"哲学道理一样。这个世间没有也不存在绝对的自由，朗诵作为有声语言表达的高级形态是有规范和规则的，最后是会形成和建立起规矩的。朗诵者作为朗诵行为的实施者是不可以随心所欲、随意而为的。

简言之，朗诵行为就是不能够简单地念字儿出声儿，或者直白地见字儿出音儿。朗诵者的思想意识需要与天地、日月相合，朗诵者的外化行为需要与四时的秩序相合，朗诵者的举动需要敬畏凶吉，不可肆无忌惮，进而朗诵者的意识和行为应该与作者的意思表示相衬。这才是合乎中华传统文化气质和时代社会大众的一般性的通识情理认知，这即为"创新"。

本部分在对朗诵"五元"理论的系统阐述中，解决了三方面的问题："朗诵是什么"，这是朗诵者学习和认知的基础，它解决的是对朗诵作品的基本认知和感悟问题；"为什么要这样朗诵"，这是朗诵者进行专业化实践的意识关键，它解决的是意识存在和逻辑根据的问题；"朗诵该怎么做"，这是朗诵者口语外化的总成，它最终实现了表意、达情，即朗诵的传播目的。

综上所述，朗诵"五元"理论的提出，就是在正本清源基础上的先守正再创新。

中 篇

本立道生习朗诵

第一节　朗诵之本

本立道生，源自《论语·学而》"君子务本，本立而道生"。意为君子专心致力于根本的事务，基础即意识建立了，实现的道路即方式方法也就有了。

那么什么是"本"呢？先以小篆体的字形来研判：木下的一横是树根的所在，本义为草木的根或靠根的茎干通过主干向地下奔放的规律，可引申为原本的、基础之意。

然而什么才是"道"呢？《说文解字》中记：所行（xíng），道也。行，本义是十字路口，意指人们在路上走或小跑，引申为人们以小跑的方式快速地通过十字路口以抵目的地。

由此看来，"本立道生"这四字的古训蕴含着两重哲理：本，个人道德层面于本质上之确立；道，个体于社会层面，以上述所言之"本"为基础而行事，从而能在社会中建立一种榜样或标准。也可以理解为：无本则无道，无本则无制度、无体系，必须先立本，先把根本性的指导思想和原则确定下来，才可能建立起相应的可用来实际执行的规范、规则和规矩。

"本"是思想意识的基础，"道"为行为方式的落实。

常言道:"基础不牢,地动山摇。"老子在《道德经》中说:"合抱之木,生于毫末;九层之台,起于垒土;千里之行,始于足下。"大众对这些古训和箴言不仅早已耳熟能详,而且早已知其意、明其理、得其道了。

一、朗诵之本质特征

(一)依据多

1. 文字信息的历史背景

自然界和人类社会的发展历程,以及某种事物的发展经过与个人经历,组成"历史"的基本概念构成。大众很容易习惯性地将"历史"的定义理解成某一个或者某一段时间的过去时和行为的过去式,这是认知起点的有失偏颇和有欠科学性的结果。"曾经"与"正在"都是时间的组成元素,所以关于"历史背景"的准确定位应以正在经历的过程但对过去而言稍有侧重才是客观和科学的认知。

然而不论被朗诵的文字作品是古诗文,还是近现代或当代的新作品,自然都有其产生的历史背景,以及由其生发、变化和产生结果的具体社会人文氛围。这是不可能也无法被人的意志所左右的。

例如,盛唐晚期伟大的现实主义诗人杜甫的七律代表作《秋兴八首》的历史背景,就是公元755年12月16日爆发延至公元763年2月17日方告平定的安史之乱。由于战乱,作者杜甫不得不携全家辗转栖居于蜀中多地,由于作者本人多年的颠沛流离,所以原本志在报效国家、建功立业的杜甫,在所作的诗文中就多以预警政治危机、揭露社会矛盾、同情黎民百姓的内容和情感居多,其诗作中的历史印记也甚为深刻。

这就是作者个人经历中的"小我"在已经发生的历史背景中的"大我"中自然而然的精神寄托和情感流露。所以才有了中国古典文学研究专家叶嘉莹先生在

《杜甫秋兴八首集说》中的评述——对悲苦的正视与担荷（hè，承载）。

其实，这首组诗历史背景的具体情况也的确如此：

公元 763 年，原计划"青春作伴好还乡，便下襄阳向洛阳"的杜甫由于中原的动乱一直滞留成都，次年他写下"两个黄鹂鸣翠柳，一行白鹭上青天"后居于成都的日子还算安稳、勉强。

世事难料，公元 765 年 4 月，其赖以为依且有共同语言的老友和诗友，成都府尹严武暴病而亡，使杜甫原本就拮据的生活更加窘迫。于是他随即沿长江东下，途径五地，约一年后停在了距成都 600 多千米的夔州（kuí zhōu），即现在的重庆市奉节县。

公元 766 年，杜甫一家在夔州都督柏茂林的关照下，得以代管公田、经营橘园，暂且生活。这一年，杜甫因秋天时节而感发诗兴（xìng，兴致、兴趣），所以题为《秋兴（xìng）八首》。

如果从它们的具体内容而言，这八首集合构成的组诗，看似各自独立，实则逻辑关系极为紧密。前三首可被视为第一部分，是写作者此时此地身之所在的夔州的秋景，抒离情。后四首为第二部分，作者的思绪跨越了山川林野的阻隔，回忆着都城长安曾经给自己带来的一切，并怀揣着对未来的些许期许，是在写彼时彼地心之所寄的长安的人、景、情。中间的第四首可视为两部分之间的过渡和起承转合，不仅连接了前后四首之间的意思表示，而且黏合了不同时空中既有相同也有各异的情感逻辑，于是才令这八首诗构成了一个意思结实且关系致密的整体。

需稍加留意的是，唐高宗李治承贞观（guàn）遗风，开创了"永徽之治"，并于公元 657 年建东都洛阳，公元 690 年武则天改国号为"周"后东迁都城至洛阳，公元 705 年"神龙革命"后复唐，于是都城又迁回。所以此时作者诗中文字所指和心中情感所寄之地应为其朝思暮想却不能回到的都城长安。

这些都应该是朗诵者需要了解的，也是他们用来建立朗诵备稿和口语外化执行过程中内心视像的必要内容，更是他们用以确立口语外化形象的重要历史信息。否则当朗诵者面对诸如"玉露、丛菊、藤萝月、芦荻花"这样的景物之词时，就很容易望文生义并错误地运用"朗诵五元"，很可能会建立和塑造出一种游玩在山水之间的轻松、惬意之味儿。那样就与"对悲苦的正视与担荷"的本源意指和真正的韵味塑造大相径庭了。

所以说，如果朗诵者对某一方面有所忽略或者了解的程度不够，何谈准确地意识认知呢？何谈以口语诠释被朗诵作品呢？即便这篇作品可以或者已经被用于朗诵口语化了，那也只能是朗诵者的自我之见，并没有实现对作者历史情绪和时空信息的关照，也没能捕获到彼时社会氛围的属性。

如果是那样的话，就可以被视为朗诵者在自说自话了，这也纯粹是其个人语言行为了。当然这是不能被称为"朗诵"而进入大众传播的艺术范畴的，因为那样的口语外化形态缺少甚至没有历史事实的依据，实在是不足为受众信服。

2. 信息蕴含的个人境遇

我国古代诗歌理论著作《毛诗序》中记："诗者，志之所之也，在心为志，发言为诗。情动于中而形于言，言之不足故嗟叹之，嗟叹之不足故咏歌之，咏歌之不足，不知手之舞之，足之蹈之也。"今译为：用语言还表达不尽的，就用咨嗟叹息的声音来和（hè）它、继续它，如果咨嗟、叹息还不尽兴，就放开喉咙来歌唱它，如果歌唱仍感不满足，于是就不知不觉地手舞足蹈起来。

西汉著名辞赋家扬雄的《法言·问神》中记："故言，心声也；书，心画也。声画形，君子小人见矣。"简言之，从一个人平时的言谈或者文章之中，就可以了解他的思想状况，也就是"言为心声"的意义所指。不论文章的文字体例是怎么样的，所表达的情感涵盖哪些，凡成于诗、文的作品，都是作者的意识所感知、精神所思考和情感所寄托。

举例阐述如下：

北宋苏轼词《水调歌头》中记："明月几时有？把酒问青天。不知天上宫阙，
今夕是何年。我欲乘风归去，又恐琼楼玉宇，高处不胜寒。起舞弄清影，何似在
人间。转朱阁，低绮户，照无眠。不应有恨，何事长向别时圆？人有悲欢离合，
月有阴晴圆缺，此事古难全。但愿人长久，千里共婵娟。"这篇宋词几乎妇孺皆知、
耳熟能详，更被现代人谱曲、演唱，足见这篇词作的受欢迎程度。

但是词前小序已经明示："丙辰中秋，欢饮达旦，大醉，作此篇，兼怀子由。"
这一段小序的每一个字都很重要，决不可被朗诵者忽略。因为此中包含着的大量
历史背景和个人境遇信息，不仅不可被口语外化前的感悟所遗弃，而且更应该作
为朗诵者在开口表达之前"内心视像"的立足点以及口语外化进行中所涵盖的"朗
诵五元"的出发点。

"丙辰"是公元1076年，当时作者苏轼因指摘王安石的新法而自请外放至
杭州，三年后又被调往密州即今山东诸城做太守，心情愁郁，此篇正是他在密州
太守的任上所作。小序文字信息的历史背景提示，由于作者正处于离京外放的仕
途低谷时期，因不能施展为国效力之志而倍感郁郁寡欢。这个历史背景进一步揭
示了作者个人境遇，即在中秋之夜，家家户户都可以阖家团圆，但是自己远在他
乡而不能与亲人团聚，还由于与胞弟苏辙（子由）向来手足情深，所以才在中秋
之夜愈加地思念。

这样的历史背景下，作者的愁郁堆成思念，所以才使作者长时间、大量地喝
酒以排解郁闷心情。直至次日早晨天已大亮（达旦），于是写作了此篇《水调歌
头》的词作。

所以，词前小序末尾记"兼怀子由"。试问今天之人也同问时下的朗诵者，

在如此的历史背景导致的个人境遇之下，岂能不有、岂会不有、岂可不有怀念胞弟之理？由此可见，小序文字所言表面上说的是"兼怀"，其实应该是"久怀""甚怀"的内里之意。

然而文本之所以仅仅写成了"兼怀"，其实是作者在切身经受了文字狱冤案的痛苦之后，依然心有余悸而不敢、也不再直抒胸臆的缘故罢了。于是后人在回望文史时就不难发觉：以这首词为界，苏轼的文学创作风格与此之前开始有了迥异的变化。

由上述历史背景信息再融于中秋月圆这一本应团圆的特别时刻，作者彼时的心境，想必今天的任何人都可想而知也可想而感。然而亲弟弟苏辙（即子由）亦受牵连，子由曾奏请朝廷赦免兄长，而自己愿意归还一切官位为兄长赎罪，但是时境并未能遂其所愿。后来他由于家庭连带的关系也遭到了受降职处分，被贬谪至高安任筠（jūn）州酒监。

再如其另一篇经典词作《念奴娇·赤壁怀古》的创作历史背景与作者个人境遇之间的逻辑关系又是怎样的呢？

"乌台诗案"发生于北宋神宗元丰二年（公元 1079 年），时任御史何正臣上表弹劾苏轼，奏苏轼移知湖州到任后在谢恩的上表中，用语暗藏讥刺朝政。御史李定也曾指出苏轼四大可废之罪。此案先由监察御史告发，后苏轼在御史台监中狱受审。所谓"乌台"，即御史台，因官署内遍植柏树，又称"柏台"。柏树上常有乌鸦栖息筑巢，故通称"乌台"，这就是"乌台诗案"称谓的来由。

案件起因较为复杂，简言之可以归结为苏轼在仕途中久为政敌所不容，文字作品中又授人以柄。然而本质原因就是朝廷同僚中人嫉妒与恐惧苏轼那不世之才华，以致其每写下一首讥讽变法的诗词，都会深为当权派人物所不容，皆意欲先除之而后快。

"乌台诗案"中的苏轼被下狱囚禁了 103 天，险遭杀身之祸，幸亏因宋太祖赵匡胤时定下的"不杀士大夫"的国策起着作用，才算躲过一劫。之后苏轼被贬到黄州，且只担任团练副使，相当于现代民间自卫队的副队长，是一个无名无实的小吏。创作《念奴娇·赤壁怀古》时，苏轼已经被贬黄州两年多了，他心中有无尽的忧愁，于是四处游山玩水以放松情绪。某日他正巧来到黄州城外的赤壁（鼻）矶，此处壮丽的风景使其感触良多，更是令其在追忆当年三国时期周瑜无限风光的同时也感叹着时光易逝，所以才有了这篇千古词作。

上述所言都应该成为朗诵者应知应晓、应感应悟的内心视像。作者喜从何来，悲又从何起，都是与表达主体即作者本人的所见所闻、所思所感息息相关的。不论久远的历史背景抑或是彼时彼境给当下的朗诵者造成的认知感受是怎样的，都应该也必须纳入朗诵"五元"的规划和预备之中。否则朗诵口语外化之语言形态便会与作者文字所携之信息脱节，就会令朗诵成为无源之水，也会使朗诵活动成为无本之木。

这就是朗诵特征之依据多。

（二）变化细

《说文解字》中记："变，更也；更，改也；细，微也。"

对朗诵者而言，需在细微之处皆有变；对朗诵活动而言，需在朗诵"五元"之中皆有化。变之愈细，则口语形象愈立；化之愈微，则表达韵味愈烈。朗诵者之变化愈加细致入微，受众者精神世界之形象感受愈发能如"约"而至。此"约"，乃文字作者与受众隔空情感共通之约；此"约"，为朗诵者与受众间实现转换之约。

然变化至何处？细微至几度？以将文字信息化至精微感为佳，以将字、词、句三者的逻辑关系运化至"声糜"状态为上。然而又何为"糜"？糜，粥也。食糜指食物被磨碎后像粥一样的物质。食物经过口腔内牙齿的咀嚼、舌搅拌与唾液混合，吞咽进入胃后，由于胃壁肌肉运动把食物磨得更碎并与胃液充分混合，形成粥一样半液体状的物质，即为食糜。

笔者结合自身多年的播音和口语表达实践经历所感，并结合"食糜"的概念通感，延展举出一个切身实例来阐述"声糜"的定义。

有网友留言提醒我注意"并不是"一词的表达。原文如下："不要把'并不是'这个结构的重音放在'不是'上。'郭先生并不是个好配音'与'郭先生不是个好配音'这两句是等价的，由此可以知道，'并'这个字用在这里，语法上是用来强调后面的否定词的。同样的用法比如'并没有''并不会''并不能'，这些结构在说话、诵读时的重音都应该放在'并'字上，而不是后面的否定词。'并'用在否定结构前面作为强调（附转折义），它本身就成为否定结构的一部分（因为并不存在'并'放在肯定结构前做强调的用法，其他'并'表示'和'的用法这里无须讨论），因此重读'并'，并不会造成后面的'不'的否定意思被忽略的效果；反而是重读'不'，会造成'并'字被轻读，容易被听者忽略，从而达不到强调转折的语法效果。在您配音的某期《走近科学》节目中，编辑用了大量的'并不是'，您全部发音为'并不～是'，听起来相当别扭。这样发音是完全错误的，希望能够改正。"

此网友有理有据并言之凿凿，切切之垂爱，鄙人于此鞠躬致谢！但是请这位网友和诸位听我细言：

其一，网友例证中那两句话绝不是等价的。

电视节目的解说（俗称"配音"，实则"解说"才是正解）是电视节目即视听语言表达的一部分、一个元素，是需要解说为整体影视声画艺术传播效益服务的。我这样处理即强调"不"，正是因为考虑到之前的信息里已经提出了"是不是"的疑问了。之后经过节目继续播出带来的信息行进，此刻受众对刚才心里的疑问也早就心知肚明了——即不是，所以才将解说语言强调的重点和重音的处理放在了"没有""不是""不会""不能"等这样的否定副词上。

之所以这样处理，既可以使得解说语言形成的本句结论的意思表示即关于"究竟是还是不是"的最后答案，在受众那里能够第一时间得到结论性入耳，也可以与受众在第一时间的意思判断达成传播者与受众之间的完全一致，更可以在第一时间让整体视听语言的传播意识与受众的内心判断同节奏、同感受。

其二，这位网友所言"听着别扭"当然也是可以理解的。

因为这样的艺术语言表达样式在社会大众以及专业人士的意识和实践中都是很不常见的。如果究其原因的话，其实是由于在长时间人云亦云之后的不求甚解，从而造成了长久的、错误的听觉判断，并且和技术技巧使用方式已经固化在大众以及职业者的意识里了。

坦率地讲，广大受众的听觉感受和鉴别标准的确应该进行纠正。那么需要怎么做呢？受众只需要根据语言表达的需求，来变化自己的认知和调整个人的收视感受即可，也要将口语表达者的方式方法融于大众艺术传播的范畴加以准确认知和科学运用，绝不能一概而论，否则即为投鼠忌器、因噎废食，实则是没有益处的。

简言之，长时间喝假酒的人，对真酒入喉却不适应了，觉得口感别扭了，这就是由于长久的谬误导致的误识、误判。所以播讲者在口语外化前的意识和口语外化之中的技术技巧要随着文字的逻辑变化而同向运动，以便受众的听觉感受意识与作者和播讲者的外化意识集束融合、同一。这才是能够将中心思想和意境感受表达到位的科学有效的口语表达之道。

广播电视节目是一个含诸多元素的综合构成体。虽然每个元素之间相对独立，但从大众传播需求的角度而言，它们最后都需要归于统一，否则就会形成声与画的"两张皮"，以及各个元素之间的"各自为政"了。那样也就可以被视为传播者包括播音员、主持人、朗诵者等各个工种在各干各的和自话自说了。所以，"您"听着别扭不行，得按照规则、规范和规矩来进行。

借此，笔者提出了"声糜"的概念，即书面的文字信息在经过广义的播音员处理之后产生的，可以在第一时间进入受众思维系统的信息链条。它实际上是朗诵者在先行处理之后才可以在第一时间就进入和伴随，并能够左右受众意识形态的口语表达样貌。

这个概念极类似于"食糜"，也就是食品可以进入小肠进行碳水化合物的吸收，用以维持人体生命活动的流质食物形态。

上述对朗诵解析和实例中涉及的关于"并不是"的口语列举处理方式即为"声糜"。

将文字口语外化处理成"声糜"样态，是播音员避免成为"肉喇叭""传声筒"的必要又重要的专业技术技巧和手段。唯有如此，播音员的传播行为尚可入耳，朗诵者的口语外化才能先入脑进而再入心。

又如："明月几时有？把酒问青天。" 此时作者的内心视像就是：明月在今天晚上就有啊！端起酒盏问问上天吧，然后自己再想想吧！然而"青天"岂能回答作者的愁绪呢？能够解释作者的疑问吗？当然不能！

换言之，作者就是要在中秋月圆之夜借酒排遣愁苦吧，想在阖家团圆之时把酒以思念胞弟子由吧！此时的第三个字"几"字固然为首句的重点，原因有二：一则为惯常的一般疑问句的逻辑重音，二则乃为作者无法得到回答的疑问。之于古诗词写作认知角度，"几"字实为其"兴"（xing，名词，感发意）的意指，所以在朗诵"五元"中需要注意加以强调。

然而紧接的第二句"把酒问青天"的第二字"酒",应非常注意"五元"的细化,缘由也有两个:第一,此酒乃今晚欢饮的杯中之物,此酒乃天地答问的媒介之物;第二,此酒乃作者情绪的"兴"(xīng,动词,起兴意)发之物,此酒乃遥想、思念的源起之物,故"五元"需要强调。

那么应该如何突出和强调地表述呢?口语外化的程度又是什么样的呢?

此处的技术、技巧也有两个:第一,"酒"字为上声,需字头、字腹、字尾惯常之完全。其二,需将"酒"(jiǔ)韵母之末尾因素 /ǔ/ 做"五元"的延展化处理,声儿中下,字儿给出 /ǔ/ 音素之完全,以发出 /ðu/ 音为佳,气儿不可疾,劲儿更宜缓落,味儿则始成"惨淡、无奈"之态。以使作者虽饮酒,但亦怨酒,虽善酒,但亦嗔酒的心态得以展现;以令被贬谪之人在中秋之夜虽饮酒、善酒,但实则在借酒以抒发不得团聚之愁苦情绪的形象得以细化。

此处还有一个意识尚需注意:"酒"与首句"明月几时有"之"有"同韵母、同声调,请朗诵者务必将二者明显口语化区分,以避免呆板之态。

这就是朗诵特征之变化细。

(三)比例大

《说文解字》中记:"二人为从,反从为比。"本义为并列、并排。例,比也,引申为数量之间的对比关系。

对朗诵者和朗诵活动而言,不论何种形式,如在舞台直面受众也好,还是录音制作播出也罢,时间皆有限,不可能也没有必要更不适宜洋洋洒洒、滔滔不绝的长篇大论,所以被朗诵者择定而成的可供口语朗诵的作品篇幅亦因之有限。

鉴于表现形式和时间的影响因素,被朗诵之文字作品往往会遴选既言简意赅、言简韵丰,又为大众耳熟能详的古诗文、古诗词,抑或久为大众所熟悉的具有易于认知和理解,且具备较广泛社会群体可接纳之情感承载的现当代文学作品。

这就需要朗诵者在最短时间之内可令受众知晓文字信息之意，要以最快的形象塑造和最具传播效率的韵味建设以使受众明了文字逻辑关系之韵，方可以助受众重新唤起内心久违之文学感受，进而达成朗诵传播之社会意义。

著名播音教育家、中国播音学的创立者张颂先生于其专著《朗读学》中早有所示："朗读不应只是简单地念字儿，而是一个语言艺术再创作的过程。"此言甚伟！朗诵作为朗读学的一种高级形态，理应从之。这缘于此论断既界定了朗诵者之于文字逻辑关系之专业规定性，更构建起了朗诵活动之于大众传播职业之特定性。

然而上述两种"定性"尤应以突出和强调口语外化形态之相互大小、高低、深浅、薄厚、快慢等形象比较指标为技术技巧之要，亦应以朗诵口语信号传播后之于受众韵味感受比例之刺激为方式方法之切。

换言之，恰如美树、佳木，有主干，亦有枝杈，有绿叶，也有新花，这是社会大众共同视觉形象的审美体验。虽独枝、枯叶亦有其艺术美感的存在，然而那并非是人人皆喜、人人皆爱的，并非是各社会阶层成员共同的美学认知存在。

那么又何为"大众"？

一人为单，二人为双，三人为众，况且"众"前还有一个"大"字。借此可以说明：朗诵者的服务对象是宽泛的、广博的，既有高官巨贾，亦有贩夫走卒，含及黄发垂髫与引车卖浆之流，也会有衣衫褴褛的沿街乞讨之辈。实际上"大众"是指汉语言的全体使用者。

如若口语外化之声音信号中缺少比例或者比例不够，受众接纳的感受形象即可被视为没有建立起来，继而因为形象感受尚属欠缺，所以会导致韵味体会也是不足。如此，朗诵即告失败，至少算不上成功。这也是"朗诵"作为"大众"传播手段的职业特定性的一部分。

如唐代李白《将进酒》的首句："君不见，黄河之水天上来，奔流到海不复回。"今译为：你没看到那黄河的水从天上奔腾而来，波涛直奔东海，不会再回来吗？此乃无疑而问抑或称明知故问，更为作者写作此诗之主旨——"将进酒"之"将"之"兴"（xing，名词，感发意）也。

具体解释为："黄河"因其水体浑黄而得名，故而口语外化时需将"黄"与"河"做大比例朗诵"五元"变化，才能将意义特指为"中国的母亲河——黄河"，而非其他流域之"绿河、黑河、白河"等。以此便可于第一时间告知受众主体为何，以此便可将受众之接纳起点于第一时间界定在历史之深厚与不可对抗的影响力之中。

换言之，此河非普通之河，此水非一般之水。然而如此非普通、非一般的大河之水，皆已经滚滚东去且已然不再回来。那么君之于杯中的点滴酒水，岂有不饮、不快饮、不痛饮之理？简言之，这杯酒、这点儿水算什么？算不了什么！快喝吧！快喝了吧！

只有在建立了这样的意识之后，"将"字所指的形象才能够开始出现，也只有在这个时候"将进酒，与尔同销万古愁"等劝人喝酒的韵味才开始得见。

然后"天上来"的"天"还需要与"黄"字再兴（xing）起朗诵"五元"的比例变化。

这是因为"天"的视觉形象与"黄河"相比较，一个高远、辽阔，一个虽源远流长，然而它毕竟属于一个平面的图像。"天"可补充、丰富、佐证平面土地上之水流一骑绝尘地向东流逝而"不复回"的事实，故而"天"的朗诵"五元"之比例更加利于劝酒，也更加适于表达"将"之韵味。如此，"将进酒"的文字信息所示不仅易于"表"，而且更易于"达"了。

这就是朗诵特征之比例大。

二、朗诵之本质属性

对朗诵活动而言，无外乎朗诵者与接受者这两个层面，以及由此两个层面所包含并赋予朗诵活动本体的自然与社会之双重属性。然而于此二者之中，由自然和社会这二者运动、变化、萃取而成的朗诵的"人文"属性，从起始至发生再至持续，最后延至结束，皆贯穿于全部的口语外化过程之中。

人文，是人类文化的简称和统称，是指人类从自身或者其他角度，以自己或他人所言之方法，对世界中已知或未知存在的客观事物或现象进行理性思考后，总结出来的符合自然和社会发展规律的，又可以被大众接受的属于个人主观层面的意识形态。人文属性中的"人文"，即人类文化中先进与核心部分，就是先进的价值观及其规范，其集中体现是：重视人、尊重人、关心人、爱护人。

对朗诵活动而言，服从大众已经拥有的认知形态是朗诵人文属性的意识之首。然而客观、科学的人文概念尚需要朗诵者对受众的偏颇和谬误的认知之处进行人文层面的纠正。其实大众惯常的认知并非全部客观事实，社会成员各自和彼此习以为常的意识形态也并非完全地属于科学的范畴。人云亦云、亦步亦趋、以讹传讹者是大量存在的，由此引发的错误影响也是很深远了。之前列举的"并没有""并不会""并不能"此类连词与否定短语的组合表达之例证即为此意所指之一。

故而，朗诵活动之"人文"应以诵者与受者间的情感可以实现顺畅的共通为根本之遵循，朗诵者所持之方式方法应以最大限度地转换文字信息为声音信号作为首要之考量，朗诵者所用之技术技巧应以第一时间实现表意达情的终极目标为根本之宗旨。此即为朗诵传播活动之人文，亦属朗诵者口语外化之灵魂。故而朗诵者之口语传播态应以受众之信息接收态为立足点和出发点。

简言之，如果在同学聚会之时朗诵《将进酒》即为符合受众的接收态之所指，此缘于老友间许多共同话题之畅谈，缘于久别重逢心情之欢愉，缘于由此二者而生发之频频举杯和共同祝愿，更缘于其乐融融氛围间之惬意。如此方可使《将进酒》的文字信息裹挟之劝酒情感的接受成为可能和必需。否则就是你喝不喝都无所谓，也不会有人那么热情地劝你喝酒。

如若朗诵者在口语外化之时，可实现在吐字发声系统能够达成专业之态的前提下，借以酒后微醺之肢体语言形态，此不失为口语外化之辅助的佳选方式方法。进而亦可视为之对受者接纳之尊重，可视为老友聚会情感同位之关心，还可视为诵者对受者之表达爱护。此实为"人文"之概念所指，更为大的"人文"范畴之情感体验。

朗诵者的自然属性缘于朗诵者的本体，即首先被界定为大自然中生命的个人。社会大众在日常生活中通常会遇情而有感，于是朗诵者会在精神世界里进行思想意识层面之认知并衍生感受，进而生发出朗诵意愿，再依托于朗诵"五元"之方式方法继续外化并形之于声、化之于情。然而此朗诵之自然属性并非朗诵者的自说自话、自娱自乐，实乃从朗诵者之角度进行的信息传播，实为以表达者之角度展开的情感分享。

朗诵者的社会属性因在同一社会生活范畴中，诸位生命个体之于某一种类的情感，可与诵者具备同时认知和同样感受之可能，因此则需要具备信息收纳之意愿。此缘于同一母语的恒久生活影响力之作用，亦缘于诵者与听者个体间在生长环境、社会阅历，以及受教育程度等社会因素所左右下，而令彼此认知、感悟各有差异。这是既多样也正常的社会伦理状态。

自然与社会之双重属性来源于诵者之口的有感而发，即我朗诵、你收听；亦源自听者之情的随声而动，即我表达、你认同。与此同时，朗诵活动之社会属性之于诵者与受众之关系层面也有所体现，这就缘于非自然生命个体的自我思维和判断的精神行为，实为全体社会成员之共同举动。否则，有诵者在诵却无人在听，有声音之表现而无情感之到达，如此无异于耳旁之风，就如相遇却不能相知一样，无法传递准确情感。

综上所述，朗诵活动中的自然属性之本就是朗诵者精准的口语表达，朗诵活动中的社会属性之本就是受众的初始接受和后续的接纳。朗诵者精准的口语表达之本在于朗诵"五元"的科学化处理，受众接纳之本在于对声音信号的韵味感受。

这时候朗诵活动之道才可以悄然而生，口语外化的方式方法才能够翩然而至，即朗诵"五元"之声儿、字儿、气儿、劲儿、味儿作用于思想意识层面的方式方法，以及由此生发而来的可能被用于和可以被用在口语实践的技术技巧。这样一来受众接纳之道所指也就自然而然地明了了，也就是达成了对朗诵者口语外化形态的认知，以及对被朗诵文字的精神感受。

（一）意识和机能的协调性

协调性是指正确处理组织内外各种关系，为组织正常运转创造良好的条件和环境，促进组织目标可以实现和谐一致、配合得当的能力。

1. 意识的协调性

意识是指人的头脑对客观物质世界的反映。

意识是感觉、思维等各种心理过程的总和，其中的思维是人类特有的反映现实的高级形式。存在决定意识，意识又反作用于存在。

在朗诵者执行口语外化行为的整体活动中，需要具备对文字信息的认知能力和对作者意识逻辑的感悟能力，以及表达能力。也就是说，需要朗诵者不仅要知道文字表面说了什么，还要感受到文字内里涵盖着作者什么样的思想感情，更要知道在前两者的基础之上朗诵者应该使用什么样的方式方法和技术技巧来全面、准确并毫无遗漏地将作者的思想感情以口语形态外化出来。

这些意识行为都是朗诵者作为文字信息转换者的义务，即在朗诵活动的道德或伦理层面上强制的责任和应该进行的价值付出。这些意识活动也是朗诵者作为文字信息的逻辑意识传递者的责任，即在朗诵行为的全部过程中，朗诵者应尽的义务、分内的事和朗诵传播后应承担的过失。

意识的各自协调性就是指朗诵者将朗诵意识的三方面即是什么、为什么、怎么做调控到和谐一致的能力。

以《岳阳楼记》为例阐述如下：

本文是北宋初年政治家、文学家范仲淹受巴陵郡太守滕子京之邀于庆历六年（公元1046年）写的一篇关于岳阳楼的记文。

作者为什么要写这篇文章呢？因为两年前即"庆历四年春"，滕子京被贬谪到岳州即巴陵郡任太守，为了向朝廷表达悔意，展现他初到此地的政绩，特意在第二年即"越明年"，重新修葺了岳阳楼，并且沿用之前的规模和样式即"增其旧制"，以便向皇上表示忠诚，以期得到朝廷的原谅。所以太守滕子京才派人送去书信诚邀范仲淹来"作文以记之"，目的是就是要广而告之，提高"乃重修岳阳楼"这件事的社会知名度，以体现自己虽然被降职即"谪守"，但仍然在新任上做到了"政通人和，百废俱兴"，以示对皇帝的忠心耿耿，进而期待重新被重用。

此时朗诵者还需要建立的一个意识是，这个时候的作者范仲淹也正处于仕途的低谷，即他由于"庆历新政"推行得不顺畅而不得不申请离开京城去河南邓州为官，所以这篇文章的写作地点是在邓州而不是在巴陵郡的岳阳楼当地，而且时间也是在"庆历四年春"的两年多之后，即"时六年九月十五日"。

既然在意识层面知道了"是什么"和"为什么"，那么朗诵者该怎样建立下一步即"怎么做"的意识呢？于是，根据以上的时代背景和个人经历来感其意、悟其境，就需要以相对较多的圆润的"声儿"；以较多的全和拉开形态的"字儿"；"气儿"之"徐"应以文章的主旨和景物的时间状态为"序"，之"疾"应以先写景再抒情的顺序为"计";"劲儿"之"起"应以作者在异地对彼地的时间回溯为"依","落"应以情景交织后感受的生发为"据"。这样才能建立起记文行进时讲述的"顺遂"和情感表达停止后的"回味",最终塑造出"古仁人"群体的忧国爱民之"味儿"。

这就是意识的协调性。

2. 机能的协调性

机能是指人体器官的功能、作用与活动能力。

朗诵的机能就是指朗诵者调动、组织自身的各个组织和器官来完成朗诵"五元"——声儿、字儿、气儿、劲儿、味儿的生理能力。

肺泡的气息在胸腹腔肌肉收缩的挤压后形成气流给到声带,这两条肌肉组织会在气流的振动下发出一个自然生理状态的声音,即嗓音。但是此时这个嗓音还不能被视为朗诵"五元"的"声儿",因为还没有与"字儿"的形态相结合。

眼睛在阅读文字的同时,大脑会给出一个基本字音的意识判断,然后大脑皮层的记忆信息迅疾地给出该字音的认识结果,继而将唇、齿、舌、腭的位置调控到与意识判断对应的位置,再发出相应的字音来。

与此同时,意识系统在进行着更迅速地活动以判断和实现字的形态,是全的还是半全的,是应该将字儿的形态完全拉开,还是在字形的建立和变化中随之变化,这就形成了朗诵"五元"的"字儿"。

这时候嗓音与字形就结合在了一起,这个携带着字音和形态的嗓音才可以被视为朗诵的"声儿"。

由于句子的语言链条要运动,文字的意思表示要变化,所以气息在使用和声音在外化的过程中会有快与慢、轻与重、松与紧等的程度变化。这样的听觉感受同样会给受众的听觉系统带来与之相应的快与慢、轻与重、松与紧的力度感受,这就是朗诵的"劲儿"。

在"气儿"的核心作用下，声儿、字儿、劲儿的相互协调和科学变化，最终建立出了字、词，以及由若干字词构成的文字逻辑关系。这样的文字组合以及由朗诵者的声音进行了拆解并且再组合后塑造的，可以被受众认同继而接纳的内心意识感受，就是朗诵的"味儿"。

机能的各自协调性是指在朗诵活动中以气儿为核心、以声儿为主导、以字儿为承载、以劲儿为感知、以味儿为目的的使用能力和运用程度。

例如《岳阳楼记》第三段："若夫淫雨霏霏，连月不开，阴风怒号，浊浪排空；日星隐曜，山岳潜形；商旅不行，樯倾楫摧；薄暮冥冥，虎啸猿啼。登斯楼也，则有去国怀乡，忧谗畏讥，满目萧然，感极而悲者矣。" 这是由两个长句构成的借景抒情的一段，前一句由十个整齐的四字成语或者四字短句构成，描述岳阳楼在阴雨天气时的景象，其间有自然景物即"阴风、浊浪"的动态，如"怒号、排空"，还有"日星、山岳"的静态，如"隐曜、潜行"，又有人类活动即"商旅、樯、楫"的静态，如"不行、倾、摧"，以及天色即"薄暮"和动物即"虎、猿"的静动各态，如"冥冥、啸、啼"，这些内容构成了一幅立体、多态的，既存在时间更替又有视觉空间移动的丰富的山水画卷。

所以这一段的朗诵就需要全面地组织、调动朗诵"五元"，即需要预备较深厚的"气儿"，并且缓慢而有序地引发声带振动，此时声带和共鸣腔的位置应该处于适中的状态以便发出相对浑厚和圆润的"声儿"。由于文中有较多的巨大和遥渺的事物形态，即"风、浪、山、日、星"等，所以"字儿"的形态应以相对较多的全和拉开为主，以示物体样貌的广阔和高大。由于段落中连续十个结构几乎相同的四字词连续铺陈，所以应在气息的整体主导下给出移步换景的相对独立之感和持续的描述之"味儿"。

所以这一句朗诵"五元"的技术技巧和口语外化基本态应该是：（气儿实缓吐）若夫～淫雨～霏＼霏，（疾连）连～月＼不（声儿虚以示淫雨的久多）开，（并）阴风怒号，（连）浊～浪＼排空；（气儿足徐吐，声儿稍枯涩以示阴暗之色）日星隐曜，山岳潜形；（气儿暂断后继续徐吐，因为人与物的转换）商旅不行，（并）樯倾＼楫摧；（换气暂断后缓吐，声儿稍浑厚以示深沉之感）薄暮～冥冥，（连）虎啸～（并）猿啼～。

这是这一句朗诵"五元"机能体现的各自存在，也是相互作用的形态。

由于接续的第二句是因景色给人造成的内心伤感的抒发，所以此时的朗诵"五元"就需要较大地调整甚至是重新规划了。因为本文的作者和此楼的重建者都是被降职和贬谪之人，又在"淫雨霏霏、连月不开、阴风怒号"这样的傍晚时节，岂能没有离开国都、怀念家乡即"去国怀乡"之心？还因在朝为官时候的直言进谏而得罪了上司从而不得不离开故地远赴他乡，又岂能没有担心小人进谏谗言和担心被同僚讥讽即"忧谗畏讥"的内心活动？这些都是人之常情。所以作者站在此时此刻此天气的岳阳楼上，面对"浊浪排空"的江水才顿生凄凉、悲惨即"满目萧然"之感，继而才有了感慨万千并十分悲伤即"感极而悲者矣"的表达。

故而这一句朗诵"五元"的技术技巧和口语外化基本态应该是：（气儿足疾吐，声儿浑厚少明亮、多胸腔共鸣，字儿半全）登＼（字儿全以示"这"的指向、宽发）斯～楼也，（疾连，字儿短）则有～去国～（并列）怀～乡，忧谗～（并列）畏～（字儿短、宽发）讥，（气儿暂断后徐吐，声儿圆润，字儿全以示方向所指的环绕、全面感）满～目＼萧～然，感（字儿全、音程慢、字尾疾收，劲儿下行）极～（劲儿连贯、轻，声儿浑厚）而（字儿迟滞、稍拖长）悲～者矣。

这是这一句朗诵"五元"机能体现的各自存在又相互作用的形态。

既然上述列举的口语外化形态有如此多的变化，那么就需要朗诵者呼吸系统和唇、齿、舌、腭的各个身体组织器官具备"五元"存在和运用的能力，而且还要将这个能力使用到五个元素各自的形态变化中——"声儿"需要浑厚时就将声带多一些放松，让共鸣位置多侧重在胸腔一些；需要明亮时就将声带多一些收紧，让共鸣位置多侧重在头腔一些。

但是只是调整声带的运动形态和共鸣腔位置还是远远不能满足"声儿"的变化需要的，这时候"五元"中的其他元素就要发挥作用了——需要浑厚的"声儿"来朗诵的时候，除了声带放松和共鸣腔下移，与此同时还需要"气儿"在结实有密度的基础上缓慢地吐出来。

而要想做到"气儿"既结实有密度又可以缓慢地吐出来，还需要腹腔的横膈膜向上运动，顶托住胸腔给肺叶造成适度挤压，并且持续着以便令气息能够较长时间地处于运动状态，从而能提供声带在放松中振动的力量。

需要较明亮的"声儿"时，除了声带收紧和共鸣腔上移以外，还需要肺腔里的"气儿"以较快的速度向外吐出，以给声带的小幅却有力的振动提供一个带着短促、有力"劲儿"的气息支持。

同理，朗诵"五元"中某一个元素形态的呈现都需要其他各个元素之间的共同存在和相互配合运动。

这就是机能的协调性。

3. 意识和机能之间的协调性

意识和机能同时存在于同一个朗诵者的生命体之中，是源自同一个组织器官的生理行为，所以他们两者之间具备自然的联动性，这也是生命体的固有属性。二者既独立存在，也相互作用。

在朗诵行为开始之前，当朗诵者在意识中判断出应该使用的方式方法后，就会通过大脑的思维活动给参加朗诵活动的身体各个生理组织发出相应的指令，指挥并协调肺、喉、唇、齿、舌、腭开始各司其职地准备运动起来。

在朗诵正在进行之中，朗诵者自身的意识系统又会根据已经吐出来的声音状态来感知并研判这样的声音形象是正确的还是错误的，是否能够满足文字信息的韵味建立和塑造。此外在朗诵完成之后，朗诵者的意识系统依然还在进行思维运动，还会回忆刚刚发生的朗诵行为抑或依据受众的接纳程度和传播效果来继续研判刚刚完成的机能使用状态，以此来检索自身朗诵完成情况，以利后续的改进和未来的进步。

还以《岳阳楼记》举例阐述："至若春和景明，波澜不惊，上下天光，一碧万顷；沙鸥翔集，锦鳞游泳；岸芷汀兰，郁郁青青。而或长烟一空，皓月千里，浮光跃金，静影沉璧，渔歌互答，此乐何极！登斯楼也，则有心旷神怡，宠辱偕忘，把酒临风，其喜洋洋者矣。"这一段描写了晴朗的春天中岳阳楼白天和夜间的景象，并讲述了在这样的视觉感受中人的心情。

当朗诵者的视线落到"春和景明"四个字的时候，意识里就会知道这是到了春风和煦、阳光明媚的时节了。在社会大众通识的情理感受中，春暖花开的季节都是令人感到美好的，是受到欢迎的。这时朗诵者的思维活动就会调动自身对春色、春意、春景、春音等有关"春"的全部印象认知，进而给朗诵"五元"一个基本的方式方法设计——春天的岳阳楼所在之地的天空是晴朗的，空气是洁净的，江水也是清澈、安稳的。正如原文所记"波澜不惊，上下天光，一碧万顷"，所以这个时候"五元"技术技巧的基本要求应该是开阔的、明朗的、广大的。

还有本段伊始就以"至若"这样列举性质的语气出现，就说明了作者即将开始全方位地描述了。果然接续的文字信息就恰恰以连续的十三个四字成语和四字短句记录了岳阳楼白天和夜晚的景象，而且有高有低、有大有小、有虚有实、亦静亦动，立体、全面又丰富。

既然如此,朗诵者就需要在意识之中做一个相对充足和饱满的"气儿"的准备,做一个以圆润、开朗为主的"声儿"的准备,做一个较全面或者较多样的"字儿"的准备,做一个在连续中有类别、在整体中有分配的"劲儿"的准备。这样才可以建立和塑造喜爱和流连忘返之"味儿",也只有当这样的韵味建立起来和塑造完成之后,才可以成为作者写景抒情之后便感到"喜洋洋者矣"的思想意识基础。

既然文字信息给出的感觉意识中第一个分句"至若"到"万顷"有起始的总述之意,那么朗诵者就需要预备一个较为充足的"气儿"。由于连续的景物描写内容较多,所以朗诵者同时还要建立一个在整体文字介绍过程中换气、就气和偷气的意识预备。有高处、空中、无依托的动态如"沙鸥"在"翔集",也有低处、水里、有包围的动态如"锦鳞"在"游泳",所以意识当中就要给出这两句方位感的高低变化的方式方法,继而将技术技巧口语外化出来——(两字较短)沙鸥(字儿拉开以示飞翔时的持续状态,声儿可以较圆润以示飞鸟在空中的自由、舒适之感)翔~集,(内心视像迅速地转换到低处,气儿实但是要缓吐,因为锦鳞在水中游弋的速度是不快的,劲儿要柔和以示春天的鱼儿在温暖的水域中活动的惬意、舒适之态,声儿圆润)锦(字儿全、字尾缓收)鳞~(气儿浅徐吐,声儿较浑厚,劲儿轻)游~(声儿虚,字儿全以示徜徉之态)泳。

后来文字信息到了夜间的景象记录即"长烟一空,皓月千里",意识处于黑暗但是有月光的春夜里,水平面上的"浮光跃金",水平面以下的"静影沉璧",以及打破静谧之感的远处水面上的"渔歌互答",这些因素要求"五元"应该进行相对迷茫、缥缈甚至灰暗的整体转换。

因为这三个景物都处于"皓月千里"的同一个时间,都处于和水共存的同一个空间背景中,所以这三个四字短句特别要注意口语在空间方位感上的方式方法的运用和技术技巧的变化——(气儿实徐吐可以供三个短句使用,声儿可以稍明亮以示金色的金属质感）浮光（字儿全，劲儿轻）跃（字儿短但宽发）金，（劲儿下沉，声儿浑厚）静影～沉（字儿短）璧，（劲儿立即再向上运动到水面）渔（字儿全、字尾缓收）歌～（字儿全、音程较慢，劲儿稍促）互（字儿拉开，声儿圆润的颗粒感，劲儿平）答。视觉范畴经过这样动静双态的景致呈现之后，所以作者才生发出了"此乐何极！"的精神感受。

此时，朗诵者的意识因为文字信息的存在和韵味的塑造而在不停地建立和运动着，给到生理组织的外化实践指令也在随之而动，继而口语外化所需要的有声语言表达的技术技巧也在时时刻刻地变化着。

这就是意识与机能之间的协调性。

（二）认知和感悟的科学性

科学性是判断事物是否符合客观事实的标准。

客观事实是指在时间和空间中存在的事物、现象和过程。它是一种本体意义上的范畴，它既不以人的意志为转移，也没有对错之分。

标准是科学、技术和实践经验的总结，是为了在一定范围内获得最佳秩序，对实际的或潜在的问题制定共同遵守的和可以重复使用的规则。

1. 对文字信息认知的科学性

不论文字作品的诞生时代、涉猎题材、书写体例和表达意义是怎样的，对作品本身文字信息的最基本认知都需要结合作品所处的社会背景和作者的个人经历来进行。

我国南朝时期梁代的著名文学理论家、评论家刘勰在其著名文论《文心雕龙》第四十五篇《时序》中记述："文变染乎世情，兴废系乎时序。"意思就是说文章的变化受社会情势的影响，它的兴替也一定与时代更替息息相关。

一个人作为生命个体在生活的历程和生命的演变中自始至终地处在相对固定

的社会大环境中，于是他（她）受到来自社会各个系统的各种形态的影响就是客观存在的。这个社会大氛围影响的存在是个人的意志和力量无法改变的，对社会个体而言也就是只能去慢慢地适应和逐渐跟随了，否则就将被社会淘汰。

上述也是英国著名生物学家达尔文"物竞天择，适者生存"的进化论的核心观点。

汉朝辞赋家、思想家扬雄在其著述《法言·问神》中记述："故言，心声也；书，心画也。声画形，君子小人见矣。" 意思是说从一个人的言语当中就可以反映出他内心的思想感情，从一个人的书写笔迹当中就能够看出他内心的情感类型，所以通过声音、笔迹、形态就可以判断出他是正人君子还是奸佞小人了。

后来社会大众也从这句观点性的论述中提炼出了"言为心声"这个成语。

那么可以反映心声的言语是以什么为生发和记录根源的呢？能够体现一个人内心思想状态的书画笔迹又是以哪些作为诞生和表达基础的呢？只有个人所处的社会生活环境给他自身带来的感受才能使其建立某种对生活的感受，只能是个体生命所长期甚至是终生所在的周遭氛围给他自身带来的觉悟才可以令其感知到喜怒哀乐和爱恨情仇，只能是其日复一日、年复一年的在同一或者相对同一的社会环境中的所见所闻、所思所感在人体的精神世界中建立和形成了相对固定的认知和感受，才能形成文字作品以用来表达心声。

这也是符合社会大众的最基本的、最通识的情感和理性认知的，当然是可以作为大众传播范畴活动的意识标准的。

所以对朗诵者的精神层面的意识活动而言，第一要务是对被用来进行口语表达的文字作品进行符合客观事实的认知和判断，其次是对文字信息的科学认知。符合客观事实的、科学、准确的认知和判断需要依时代背景感其意。

列举阐述如下：

客至

舍南舍北皆春水，但见群鸥日日来。

花径不曾缘客扫，蓬门今始为君开。

盘飧市远无兼味，樽酒家贫只旧醅。

肯与邻翁相对饮，隔篱呼取尽余杯。

这是一首亲切的生活纪事七律。公元760年杜甫携家眷来到成都后，在城市西郊的浣（huàn，洗）花溪畔建起了一座草堂栖居下来。这里远离战火，可以安静思索、悉心创作。杜甫前后于此生活了四年多，其存世的约1500首诗作有240首是在这里诞生的。譬如"好雨知时节，当春乃发生""出师未捷身先死，长使英雄泪满襟""安得广厦千万间，大庇天下寒士俱欢颜，风雨不动安如山"等脍炙人口的名句。

暂且安顿后的次年春天，诗人于此草堂之家邀请朋友前来做客、小酌，以此诗为记。全诗文字直白、逻辑严密，饱含着浓郁的生活气息和温暖的人情味，表现了作者仁义、平和，又坦率、好客的性格特点。

首联为叙述，写宴客的时间和草堂的环境，在春天有溪水环抱的地点即"南北皆春水"和周围的自然生态中即"群鸥来"，一派春暖花开、人与自然和谐共处的美好又祥和之态。需要注意的是，出句的句式是双重限定的修饰方法——"南、北"先限定了"舍"，继而的"水"先被"春"修饰后再被"皆"共同限定，对句亦同，所以此处口语外化之时需要精准地处理"五元"的变化。

颔联为工整的对仗，去年营建的草堂栖身之所，今年春天院中小路两侧的花草就已经开了即"花径"，但是以前还没有因为来客人而打扫即"不曾缘客扫"，也就是说今天来的是第一位客人即"今始为（wèi）君"。这从侧面也可以表明首位来客的非同一般，后来发觉作者于题后自注"喜崔明府相过"，断定首位客人乃一位姓崔的县令。明府，是唐代对县令的称谓；相（xiāng）过，即看望、访问。

颔联，"盘飧"（sūn，晚饭），此处泛指盘中的食品；"市远"，离集市远，不便大量和丰富地采购；"兼"，多；"旧醅"（pēi，没有过滤的酒），此处指粗糙的、隔年的陈酒。这两句诗，作者谦虚地直言由于客观条件所限即"市远、家贫"而没有购置和不能预备新酿的酒和多种口味即"兼味"的菜，还请"君"勿嫌弃。乃为主人的尊重和热情之意。

尾联更为亲切、自然。主人轻轻地询问即"肯"，可不可以请邻居的老先生即"翁"过来一起"相对"喝酒？因为宴请之中临时增加客人是需要征询宾客意见的，此处即为正在征询崔县令的意见以示礼貌或者避免不必要的尴尬，因为尚不知宾客是否方便和情愿。

末句，想必是得到了同是随和性格的客人的首肯，于是才隔着篱笆墙呼唤"邻翁"过来一起将余下的酒喝完，即"尽余杯"。

作者在这首七律中将自己、友人和邻居之间构成的生活自然环境，以及他们相知相交带来的温暖场面一目了然地展现出来且行贯全篇。由此足见，杜甫在定居草堂后的内心情感，与战乱时的那种郁郁寡欢和艰难处境已经截然相反。这些来源于作品本身文字信息的认知构成，必须首先在朗诵者的精神世界中形成跨越时空的通感。

所以，这首生活纪事七律朗诵之"声儿"应以平实的圆润和自然的浑厚，偶有稍明亮为主；"字儿"的形态应以全、拉开和短的全体参与为宜；"气儿"之"徐"应以家境介绍的坦率为"序"，之"疾"应以谦虚又热情的欢迎为"计"；"劲儿"之"起"应以文字描述所指的由远及近为"依"，"落"应以视觉感受所含的由浅至深为"据"；以便建立和塑造暂且安顿之后的欣喜感和对朋友相探和邻居共处的亲近之"味儿"。

正因为如此，《客至》朗诵"五元"的技术技巧和口语外化基本态应该如下：

（稳健、喜欢的讲述感，气儿实徐吐，两句整体声儿要自然的圆润感，字儿短）舍（疾连，字儿全）南\舍（字儿拉开、字尾缓收归音到"ei"后劲儿疾落）北（气儿疾吐，声儿稍明亮，字儿全、音程较慢、字尾散收）皆（字儿全、稍拖长，声儿自然的浑厚）春水，（气儿疾吐，声儿自然的稍明亮感，字儿短、弹出，劲儿稍促）但（字儿短，声儿涩）见\（字儿全、音程稍慢，声儿全、音程慢以示数量大，劲儿绵）群～（字儿半全，声儿圆润）鸥\（两字皆声儿涩的颗粒感，字儿半全）日（字儿短）日（声儿虚，字儿全、音程稍快）来。（气儿足缓吐，两字声儿皆稍虚的浑厚）花径\（字儿短且音程快，声儿浑厚的稍明亮，劲儿促以示肯定感）不（声儿涩，字儿半全）曾\（气儿徐吐，字儿全、音程较慢，声儿圆润的颗粒感）缘～（声儿稍明亮，字儿短、弹出）客\（声儿虚，字儿全、字儿韵母缓收）扫，（气儿疾吐，两字皆声儿浑厚，字儿半全，劲儿稍重）蓬门\（气儿徐吐，声儿稍明亮，字儿全、音程慢）今（声儿涩的颗粒感，字儿全但音程快）始为\（声儿自然的浑厚感，字儿全、音程稍慢，劲儿轻）君（声儿先虚再涩，字儿半全、音程略慢、弹出，劲儿轻）开。

（视觉范畴的由外及内的、眼前的小范围感，气儿实徐吐，四字声儿皆圆润的颗粒感，三字皆半全，个体相对独立）盘\飧\市\（气儿徐吐，字儿拉开，声儿圆润、较明显的颗粒感）远（气儿疾吐，字儿短，声儿自然浑厚，劲儿促）无\（气儿徐吐，声儿稍明亮，字儿拉开）兼（声儿虚，字儿短，劲儿轻）味，（连，三字皆声儿涩，字儿半全，个体独立，劲儿稍紧）樽\酒\家\（字儿全、音程较快，声儿涩的颗粒感）贫（字儿全、音程快、稍拖长）只\（字儿半全、拖长，声儿虚以示羞涩感，劲儿紧）旧（声儿涩，字儿短）醅。（暂停，整句气儿足虚吐，四字语速稍慢，皆声儿圆润，劲儿轻以示临时的提议感，"肯"的声调语流音变为阳平）肯与邻翁＼（三字语速加快，皆声儿先虚再圆润，字儿个体独立）相＼（字儿全、音程慢，以示面对的、不远的，但是客观存在的距离感，声儿稍明亮）对＼（劲儿稍扬起以示询问感，字儿半全、音程稍快、字尾疾收，声儿圆润）饮，（气儿足徐吐，三字皆声儿浑厚、圆润，字儿半全、个体独立）隔＼篱＼呼＼（声儿圆润的颗粒感，字儿全、音程较快、字尾疾收）取＼（气儿疾吐，声儿稍浑厚，字儿全，劲儿稍重）尽＼（气儿徐吐，声儿圆润，字儿全、音程稍慢，劲儿平）余（声儿涩，字儿半全，劲儿轻）杯。

　　江雪

　千山鸟飞绝，万径人踪灭。

　孤舟蓑笠翁，独钓寒江雪。

这首诗由唐代柳宗元所作。今译为：群山中的鸟儿飞得没有了，许多路上人的踪迹看不见了。在一只小舟上有一位披着蓑衣、戴着斗笠的老翁，独自在寒冷的、下着雪的江面上垂钓。

全诗的意指极为直白、明了，即寒冷、孤寂。那么作者作为大唐的朝廷命官又为何有这样的内心感受呢？这是缘于唐顺宗永贞元年（公元805年），柳宗元参加了王叔文集团发动的“永贞”革新运动，推行内抑宦官、外制藩镇、维护国家统一的政治措施。但由于反动势力的联合反对，改革很快失败，柳宗元被贬为永州司马，流放十年。实际上当时作者过着被管制、软禁的“拘囚”生活。

这就是朗诵者需要认知的，也是这首诗诞生的时代背景。

　　送孟浩然之广陵

　故人西辞黄鹤楼，烟花三月下扬州。

　孤帆远影碧空尽，惟见长江天际流。

唐代李白的这首诗，今译为：旧友告别了黄鹤楼向东边去了，在烟花绚烂的三月漂向了扬州。帆船的影子在水天相连的地方看不见了，只有滚滚长江水在向天边奔流着。

作者李白才华横溢又早负盛名，所以为同僚所嫉，亦久为官宦所不容。加之作者性情桀骜不驯，遂外出游历各地，以诗酒会友，自言"酒隐安陆，蹉跎十年"。于是就诞生了这首作者与老友孟浩然于江夏（今湖北武汉武昌区）分开时所作的送别诗。

这仍是朗诵者需要认知的，也是这首诗创作的时代背景。

虞美人

春花秋月何时了？往事知多少。小楼昨夜又东风，故国不堪回首月明中。

雕栏玉砌应犹在，只是朱颜改。问君能有几多愁？恰似一江春水向东流。

浪淘沙

帘外雨潺潺，春意阑珊。罗衾不耐五更寒。梦里不知身是客，一晌贪欢。

独自莫凭栏，无限江山，别时容易见时难。流水落花春去也，天上人间。

这两首词为南唐李煜所作。时乃宋太祖开宝八年（公元975年），宋军攻破南唐都城金陵（今江苏南京），李煜奉表投降被囚禁在汴京（今河南开封），至此南唐灭亡。这两首词均作于南唐后主李煜归顺北宋近三年之后。

这些也都是朗诵者需要认知的，也是这首诗创作的时代背景。

仅以上述这几首诗和词为例，结合作者创作的社会背景，就可以分别感知到他们当时短暂欣喜、凄清孤寂、离别忧伤、痛苦惆怅而且复国无望的情感状态，也能捕获创作历史信息了。

当表达短暂欣喜之"味儿"时，朗诵"五元"中的"气儿"有既灵活又收敛的运动，"声儿"则体现较多的明亮和圆润，"字儿"以相对的半全和短暂居多，"劲儿"则体现明显的深浅变化。

当表达凄清孤寂之"味儿"时，"五元"中"气儿"以缓吐、徐吐、虚吐运动、"声儿"以较多的浑厚和枯涩、"字儿"以全和适度的拖长居多、"劲儿"则松散地分布。

当表达离别忧伤和痛苦惆怅之"味儿"时，"五元"中"气儿"应充足但缓吐、慢收，"声儿"以较少的圆润和枯涩甚至嘶哑出现，"字儿"以较多全和半全抑或拉开的形态体现，"劲儿"应松弛、柔软甚至无力地综合运用技术技巧，这才是对文字信息科学性认知后的朗诵意识和口语外化的方式方法。

所以，在创作某一篇文字作品之初，创作主体即作者本人所处的社会形态，就注定了这一篇作品的文字信息内容所指，否则就只是无源之水。在具体写作某一篇文字作品之时，作者本人所经历过的时代背景就为这一篇作品的意思表示规定了表达方向和存在意义，否则就可以视为作者在无感而发。当某一篇文字作品诞生和发布之后，读者和社会大众也会依据其所处时代的人文风貌和当时当地的风土人情来欣赏或者批判其历史价值和传播意义。这也就规定和解释了口语外化形态的执行标准。

这就是对文字信息认知的科学性。

2. 对意识逻辑感悟的科学性

逻辑是指思维的规律。此处的逻辑就是指被朗诵的文字作品中存在的客观规律。

感悟是指人们对特定事物或经历所产生的感想与体会。

这里的意识逻辑感悟就是指朗诵者在经过阅读和认知后，对文字作品中蕴含着的作者个人思想感情的体会和能够传递给受众的感受和觉悟。

作为社会群体中的一员，其生活内容必然会决定其对外部世界的认知，继而建立起属于个人精神本源的内心感受。一位作者的所见所闻、所思所感对文字作品的诞生和情感表达，就宛如社会大众在日常生活状态下的饥则念食、渴则思饮、疲则欲息的共通的生理需求和情感判断一样。

假设有人在腹中饥饿的时候想外出旅行——饥则思游，这恐怕只是他个人的特别喜好和情感需求罢了。这样的特例在百姓日常生活中是很难见到和经历的，因为处于饥饿状态下的人体是没有力气来实现户外游玩行为的。即便真有这样的情况发生，那也只能被界定为在特殊情境下特别的和小众的生活方式而已。再即便他在饥则思游的思维过程中，创作了某一篇文字作品，恐怕也是不能够用来进行口语朗诵的。因为那样的内心情感状态是不属于大众意识范畴的，当然也是不可以作为视听产品继而进入大众传播活动的。

《水调歌头·明月几时有》的作者苏轼在"丙辰中秋"的阖家团圆之时不会思念亲人吗？因为政见不合他被外放到密州（今山东诸城）做太守后，在中秋月圆"欢饮达旦"之际不会更加的思念受自己牵连而被远贬到筠州（今江西高安）且已经七年没有得见的胞弟苏辙吗？所以词前小序中的文字信息说"大醉"是因此而大醉，所以"作此篇"也是因此才写了这首词。所以说"兼怀子由"就是指弟弟苏辙（字子由）。这是由作者七年来的个人经历而生发出来的客观的思想感情。

长久以来，也正是由于彼时、彼地作者因为生活地点的迁移而带来的生命感受的改变，从而奠定了全文以思念胞弟为发端和基础的文字信息，以致这首词从当时直至现在仍然为世人津津乐道，几乎妇孺皆知，已经进入社会大众意识逻辑范畴，成为常常被用来表达思念之情的著名词作。

如果"滕子京"不是因为被贬谪之后想要东山再起，就没有必要从位于湖南东北部的岳阳（巴陵郡）差人远赴河南西南部的邓州，向老朋友范仲淹邀约文稿，进而借范仲淹的《岳阳楼记》向朝廷表达忠诚了。这样的举动都是由于滕太守在遭到降职处分后而采取的一系列有指向、有步骤的复兴计划，自然已经构成了他在仕途低谷时期的生活内容和生命历程的一部分。

如果作者范仲淹不是因为新政无法顺利推进的原因而自请出京，也不会有对老朋友感受的认知和同情，当然也就不会有《岳阳楼记》这样一篇被久远传诵的佳作产生了。同时也正是由于作者有类似的生活内容和生命历程，所以这样的认同也是对自身仕途不畅的一种感同身受，进而才兴发出了士人精神世界中一种高级的、伟大的、忧国忧民的家国情怀，即"先天下之忧而忧，后天下之乐而乐"。

这些都应该成为朗诵者内心对文字作品逻辑意识的感受，否则就不会知道《岳阳楼记》是什么、为什么，当然也就不知道怎么去进行朗诵表述了。

有关意识感悟的科学性，再以《典论·论文》节选列举解析如下：

盖文章，经国之大业，不朽之盛事。年寿有时而尽，荣乐止乎其身，二者必至之常期，未若文章之无穷。是以古之作者，寄身于翰墨，见（xiàn，同"现"，出现、显露）意于篇籍，不假（jiǎ，借用）良史之辞，不托飞驰之势，而声名自传于后。故西伯幽而演易，周旦显而制礼，不以隐约而弗务，不以康乐而加思。夫然则，古人贱尺璧而重寸阴，惧乎时之过已。而人多不强（qiáng，主观意愿强烈）力，贫贱则慑于饥寒，富贵则流于逸乐，遂营目前之务，而遗（yí，遗失）千载（zǎi，年）之功。日月逝于上，体貌衰于下，忽然与万物迁化，斯志士之大痛也！

今译为：文章创作是涉及国家经管、治理的伟大事业，是可以流传而不腐朽的盛大事业。人的年龄长短受时间的限制，荣华欢乐也只能终于一身，二者都是有一定的期限的，不可能像文章那样永远地流传下来没有尽头。因此，古时候的作者全身心地投入文章、笔墨中，把自己的意识、思想呈现在文章和书籍里，没有借用历史上各家的言辞，也没有假托高官的权势，而名声就可以自然地在后世流传。所以周文王被幽禁，而推演、撰写出了《周易》，周公（名旦）因为自己身份显达而写作了《礼乐》。（周文王）不因处境艰难困苦而不做事业，（周公）

不因地位显赫而改变自己的志向。古人之所以将一尺的碧玉看得很轻，而将一寸的光阴看得很重，这是因为担心时间（很快地）流逝罢了。而现在的人们大多都不愿意努力，贫穷的依然惧怕饥寒时候的窘迫，富贵的则沉湎于安逸时候的欢乐，于是只关注、经营着自己眼前的事务，而遗弃了可以千载流传的大功业。太阳和月亮在天上移动、消逝，而人的身体和容貌也在下面（地面上）一天天地衰老，很快就与世间的万物一样变迁、变化、消亡，这是令有志之士感到非常悲痛的啊！

赋是我国汉朝最流行的文体。中国的汉朝（公元前202年至公元8年，公元25～220年）是继秦朝之后的第二个大一统王朝，自此百姓开始改华夏族为现在的汉族。在西、东两汉407年的存续时间里，因为大多数文人皆致力，甚至专于赋体文章的写作，所以散韵结合，专事铺叙的赋体文章便盛极一时，故而被称为"汉赋"，后世亦惯于将其视为汉代文学的代表。

汉赋注重的是其"述客主以首引"这种"本于庄、列寓言"的虚拟，以及于铺陈叙事中对神祇（qí，地神）的暗喻，表现出一种体物写实与神话想象相结合的审美取向。但是赋体文字具有篇幅冗长、辞藻堆砌、舍本逐末、疏乏情感的缺陷。

此后大约六七十年，西晋的谱学家挚虞（zhì yú）于《流别集》（又名《文章流别论》）中批评说："古诗之赋，以情义为主，以事类为佐；今之赋，以事形为本，以义正为助。"此中所谓"今之赋"就是指汉代兴起的赋体文之一的大赋。挚虞认为它们"假象过大，则与类相远；逸词过壮，则与事相违；辩言过理，则与义相失；丽靡（lì mǐ）过美，则与情相悖"，并对汉赋的社会作用和写作手法上喜堆砌词语，常用生僻字、词，极尽铺陈排比之能事，以及艺术上"穷山海之瑰富，尽人神之壮丽"的某些根本缺陷进行了一语中的批评。

上述节选段落乃为《典论·论文》的最后部分，是三国时期著名的政治家、文学家、文学理论批评家、曹魏开国皇帝魏文帝（公元220～226年在位）曹丕（字子桓）所作。

曹丕认为文章应该具备两大社会功能：一是"经国之大业"，有利于国家；二是"不朽之盛事"，有益于自身。自此就将文人寄情翰墨、文学创作、文章写作与作者生命个体的自身价值存在与思考取向结合起来了。

鲁迅先生于《魏晋风度及文章与药及酒之关系》一文中指出："曹丕的那一个时代可以说是'文学的自觉时代'，或如近代所说是为艺术而艺术的一派。" 此言用法国唯美主义诗人、散文家和小说家泰奥菲尔·戈蒂耶（公元 1811 ~ 1873 年）于他的诗集《珐琅与玉雕》（公元 1852 年）中一首结论式的题为《艺术》的诗来解释便更加易于今人理解。其大意如下：人间的一切都是过目烟云、昙花一现，只有艺术是永恒的，连天上的神明都会灭亡，可是高妙的诗句永垂千古，比青铜更为坚硬。

对诵读者而言，将 1800 多年前的文学批评理论代表作的文字信息所指认明，将久远的而且具备基础性研究指向的文学批评史中的经典言论的逻辑关系厘清，对口语外化行为是至关重要的。当然这样的批判文章毕竟是文人的批判，这样的评议终归为古代士人的评议。这个类别的批判说到底是未动刀戈和不见血光的在言语层面的批评，所以在诵读表达的时候需要以心平气和的整体逻辑意识来认知和感悟才是科学的。

鉴于此，这段节选文章诵读"五元"的技术技巧和口语外化基本态建议如下：盖（气儿实缓吐，声儿浑厚，字儿全，劲儿平）文（字儿短，劲儿轻）章，经（声儿圆润，字儿拉开）国之（声儿中明亮，字儿短，劲儿促）大业，（劲儿并列）不（字儿拉开，声儿圆润）朽之（声儿厚重，字儿短，劲儿促）盛事。（重起感，气儿足疾吐，声儿中明亮，字儿全，劲儿疾起，以"人之常识"为依）年（字儿半全）寿有（气儿实缓吐，字儿全、宽发）时而尽，荣乐止乎其（声儿浑厚，字儿全）身，（劲儿疾起，解释感）二者必至之（声儿枯涩，字儿拖长）常期，（字儿短）未若（两字皆全）文章之（声儿浑厚，字儿拉开）无穷。是以（气儿足缓吐，声儿虚，字儿全）古之（字儿短，劲儿促）作者，（气儿实疾吐后暂断）寄（字儿拖长）身～于翰墨，（递进感）见意＼于～篇籍，（气儿继续）不假良史之辞，（并列感）不托飞驰之势，（劲儿降落）而声名～自＼（字儿全）传于后。（小结感，气儿实缓吐，字儿宽发、短，声儿涩）故西伯（声儿圆润，字儿稍延）幽～而演（字儿短、宽发，声儿稍明亮）易，（并列感）周（字儿全，劲儿下落）旦（气儿足疾吐、暂断，声儿明亮，字儿拉开）显而制（劲儿轻，字儿半全）礼，（接续感）不以隐（字儿拖长）约而弗务，（并列）不（字儿全）以（字儿延）康乐而加思。

　　夫（声儿中明亮，字儿全）然则，古人贱（两字皆短，劲儿促）尺璧而重（气儿实疾吐，字儿拉开）寸阴，惧乎（字儿半全、宽发）时之（气儿足缓吐，声儿浑厚，字儿拉开）过已。（转折、解释感）而（字儿短，劲儿促）人（声儿圆润，字儿拉开）多（字儿半全）不强力，（两字等重）贫贱＼则～慑于（两字等重）饥寒，（劲儿稍重）富（劲儿轻，声儿轻）贵则＼流于～逸（声儿涩，字儿半全）乐，（气儿实疾吐、暂断，字儿全）遂＼营（气儿足疾吐，声儿浑厚，字儿半全、宽发）目前之务，而（字儿短）遗（气儿足疾吐，字儿拉开，声儿明亮）千（字儿短，劲儿促）载之（劲儿轻，声儿虚）功。日（字儿半全）月（声儿枯涩，字儿拉开、宽发）逝于上，（两字等重）体貌衰于（声儿虚，字儿全）下，忽（劲儿起后疾落，字儿全，声儿浑厚）然与万物（字儿全）迁（声儿虚、字儿半全）化，（气儿实疾吐，字儿短，劲儿促，声儿圆润）斯（字儿稍重）志（劲儿轻）士之（声儿中明亮，字儿拉开）大（劲儿中重，声儿浑厚，字儿全）痛也！"

　　因为《典论·论文》是作者曹丕倡导时代文风改革的一次宣告，"经国之大业"与"不朽之盛事"两者之间体现了文学的社会目的与艺术审美的人文及历史统一。

所以上述节选段落诵读的技术技巧应以"声儿"虚实相通、亮涩共用；"字儿"全短相间、适当迟延，"气儿"徐疾大变、序计明显，"劲儿"起时有控、落时有纵为宜，从而共同建立和塑造作者的"提出——构建——改变"之"味儿"。

再如《江雪》的作者柳宗元祖上世代为官，他本人于 21 岁时便进士及第，名声大振。公元 805 年唐顺宗即位后，重用了王伾、王叔文。鉴于柳宗元与王叔文等人政见相同，于是提拔他为礼部员外郎，掌管礼仪、享祭和贡举事务。王叔文等掌管朝政后，积极推行革新，史称"永贞革新"，后来失败。这年的九月，柳宗元被贬为邵州刺史，十一月在赴任的途中，又被第二次贬为永州司马，于是一颗政治新星就此暗淡。作者的心境自然就会是凄凉的。

"千山"的"鸟"已"飞绝"了，"万径人踪"也"灭"了，这两句对仗工整，不仅说明了自然环境的寂静，同时为接续描述在这片天地中人的形态进行了自然铺垫，这就是"意"。当联合了后续的三四句描写的人物形态时，诗的文意立即就从自然场景的外部讲述进入了人物情感的内心记录。"孤舟""独钓"数量的少，又与"千山""万径"数目的多形成了巨大的对比，"千山""万径"之态已经是"绝""灭"了，那么这个天地氛围的状态又会是怎样的呢？"独钓""寒"江"雪"，意思是说在下着雪的江上垂钓，不仅自然环境如此寂静，而且人物即"蓑笠翁"的内心感受则更为凄凉。所以我即此时被贬谪为永州司马的柳宗元精神世界中的寂寥程度便可想而知了。

这就是这首五绝科学的逻辑意识感悟。

又如《送孟浩然之广陵》作者李白于唐玄宗开元十五年（公元 727 年）东游归来至安陆（今湖北安陆），寓居于此十年之久，诗酒年华。此间李白结识了年长他 12 岁的孟浩然，孟对李赞赏有加，两人遂成好友。三年后孟浩然需要东下扬州，客居异乡之人原本就寂寥无助，此时送别同道挚友，李白心中的忧伤之感早已在胸中满溢。然而这位诗人终究是大诗人，即便表达离别的苦楚之情也可以做到诗意满怀，充满了深情和体贴。

全诗中没有一字、一句直接表达对老友离别东去的不舍，然而"黄鹤楼、烟花、孤帆、远影、长江"等景物构成的意象组合起来后，表面上是江边送别时的场景，实则是在通过孤帆消失在碧空之后，只留下江水滚滚向东流去之镜像组合，勾勒出送行之人（即作者）一副独立江边、怅然若失的人物形象，以此在精神层面表达与友人的深情厚谊。

全诗在字面上貌似句句写景，然而实则却是句句都在抒情。

这则是这首七绝科学的逻辑意识感悟。

又如《虞美人》《浪淘沙》二词的作者李煜曾为南唐后主，锦衣玉食乃为家常便饭，一呼百从实为寻常状态，往日的景象是"四十年来家国，三千里地山河。凤阁龙楼连霄汉，玉树琼枝作烟萝，几曾识干戈？"可是今时却已经是"一旦归为臣虏，沈腰潘鬓消磨。最是仓皇辞庙日，教坊犹奏别离歌，垂泪对宫娥。"况且曾经连年向北宋朝廷岁供，近年兵败降宋被囚之后就深感去日无多，有谁能不感到悲伤无望呢？

《虞美人》《浪淘沙》两词，以自然景物永恒不变的自问作为起始，"往事知多少"貌似回答，实则虚答，其实是在反复地问自己过去的事情还能记得多少？难道南唐一国之主居然如此健忘吗？当然不是！

其实这时候作者的内心活动是：昨天晚上我回忆自己的国家之时，感觉有东风吹来，预示着春天来了，这样才令我更加思念自己国家的春花，以及秋天的明月等往日的一切。然而果真如此吗？进而才有作者自问自答"那些精雕细刻的栏杆、玉石砌成的台阶应该都还在的，只是三年过去了，那些往日曾经在宫里陪伴我的青春佳丽们都已经老了吧？"继而又以一句实问、实答作结，"我的哀愁有多少呢? 就像滚滚东流的江水那么多呀! "所以这首词通篇充满了忆旧与反衬、假设与虚答、豪奢与落寞。与作者个人的过往经历做对比,就体现了字字愁苦、句句无望的阅读感受,所以它的意识逻辑范畴的涵盖是极为深远的。

这又是以上两首词科学的逻辑意识感悟。

对朗诵者而言,只有认知到文字作者在个人生活中经历了什么,生命中感受过哪些,才能从自己的情感世界里认知到作者要表达什么,从而建立起与之相对应的、最大程度与作者的思想感情接近的内心视像。然后在充分准确地运用"五元"技术技巧的基础上,朗诵者才能在文字信息里发现和提炼出来哪些意识是需要他们转换成有声语言的,才能在文本字词的排列组合中感悟到哪些逻辑是值得和应该在口语外化后传递给受众的精神感受。

只有这样才能完成文字信息的全部转换和意识逻辑的有效传递,才能不遗失信息,进而成为一位合格的朗诵者。如果还能够将作品的文字信息里没有体现的,但属于作者思想意识深层次范畴的思想感情也成功地表达出来,那就是一位优秀的朗诵者完成的一次难得的朗诵活动了。而对受众而言,就是获得了一次延展的、美好的和艺术化的视听艺术享受。

这就是对逻辑意识感悟的科学性。

3. "五元"认知和运用的科学性

"声儿""字儿""气儿""劲儿""味儿",构成了朗诵行为的五个元素。它们各自既独立存在又相互作用,它们五者既各自运动又彼此成全。这些需要朗诵者在全面地了解和认知后,才能够掌握并运用。只有这样,对于朗诵这门实践性的艺术门类而言才是精准和科学的。

（1）"声儿"是主导

朗诵五元中的"声儿"是主导。

在对"声儿"的明亮、圆润、持久、自然的素质界定中，明亮、圆润是朗诵表达实践的基础性嗓音需要，但绝不是对朗诵口语外化行为的唯一要求。

明亮中应该有着圆润感受的听觉存在，圆润中也应同时具备明亮素质的口语生态。这两者不是孤立地存在于文字语言到有声语言的转化过程中的，而是有所侧重地分工合作的。

在这两者各自的素质要求中，也是具有程度变化的。明亮的声音色彩不是一直保持同一个完全不变的嗓音感受的，是根据文字信息里的逻辑关系和意思表示的需要随着韵味建设的方向而变化和运动的。圆润中当然需要和欢迎明亮、悦耳的听觉刺激，以便给圆润和有乐音的生理组织共鸣提供一个有力量的支撑，否则就会出现绵软的听觉感受，而且也不利于后续有声语言信息链条的行进。

当然在口语表达需要相对绵软的听觉感受时，也有必要适当地减少明亮的存在，以实现相应的口语外化条件和韵味建设需求。这里还需要注意科学地分配明亮与圆润二者的融合程度。

在朗诵行为的持续过程中，由于明亮与圆润各自参与到彼此之中的程度不同，再加上"气儿""劲儿"两个元素各自的存在状态和运动时候的综合变化，会自然的、有根据的，或者在朗诵者主观地运用下产生出譬如浑厚、厚重、枯涩、嘶哑、颗粒感等"声儿"的形态。

当然这些产生出来的好似崭新的声音形态，其实也是以文字信息的逻辑意识为依托，为了建设和塑造文字作者本源的意思表示的韵味而自然生发出来的。它们不是无源之水，它们同样是有本之木。它们的存在和使用与明亮、圆润一样都是能够为作者的文字转化和受众接纳服务的，不是可有可无的，而是不可或缺的。

当然在浑厚、厚重、枯涩、嘶哑、颗粒感的各个声音形态中，也是完全可以发觉到明亮、圆润的声音色彩的。它们彼此是可以共存和共融的。

在对"声儿"的界定中，持久、自然是一组始终的和最高的声音素质要求。持久是指长时间存在和保留，是指在朗诵的整个过程中"声儿"的合适的和科学需要的声音色彩，要自始至终地贯穿于有声语言表达的语言链条中。

简单地说，不可以出现前几句的声音状态是侧重圆润和明亮的，而后几句却明显变得相对的枯涩和沙哑了；不可以个别几个字、词或者句子的嗓音状态有时候浑厚，有时候单薄，而接续的字、词、句子的发声位置或靠前，或居后；也不可以嗓音音调时而奇高，时而又出现没有逻辑根据的低沉等类似的无理由的变化状态。这与上一段所述的各个声音形态的共存和共融是不矛盾的。

再简单地阐述就是，要让受众在第一时间就可以认知和感受到这是同一位朗诵者本身所固有的和经过艺术化后而特有的嗓音状态，是在结合了文字信息所规定的字音之后进行的完整的、如一的，具有相同的明显辨识度的口语外化行为。

对朗诵"声儿"的自然要求尤其需要朗诵者在意识中思考和在口语表达实践中特别留意的，也是朗诵以及其他口语艺术化活动的最高要求。这需要朗诵者在嗓音和声音使用的预备阶段，经自身练习、实践，并被社会大众检验后，再行修改，习练后才能获得。这个要求也是可以被大众认知且接纳的必要条件。

简单地说，就是不论什么创作题材和文字体例，甚至不论朗诵者的诵读质量如何，都是能够以声带的自然振动所生发出来的听觉信号示人的。这个自然振动中的声音信号刺激是完全可以在社会大众的日常生活中被听见以及被长久使用着的，是长时间存在于广泛的汉语言使用者的自然生理组织运动中的，也是能够被最广泛的人群在第一时间所接受的。

这个"自然"不是朗诵者依据表达需要而主观地拿捏出来或者有意地做作而

成的所谓的个人声音特色，而是社会大众都习以为常并正在使用着的，不会感到怪异的那部分明亮的、圆润的，以及由这二者融合与演化而来的浑厚、厚重、枯涩、沙哑、颗粒感等的声音素质。

（2）"字儿"是承载

朗诵五元中的"字儿"是承载。

"字儿"由字头、字腹、字尾和声调构成，这个界定是与通常的语言文字常识相契合的。但是在朗诵的口语艺术化表达中，对"字儿"的上述四个构成部分的认知和运用，有着其自身的专业规定性和职业特定性。当然这样的两个属性是从属于口语表达和大众传播的科学性的。

在将文字信息的意思表示转换成有声语言听觉信号和将作者的思想感情传递给受众的需求基础上，字头可以有声母在一般状态下的自然给出和在上述两个状态下的有力弹出两种形态。为了字形的明显，字腹可以呈现出短的、半全的、全的和拉开的使用形态。为了字的形态完整和韵味的建立与塑造，字尾的运用可以呈现缓收和疾收这两种结束形态。在保证字的声调准确的基础上，应该在声母和韵母的共同作用下，将声调处理成一般、较快和极快的外化状态。

进而在处理字头、字腹和字尾的过程中，根据重音、停连、节奏和语气的具体需要，"字儿"又会因字词迟滞的需要再呈现出拖长和因需与后续字词配合呈现出整体形态的延长状态。

当然这样的"字儿"处理也需要在另两个元素即"气儿"和"劲儿"的配合与综合作用下才能完成。

（3）"气儿"是核心

朗诵五元中的"气儿"是核心。

它的外化感受主要以"徐""疾"两种状态呈现。但是在诵读准备和口语实践的运用中，则要以"序""计"为根据和依托来作为"徐""疾"选择和运动的思想意识基础。

"气儿"的"徐""疾"是指在发声时，气息初始运动的速度和力度。

"徐"，就是徐徐的和缓慢的，包括徐吐和缓吐，以及由这二者演化而来的虚吐。

"疾"，就是指迅疾的、快速的，主要会呈现出疾吐的状态。

徐吐，主要用在某一个字数较多、句式较长的句子当中，密集地描述景物，连续地说明这类较为平和的信息链条的有声语言转换时。

缓吐，则主要用于字数相对较少和句式较为整齐的，彼此的意思表示关联较多的，例如说理性、辨析性的文字形态中。

虚吐，则适用于表现迟疑、猜测、揣度而引领受众进入逻辑思考的文字信息里。

疾吐，就适宜使用在有着强烈的感情比对、急切地交代、巨大的愤怒和带有压迫性色彩的讲述中。

然而不论句式、感情色彩和韵味需求怎样，"气儿"的四种外化技巧都要以作者思想感情的开端为起始，以文字逻辑关系的运动为变化，以最终韵味的建成为结束，也就是徐而有序、疾而有计。朗诵者需要在某一篇文字作品的朗诵预备阶段，就设计好通篇的气息使用计划。

虽然已经拥有了通篇的整体设计，但是也不排除甚至可以肯定，在通篇所含的段落中，会出现与整体差别较大的甚至是截然不同的有关"徐""疾"的气息使用状态。要特别关注到句子中每个字、词的气息使用状态，因为在气息的运动下，每个字、词生发出来的"声儿、字儿、劲儿"是建成朗诵韵味的基础。它们就像是一块块砖头，只有它们的形态好、质量高，才能用来建设房屋、居室或者高楼大厦。常言道"基础不牢，地动山摇"，就是这个含义。

正因为"气儿"是朗诵五元的核心，当然就很有必要在纸质的稿件中将气息的使用设计以朗诵者自己明白的符号和手段标注出来，作为朗诵实践的提示，然后再经过一个上口练习和试验的环节，以初步检验"气儿"的技术技巧。当然，如果稍有不当的话，就需要在第一时间进行调整直至整体协调。

所以对朗诵这个专业性和实践性强烈的大众传播行为而言，"提出——比较——反复"这样的意识行为准备和实践传播过程是科学的。

（4）"劲儿"是感知

朗诵五元中的"劲儿"是感知。

这个"劲儿"的感知是带领受众走向文字韵味感受和意识情感认同的关键途径。

朗诵活动中的这个"劲儿"是在"气儿""声儿""字儿"的共同支撑和作用之下，给受众形成的听觉感受力度。

当然这个力度感受不仅是物理量层面的强烈的压迫感，同时也是大众认知范畴中可以被接纳的、双向的听觉感受，也包括绵软的、轻柔的释放感。当然这两个层面的技术技巧运用应该根据文字的意思表示和口语韵味塑造的需要，来进行选择性甄别。

在日常生活中，如果某个人想要提起一个十千克的物体，当他在俯身接触这个物体之前，就会先对它的质量有一个心理预估，继而在得出研判结论后，再迅速地组织肌肉的生理动能以便将其真的提起来。如果没有相对准确的预估，就会出现令动作实施者并不满意的至少两个结果：如果肌肉发出的力量小了，自然就无法实现物体离地后，或复原或位移的结果；如果用出的力量大了，就会浪费这个人的力气，那是没有必要的。当然，如果用出的力量不仅仅是大了一些，而是大了很多，那么除了浪费了许多体力外，也许还会导致这个十千克的重物夸大地离地，从而使发力者动作失控甚至造成其身体肌肉组织的不适和损伤，那更是没必要的，甚至是有危险的。

再如，弹钢琴之前，指尖在接触到琴键的一瞬间的力度，就决定了这个音符音量的大小和听觉的感受，继而为乐谱的情绪表现服务，成为受众对这首曲子情感认知的引领。

上述两个生活中的实例，也是符合社会大众一般性的通识情理认知的。

所以，朗诵"劲儿"的"起而有依""落而有据"的原则要求就像上述的例子一样。

"劲儿"发起的时候是有根据的，不是随意而为的。如果要朗诵的句子较长，文字情感较为激烈，需要的语速较快，意思表示相对集中且没有中途调整"气儿"的可能，那么就需要朗读者以深呼吸的方式，达到"气儿"充足密实的效果，然后再疾吐、徐吐，以紧张有力的肌肉运动，调配唇、齿、舌、腭来发出"声儿"。当然这个"声儿"是在结合了文字的意义和声调之后，带有形态变化的或明亮，或圆润，或由二者的基本素质演化而来的其他的声音外化形态。

如果要朗诵的句子较短，文字情感也相对柔软，语速也较为缓慢的话，就应该以相对浅显的"气儿"来缓吐、徐吐甚至虚吐，以建立相应的"气儿、声儿、字儿"的形态，从而实现适合于文字意思表示和与逻辑韵味相适合的朗诵外化声音的"劲儿"。

"劲儿"在落下的时候应该怎么落，更是朗诵者需格外关注的方面。

朗诵者应该考虑这次的"落"是某个句子意思表示的间歇性落下，还是为了情绪建立的需要而在句子行进过程中的技术性降落，又或者是通篇朗诵作品完成之前的终结性落下。这三者之间是有很大差异的。

"劲儿"的间歇性落下，需要注意落下之后再发起时与后续句子的五元的协调性。如果后续的句子还需要类似前一句的力度，那么就可以参考之前的"气儿、声儿、字儿"的状态继续运动。

如果是技术性降落，则需要注意这次降落的准确性，需要根据韵味建设的主观设计来有的放矢地"落"。因为下面的字词组合会跟进的极为紧密，肯定需要"劲儿"在落下之后迅疾地重新组织和继续运动，所以"劲儿"在这里被界定为"降落"而非"落下"。

如果到了文本的最后，"劲儿"的落下则需要关注落下之前的完整性，是字尾的疾收还是缓收？终极落下的力度大小该怎样？字尾的韵母需不需要再有特别处理？这些都是需要朗诵者依据对文字和逻辑的具体研判和模拟实践，并多次再行调整之后才能确定的"五元"的技术技巧。

当然，朗诵者为了呈现出一个准确的"劲儿"，而让气息、声音、字形产生相应的运动和变化，还需要遵循一个大原则——自然。朗诵者不可以也没必要为了"劲儿"，而做出有悖于朗诵语言表达"五元"和大众传播专业性的使用方式。

这就是"劲儿"的感知和运用。

（5）"味儿"是目的

朗诵五元中的"味儿"是目的。

这个"味儿"是韵味，是有声语言表达的根本所在，是口语外化的终极追寻。

韵味包含两个层面的不同意识走向：一是指从传播者的角度将文字转化成听觉信号并使之具备韵味，再以能够达成最高传播效应的口语外化技术技巧表现出来；二是指可以让受众在第一时间最大化地感知、认同到口语外化后的意思表示并与文字作者的精神内涵建立起跨越时空的情感接纳。

对朗诵"味儿"的界定包括"起时顺遂、止后回味"这两个层面。

文字作品固然有各自不同的思想内容和文学表现手法，但作者总是会围绕着同一个中心思想和固定的情感韵味来为读者服务，并借此来向读者展现作者的精神世界，或与社会大众分享其内心感受。

对朗诵"味儿"的建设而言，是需要朗诵者在文字作品的字、词、句的各个部分中，进行技术技巧的使用和"五元"的综合运用的，是需要朗诵者在这些貌似零散存在着的但实则最终可以构成一个完整文字表述的逻辑中逐步地以"声儿、字儿、气儿、劲儿"为依托来进行"味儿"的建设的，以便最终实现文字作品整体韵味的塑造。

所以朗诵者就要在文字朗诵韵味建设行进的步骤和过程里，自始至终地保持有声语言链条的流畅，一以贯之地维护听觉外化感受的无阻碍，连续不断地坚守重音、停连、语气、节奏，才可以贴合大众之情，才能够合乎百姓之理。

例如《祖国啊，我亲爱的祖国》中"我是你河边上破旧的老水车"这一句的朗诵，"破旧的""老"都是形容和描述"水车"的，由一个联合词组"破旧"和一个形容词"老"连缀在一起共同介绍出了宾语主体"水车"的形态和质量，意在表明这个汲水工具的存在时长和它目前尚能达到的工作效率。

所以，在这一句朗诵"五元"的技术技巧运用中需以"气儿"足但虚吐、"声儿"深沉的浑厚、"字儿"较全的形态、虚弱而萧瑟的"劲儿"来进行口语外化的科学实践，以便给接续的"数百年来纺着疲惫的歌"中的"疲惫"提供一个鲜活、有力的物质条件证明。也就是说，正因为这架水车的状态又破旧又老，所以它纺出的歌才会和只能是"疲惫"的。

这就是朗诵五元中的"味儿"在行进时的顺遂。

文字作者的信息表达终究有结束的时候，朗诵者有声语言链条的建立也就会随之而完成，因为朗诵的篇幅和长度是一定的。在字、词、句各个部分的韵味表现存在和完成后，只是形成了分步骤的和相对独立的听觉意思表示，还没有将作者全部的文字信息转换成有声语言的听觉信号，尚没有将文字作者整体的精神世界完整地展现和传递给社会大众。

为了实现口语信息建立和情感韵味塑造的接替、继续和螺旋式上升，朗诵者最终需将文字信息中裹挟着的所有可以传递给大众的思想意识和应该让受众认知和感悟到的意境、情怀充分领悟，进而受众才能最大化地接纳，以达到有声语言传播效果的高质量。也就是说，在朗诵某句话之后，不仅要让受众认同并不断回忆已存于耳的声音信号，还要其咀嚼、琢磨已经初涉心境的意思认知，进而对接下来的新信息和新感受展开继续追寻。

为什么"纺着"的是"疲惫"的歌呢？为什么在河边不能纺着一首快乐的或者是有力的歌呢？因为上一句的朗诵五元中"气儿"的虚吐、"声儿"的深沉、"字儿"的较全、"劲儿"的虚弱和萧瑟就注定了这架水车的质量即"破旧"和"老"，使它在客观上不能够，在主观层面也无法再像以前全新时候一样，可以纺出人们想要的"歌"了。

这样一来，受众从文字信息的表面就知道这是一个经历过长时间使用的、年久失修的老物件，继而受众的内心情感状态就与全诗主旨——痛苦后奋发向上的意境表达不约而同了。

这就是朗诵五元中的"味儿"在停止后的回味。

不论被用来朗诵的文字作品的题材怎样、体例如何，朗诵者都应该将其客观存在的意思表示和精神内涵实事求是地表达出来。只能有经过有声语言艺术化地美化和升华，绝不可以出现丝毫的遗落和偏颇，甚至是曲解。这样的要求既是朗诵者的义务同时也是责任，更是朗诵活动的社会意义所在，否则受众自己在阅读文本时感知和理解就好了。不过那样的话朗诵者的存在和口语外化行为就变得没有意义甚至毫无必要了。

　　既然朗诵是"大众"传播行为，传播对象是社会大众，那么就需要朗诵者首先能够以一个客观的、通识的、放之四海而皆准的基本标准来认知和感受文字信息。这个通识的标准获得，需要朗诵者在人们日常生活中以譬如"饥则念食、渴则思饮、疲则欲息"这样共同和共通的生理需求和情感判断，寻找和建立起一种普适的，可以不分领域，超越国家、民族，出于人类的良知与理性的价值观念。这样，朗诵者才可以从一个客观的、通识的、放之四海而皆准的基本标准范畴，将文字转换成声音信号再传递给大众。

　　例如在"孤舟蓑笠翁，独钓寒江雪"两句中，朗诵者必须准确和坚定地认知到："孤舟"，就是"一"只小舟，绝不是两只、三只或者很多的数量描述；"孤舟"，仅就是一只小"舟"，绝不是可以乘风破浪地遨行在大江大海的大型水上交通工具；"独钓"，就是"一个人"，而不是多人或者一群人，行为方式是在"钓"鱼，而绝对不是捞鱼、捕鱼、养鱼等其他对生活食材的获取手段；"寒江雪"作为"钓"的宾语，是指江面上寂静、凄清的环境和气氛感受，因为"雪"是一种自然天气物象，是不可能像水中生物食饵后咬钩一样被人为地"钓"出水面的。

　　这样的文字信息传递的意境是诗歌之所以能够成为高级的语言形式的原因，而绝不可理解为真实的现场具象记录，这样才是真实、准确、科学的认知和客观的意识感悟，这样才是符合人类公序良俗的、能够被普遍适用的、实事求是的思维观念。继而，这也就成了建立和塑造朗诵"味儿"的首要条件。

　　于是，在上述关于"孤舟蓑笠翁，独钓寒江雪"的意识认知的基础上，这两句五言诗朗诵的方式方法和五元实践的技术技巧就明朗了：（气儿实缓吐，声儿圆润，"孤"字儿全）孤（声儿稍涩，字儿短）舟（气儿徐吐，两字皆全，劲儿绵软）蓑笠（声儿自然的浑厚，字儿半全，劲儿轻）翁，（连，气儿足疾吐，声儿浑厚，字儿全，音程较快）独（声儿虚，字儿半全、音程慢，劲儿轻、软、自然的下行）钓～寒＼江＼（气儿虚吐，劲儿弱，声儿虚，字儿全）雪。

虽然"味儿"在大众的日常生活中是一种烟火气息浓厚的，更多的是源于饮食层面的嗅觉感受，但是在朗诵语言的艺术化表达的专业实践中，则需要朗诵者先"通感"后再"移意"，努力发掘自身精神世界中关于文字的具象认知和意象感悟潜质。朗诵者还需要打破大众惯常理解的单方面意识，立体、丰富地建立起一个具有温度、强度、尺度、纵深等既全面又科学的内心视像。

通过朗诵五元中的"声儿、字儿、气儿、劲儿"这四个元素进行口语外化，最终建立和塑造一个既能够完整地转述文字作者的思想意图，又可以被社会大众最大限度接纳的有声语言表达韵味，这就是"味儿"的科学性。

（三）表意和达情的精准性

"表情达意"是一个大众经常使用的汉语成语，意思是表达情感与意愿。

但是对朗诵口语表达的专业认知而言，这个由两个动宾结构的词组成的联合词组的次序是应改变的，应该为——表意、达情。应该是先表意即表示出文字信息的意思，之后再达成逻辑意识的情感。应该是先通过"五元"的口语化手段，将文字语言转换成有声语言，再将有声语言听觉信号中所蕴含着的作者的思想感情传递出来，并最终到达受众。

对朗诵传播的专业逻辑而言，应该是表意在先，达情在后；表意为始发，达情为结果；表意做基础，达情是顶端。

精准性，是指朗诵者的文字信息转换行为要在已经"对了的"基础上，努力使意思表示程度更加精确；是指朗诵者口语外化的"五元"运用要在已经"好了的"基础上，追求得更加精细；是指朗诵者的逻辑意识传递行为要在"美了的"基础上，做到更加精致，以便在到达受众的感悟之时，可以获得最大化的社会情感认同。

追求对文字信息认知和感悟的真真正正、干干净净，再将口语的外化和情感的表达进行得清清楚楚、明明白白，即精准。这是朗诵者应该做到的。

1. 表意的精准性

（1）数量化

数量化的文字信息表述在被朗诵的文学作品中是极为常见的。

其实大小、多少等界定性的词语和诸多方面的具象描述，都需要借助数字的量化指标得以记录。例如"千山鸟飞绝，万径人踪灭"中的"千、万"就是指众多的、大量的。由于古诗文写作的"意境化"要求，所以这两句中"千、万"的文字信息不仅仅是在意象化地泛指"山""径"的数量，还意指两句中"绝""灭"的程度。就是说所有山上的鸟都飞走了，绝迹了，一只都没有了，而且所有的道路上连一个人的踪迹也都没有了。

再如"两个黄鹂鸣翠柳，一行白鹭上青天"，就是在客观地描述仅有两只黄鹂鸟在翠柳间鸣叫，若干只排成一行的白鹭鸟向青天飞去。这是在作者视听范畴和笔下最直观的有关环境氛围和场景动态的描写，这也是社会大众日常生活中最合情合理的通识认知。

那么在这样的意识判断下，上述例句中的"千""万""两""一"这四个表示多少的数量词就势必要成为这两句古诗的重点词了。朗诵者在进行口语外化的时候就有义务对它们进行重点处理。如果对它们的突出呈现有遗落或者是情感表达程度不足，那就是朗诵者的失职了。

它们运用"五元"的具体技术技巧应该是：

"千"，气儿实疾吐，声儿浑厚，字儿半全、音程较快，劲儿较促；"万"，气儿足徐吐，声儿圆润的浑厚无须明亮，字儿全、音程稍快，劲儿稍软，字尾疾收；"两"，气儿实缓吐，声儿圆润的颗粒感，字儿全、音程稍慢，劲儿稳健；"一"，气儿实疾吐，声儿中度明亮、宽发，字儿全、音程稍慢，声调语流音变为去声，劲儿先紧，字尾松弛。

这样就可以建立起每一句诗客观地数量化描述之"味儿"。

（2）时空概念

有关时空概念的文字信息在被朗诵的文学作品中不仅可以说明事件发生的具体的时间、地点，以便于朗诵者依据这两个贯穿作者一生的必要元素去理解作品的基本意思表示，还有利于朗诵者在口语外化之前的预备中洞悉到文字作品的逻辑内涵。

例如《岳阳楼记》中"庆历四年春"这半句话中，"庆历""四""春"就直接、准确地说明了事件时间是在公元 1044 年宋仁宗赵祯做皇帝时的北宋朝时期，季节是春天。"滕子京谪守巴陵郡"就说明了"滕子京"这个人被降职后的工作所在地是在"巴陵郡"即岳州，也是当时的治所现在的湖南省岳阳市。这样就给朗诵者对这一句话的认知以及全文的情绪感悟做了一个基础性的铺垫。

在这样的时空概念界定下，朗诵者的内心视像就会建立起如下的内容：

首先由于"庆历新政"实施得不畅，从而得罪了当朝权贵，文中的主人公滕子京遂被贬谪，所以才有了文中"增其旧制""刻唐贤今人诗赋于其上"和"嘱余作文以记之"。这也就是《岳阳楼记》诞生的目的和写作意义。

其次明白了事件发生的时间和季节，所以才会由文章主体的"若夫淫雨霏霏"和"至若春和景明"的不同天气情况下的景色描述。更重要的是带来了由视觉气氛感受的巨大反差而生发出来的"感极而悲者矣"和"其喜洋洋者矣"这两种截然相反的情绪感悟。

最后，由于悲喜二者的存在而升华和深化了令士族阶级的家国情怀，最终使文章的中心思想"先天下之忧而忧，后天下之乐而乐"得以水到渠成地呈现。

所以在这样的意识判断下，"庆历""四""春""巴陵郡"这四个表示时间和空间概念的词，就成为这一句当中的重点词，需要在口语外化之时进行"五元"的重点和精细化处理。

它们运用"五元"的具体技术技巧应该是：

"庆历"，是宋仁宗的年号，它的文字含义相对于一般的纪年方式的确有些偏狭，朗诵者清清楚楚、明明白白地诵读出来即可。但是对"庆历四年春"这半句的处理应该将"历"字处理成字儿全、音程较慢的状态，以利于为后续紧接着的准确时间点即"四"做一个气息预留，从而便于表现内容。

这样"四"字在口语外化的时候就能够做到字儿全、音程稍慢但声母稍迟滞，气息实而徐吐；"春"的声儿需要圆润以呈现春和景明的美好之感，劲儿应该轻而软以示万物生长的勃勃生机之态；这样就利于建设"百废待兴""增其旧制"期待早日结束贬谪生活回归京城的希冀"味儿"；"巴陵"二字应气儿实徐吐，声儿较明亮，字儿全，劲儿稳，以体现较远的位置。

（3）对象的指定感

有关对象指定感的文字信息在作品中起着首要的动作指向作用，鉴于此，动作的发出者和到达者之间才能够建立起明确的意识以及动作的走向。

例如"晋太元中，武陵人捕鱼为业"一句中，"武陵人"的职业是"捕鱼"。而这个"捕"的动作指向是"鱼"，只有当"捕"与"鱼"二者之间连缀在一起之后，才可以建立起一个连贯的动态行为，才能够准确地描述"武陵人"赖以维生的职业内容。

所以在诵读的时候，"鱼"就势必成为这一句的重点词，需要加以"五元"的精细化处理。"鱼"的"气儿"应足而缓吐，"字儿"应全且音程稍慢，"声儿"需自然圆润感，"劲儿"以平实为宜。

有的时候，动作的发出者与到达者之间还需要有一个中间环节来接替，并传导、运行到最终的目的关系处，以完成一个连贯的、多环节参与的复式的行为逻辑关系。

例如，在"驾长车，踏破贺兰山缺"一句中，"驾"和"踏"这两个动作的发起和实施者都是同一个人。而且是先"驾"，并且由同一个人以"驾"为基础依托之后，没有换人而继续进行下一个即"踏"的动作。

所以这一句在朗诵的时候，就需要以实和徐吐的"气儿"，相对短的"字儿"，促而结实的"劲儿"来处理"五元"。而且"驾"的"气儿"需足而疾吐、"声儿"以明亮为宜，从而呈现一往无前、坚定必胜的韵味。"踏"的"字儿"需要有力地弹出、"声儿"在浑厚的基础上后半程应"气儿"虚吐，以呈现出枯涩的"声儿"，以便让"踏"的预期效果，即"破"，呈现势不可当的韵味。

（4）逻辑关系

逻辑关系的文字信息是作者表达思想感情的线索和脉络，在这其中可以发现表达者思维活动的规律和规则。

简而言之，就是朗诵者通过探查字、词、句、段的排列组合，能够知道作者为什么要写这篇和这类文章。朗诵者借此能够认知到作者在字里行间的所见所闻，即作者想要说什么以及说了什么，从而以此为依据感悟到作者在白纸黑字之间的所思所感，即写这些和这样写的意义和目的。这样，朗诵者才可以精准地将文字信息转换成有声语言的声音信号，并有的放矢地传播给受众。

例如"问今是何世，乃不知有汉，无论魏晋"一句中的"问"与"何"，就构成了一个明显的问答关系，而且紧接着的"无论魏晋"半句，又递进地给出了一个详尽的答案。于是这句话就在"汉""魏晋"与"问""何世"之间建立起了一个准确的逻辑关系。同时从这样的语言对话中，又反映出了桃花源中的百姓远离尘世的悠然状态，极为切合全文的主题逻辑和作者要表达的思想感情。所以

"不知""无论""魏晋"就成了这一句的重点词，需要运用"五元"来突出变化。

又如"其必曰：'先天下之忧而忧，后天下之乐而乐'乎！"一句的主体逻辑关系，是在"天下之忧"之前即"先"的时候就感到忧虑，在"天下之乐"之后才感到快乐。而且这一句话的文字结构又极为工整，两个半句的意思表示也截然相反，这就要求在朗诵的时候要特别仔细地运用"五元"的变化，以使句式工整但意思表示完全不同的文字信息实现有声语言转换和传递的科学和精准。

所以，这一句口语技术技巧和外化基本态应该是这样的：

（气儿实缓吐，声儿自然的圆润感，字儿音程极短，劲儿稍促）其（气儿足疾吐，声儿明亮，字儿全、宽发，劲儿紧、中重）必（声儿圆润的颗粒感，字儿半全）曰："（气儿实疾吐，声儿明亮，字儿全、音程稍慢，劲儿重）先（字儿短）天（声儿先虚再明亮，字儿全，劲儿重、字尾下行）下（四字气儿实徐吐，声儿圆润不明亮，字儿皆半全，劲儿平实）之忧而忧，（疾连，气儿足疾吐，声儿浑厚，字儿拉开、窄发，劲儿重）后（就气儿，四字皆短，声儿虚，劲儿轻、软）天下之乐（气儿实缓吐，声儿圆润的颗粒感，字儿全、音程较慢）而（声儿先虚再圆润的颗粒感，字儿全，劲儿绵）乐"乎！

还有一种情况就是，在某一句对景物的描述中，出现了相同的形容词或者副词之间的程度比较，这种情况在白话文作品中更为常见。

例如，"在40多年波澜壮阔的改革开放进程中，农村改革始终是重中之重，而土地制度又是农村改革的核心"一句中的"重中之重"或者类似的"优中选优"等，原本就已经是一种程度的意思表示了。但是为了让这种程度在这个集合范围之内更突出，就需要一种"比较再比较"的形式，以呈现出所表达事件已经达到了更大程度的加强。

所以，突出集合的范畴譬如"中、里、内"等，要比突出地表现某一个做表语的形容词或者做状语的副词更具有听觉指向和受众接纳意义。

以上就是表意的精准性。

2. 达情的精准性

（1）不能表而未达

"达"，到达，抵达目的地。

朗诵的目的地是指受众的精神世界。

所以，达情就是让听觉信号抵达并进入受众的思维系统，继而使他们与作者的思想感情达成高度一致。

对朗诵的口语外化行为而言，这个"达"是需要朗诵者通过"五元"运动和变化的技术技巧，将裹挟着文字思想内涵的声音信号传递到受众的听觉系统，放置于大众的思维意识之中的。而在人的精神层面与文字作者实现最大化的情感一致，即朗诵语言的韵味建设和塑造，就是"味儿"。"皮之不存，毛将焉附？"所以朗诵者的有声语言表达本身要有"味儿"这是首要的、基础的，再以此做依托，让受众在第一时间感受到相同的"味儿"则是重要的，也是结果。

众所周知，水稻本身从地里收回来是不能就被人们直接食用的，需要经过脱壳、清洗等初加工环节变成大米，再经过蒸煮变成米饭后，才能盛入碗里，纳入口中。继而米饭中的营养物质即蛋白质、糖类、钙、磷、铁等元素以及葡萄糖、果糖、麦芽糖、维生素B1、维生素B2等才可以被人体消化和吸收，以供生命之需。

这个日常生活事例的道理和逻辑，可以完全被借喻并拟化在朗诵"五元"的意识和实践之中。如果将嗓音比喻成水稻的话，嗓音加上字音共同构成的"声儿"就可以被视为脱了壳和清洗之后的大米。"字儿"的存在和变化、"气儿"的预备和运动、"劲儿"的质量和起落，就宛如在蒸煮米饭的时候必须用到的器具、火力、时间。

如果具备了上述诸多的必要条件，"达情"这个朗诵行为的结果就好比米饭中的主要营养物质被人体吸收一样，就是能够进入受众的意识系统，进而在为朗诵者提供营养的同时，满足受众的精神需求。只不过让有声语言表达的外化感受这种"营养"不是像大米饭那样物质层面的，而是源自文字和声音的，是归置于大众的意识领域的，是属于精神食粮范畴的。

依据上述道理，如果将被朗诵作品中的每一个汉字比喻成水稻，那么便可将与这些稻粒相对应的汉字应该发出的准确字音即"声儿"比喻为脱了壳的大米，如结合器具即"字儿"的外化形态、火力即"气儿"的调控、时间即"劲儿"的掌握的综合运用之后，就会自然地蒸煮出一锅极具语言表达艺术的"米饭"了。

那么怎样才能将这锅米饭做得可口、诱人呢？即如何实现朗诵在表意后达情的韵味即朗诵"五元"中的"味儿"，并能够让受众喜欢继而收听这首朗诵，并愿意接纳这个人的朗诵行为呢？这就是研究和实践达情精准性的大众传播意义。

如果在朗诵的口语外化过程中缺少甚至没有做到"五元"的精准性，就如同人将稻米的颗粒直接吞咽了下去而不能消化，也就无法吸收大米中的各种营养物质了。实际上朗诵者若仅见字出声，就无法协助受众捕捉到文字信息内里所涵盖的意思表示，受众当然也就不知道朗诵者在朗诵的是什么了。

此时表面看来朗诵者的确在进行着语言"表"的行为，其实却没能让人类情感世界中的感受、感悟、感动"达"到传播对象那里，即表而未达。这是完全不被允许的，更是有悖于朗诵的专业规定性和职业特定性的。简言之，就是白朗诵了。因为朗诵者光是念字儿就不具备传播效应，也不会产生传播效益。

那么在口语外化的过程中该怎么去做呢？怎么才能实现"表意达情"和"表而能达"的目标呢？只有综合、科学地运用朗诵"五元"中的"声儿""字儿""气儿""劲儿"，才是实现"达情"即"味儿"的精准性的解决之道。

（2）综合地

哲学理论告诉人们，"综合"这个词的源自纺织技术。"综"是指织布机上使"经线"上上下下提放以接受"纬线"的机械部件，一根综线可以提起许多条经线，所以"综"有总聚、集合的意思。"综合"就是将若干根不同的经线，通过"综"把它们合并起来，以便于织布机操作。

因此，"综合"的基础释义是在头脑中把事物或对象的各个部分与属性联合为一个整体。综合的基本特点就是探求研究对象的各个部分、方面、因素和层次之间相互联系的方式，即结构的机理与功能，并由此而形成一种新的整体性认识。

所以，综合不是将对象中各个构成要素认识的简单相加，而是立体式地认知、感悟，并交叉式地变化、运用，最后将事物属性和实践思维综合，便会对相关问题的整体性特征产生新的关于机理和功能层面的认知结论。

朗诵达情精准性的"综合"有两个方面的指向。

第一，朗诵者要在意识中知晓"声儿""字儿""气儿""劲儿"这四位元素是独立存在的，并应具备将每一个元素口语外化能力。

第二，朗诵者要具备将这四者进行集合变化、糅杂运用的意识判断，并可以将其准确地口语外化出来，为达情服务。

这两方面是同等重要的。

也就是说，需要朗诵者认识到"声儿""字儿""气儿""劲儿"拥有各自存在，并能将它们独立使用，还要朗诵者认识到它们彼此也是联系紧密的，经常需要综合运用。这两方面只是存在一个先后的次序，并没有孰轻孰重之分，它们是彼此互为条件、共同成就的。

换言之，"五元"中前四位元素各自存在又相互紧密联系的意识，就好比织布机上连接"经线""纬线"的机械部件。每个相同的机械部件在同时工作的时候，会将若干条纬线按照事先设计好的编制方案连起来。图案需要取直的时候就沿着直线运动，需要走弯的时候就随时改变运动轨迹，需要有其他颜色参加的时候就加进相应的色线来，需要在布面上有高低变化的时候就进行起伏式的运动，最后才能形成一匹五颜六色，或平面，或立体的布料。

所以在"达情"的时候，朗诵者的思想意识和工作状态就宛如织布机上的那个机械部件，而朗诵之前备稿的逻辑，即可比喻为开始织布前设计好的图案和花色。

进而，当"声儿"需要或明亮，或圆润，或浑厚，或枯涩的色彩变化的时候，就要调整"气儿"的"实、足"的存在状态和"徐、疾"的吐气方式；就要注意分配"字儿"形态的短、全、半全、拉开，以及声母、韵母的轻重、缓急、大小、薄厚；就要在开口发出声音的短暂瞬间，主观地让生理器官的用力方式、位置和力度找到正确的"依"和"据"，即合乎文字信息口语外化所需要的"劲儿"。

同理，当另三位元素即"气儿、声儿、字儿"各自需要不同的运动状态的时候，也需要这四位元素之间纵横交错地协助、配合，运用的方式方法也是不一而论的。

具体而言，当"字儿"需要呈现一个"全"的形态时，朗诵者的下腹部肌肉群就要保持着一个相对静止挤压的状态，而承托着胸腹腔之间的横膈膜，也相应地存在一个持续挤压运动，以便令肺腔里的空气产生一个不停的、上行的"气儿"，从而振动声带发声。这时候的"声儿"不论是明亮，圆润等哪种声音色彩，都会在听觉感受中外化出一个稳健、平和的"劲儿"。

当"字儿"需要呈现一个"短"的形态时，就需要以适量的"气儿"，以情感色彩适合的"声儿"来外化出一个短促、有力的"劲儿"。

当"字儿"需要一个中间态即"半全"的形态时，就需要身体的生理组织协调出一个持续但快速释放的"气儿"，以较为快速的字头、字腹、字尾加上准确但是声调紧凑的"声儿"组合，来外化出一个既延续又不乏收敛的"劲儿"。

当口语表达需要一个"短"的"字儿"的形态时，就需要相关的肌肉群迅速给力，以一种迅疾但是不丢失音素的"声儿"，来外化出一个短促、有力的"劲儿"。

当然还可以根据表达需要来呈现出一个短暂又绵软的"劲儿"。

需要再次提醒朗诵者注意的是：朗诵五元的核心即"气儿"的重要性始终是第一位的。

朗诵者应该坚定地建立一个清晰并深刻的认知，就是"气催声发，声靠气传，发声必用气，无气不发声"。

当需要一个明亮的"声儿"的时候，就需要较多的喉腔和头腔共鸣，这时的"气儿"会较浅但是"劲儿"很集中。

如果需要呈现一个浑厚的"声儿"的时候，此时的"气儿"应该较深，"劲儿"应该较为稳健。

如果需要圆润的"声儿"，这时候适合以较深厚的"气儿"来进行缓慢、持续的外吐，以令声带处于一个松紧适度的振动状态，才可以外化出一个温和的"劲儿"。

如果需要枯涩的"声儿"，就应该以一个较浅薄的"气儿"徐徐地外吐，以便呈现出一个萧瑟、柔弱的"劲儿"。

在"字儿"的形态变化方面，"气儿"同样起着极为重要的作用。

"字儿"短时，"气儿"实疾吐以呈现一个"促"的"劲儿"，如果需要一个"弱"的"劲儿"，那么就需要"气儿"浅虚吐了。

需要"字儿"的形态全的时候，就应该以较足的"气儿"再徐吐，就可以呈现出一个连贯的"劲儿"了。

需要将字的四个组成要素（头、腹、尾、调）拉开使用的时候，就需要在腹肌的持续支撑下，加大运用胸腹式呼吸的程度，以组织一个深厚、结实的"气儿"再缓吐，从而呈现出一个在表达重点强调时所需要的连续突出的"劲儿"。

在"劲儿"的外化感知方面，"气儿"发挥着一个主动建设的作用。

当需要短促、有力的"劲儿"时，"气儿"的运动就需要胸腹肌肉群快速并集中地用力，以便产生一个密度极大又迅疾外吐的气息，从而在一瞬间振动声带。这往往是突出表达某个重点词时朗诵者多样化技术技巧的呈现。

当需要绵长也有力的"劲儿"时，"气儿"的运动则需要持续并集中地用力，以便产生一个密度较为结实是可以保证完成"字儿"的四个组成要素（头、腹、尾、调）实现有力的外吐气息状态的科学变化，从而让声带在一定的气息力度下相对较长时间地振动。这个方式方法往往是突出表达某个重点词组的常用技术技巧。

当需要柔弱、悠长的"劲儿"时，虽然也需要胸腹肌肉群联合运动挤压肺腔使气息外动，但是却应该缓慢地吐气，必要时应该细弱地吐气，以使"气儿"呈现出一个既存在却又明显地让位给其他字、词的避让状态。

当然也有需要轻柔又短暂的"劲儿"的时候，此时朗诵者对应的方式方法和技术技巧运用情况会有所不同——即如果前面的字、词在口语外化之后肺腔里还剩余一部分气息，那么在经过朗诵者迅即预判后，发觉尚能够满足继续科学发声使用，就可以根据具体的意思表示需要，顺势"就气儿""借气儿"。

当诵读某个文字内容相对较长需要大量运用气息的句子时，如果感觉在某个字、词朗诵时的气息使用失当，而且口语表达还要求声音不能中断的时候，就可以也只能在句子逻辑关系相对松弛的字、词间隙，以迅疾的速度吸进一点点气息，仅供正常换气的逻辑空间使用，这里可以称之为"偷气儿"。

上述两个技术技巧应在经过训练后娴熟运用，以不为受众听觉感受发觉，进而确保语言逻辑链条的连贯。

　　"劲儿"虽然是口语外化后的感知，但是"声儿""字儿""气儿"这三位元素却构成了"劲儿"的感知形态存在。而且上述这三位元素之间的关系也是既彼此相对独立，又综合协调、贯通的。

　　不同色彩的"声儿"，形态各异的"字儿"，分别外吐的"气儿"的差异化运用，或是些许变化，就会形成明显的甚至是巨大的外化感知异样的"劲儿"，进而呈现出多种类型的受众感悟之"味儿"。可以说，差之毫厘，别之千里。

　　如果明亮的"声儿"，相对较全的"字儿"，实而缓吐的"气儿"组合在一起，就会形成持续的"劲儿"，进而建立起一个有力的"味儿"。

　　如果明亮的"声儿"，相对较全的"字儿"，足而疾吐的"气儿"组合在一起，就会形成一个强烈的"劲儿"，进而建立起一个迫切的"味儿"。

　　如果圆润的"声儿"，较全的"字儿"，实而徐吐的"气儿"组合在一起，就会形成一个平实的"劲儿"，进而建立起一个稳健的"味儿"。

　　如果浑厚的"声儿"，半全形态的"字儿"，足而疾吐的"气儿"组合在一起，就会形成一个沉重的"劲儿"，进而建立起一个坠落的"味儿"。

　　如果圆润的"声儿"，相对较全的"字儿"，较浅再缓吐的"气儿"组合在一起，就会形成一个薄弱的"劲儿"，进而就会呈现出萧瑟的"味儿"，等等。

　　如果按照这样的立体式排列组合，"声儿""字儿""气儿"这三位元素形成的若干样式的"劲儿"，以及由此建立起来的有声语言之"味儿"，就能够满足各种文学体裁文字意思表示的口语外化的全面需要了。

　　此处以《茅屋为秋风所破歌》为例，进行综合认知、感悟，并给出诵读建议。

　　八月秋高风怒号，卷我屋上三重茅。茅飞渡江洒江郊，高者挂罥长林梢，下者飘转沉塘坳。南村群童欺我老无力，忍能对面为盗贼。公然抱茅入竹去，唇焦口燥呼不得，归来倚杖自叹息。俄顷风定云墨色，秋天漠漠向昏黑。布衾多年冷似铁，娇儿恶卧踏里裂。床头屋漏无干处，雨脚如麻未断绝。自经丧乱少睡眠，长夜沾湿何由彻！安得广厦千万间，大庇天下寒士俱欢颜！风雨不动安如山。呜呼！何时眼前突兀见此屋，吾庐独破受冻死亦足！

这是一首为人熟知的歌行体叙事抒情古诗。全诗以七言为主，末段则是多字数的灵活句式，全为充分表达作者杜甫忧国忧民的士人情怀。从立意、文字和逻辑三方面来看，此篇都可视为杜甫诗歌的典范之作。

朗诵者在备稿之时就应该具备的思想意识是：

春走、夏过、秋来，春雨、夏荷、秋风，暂居成都的日子有苟且的安乐，同时一定也少不了艰难的枯涩。因为农历八月的蜀中大地已经是秋意初现，秋风猛烈、秋雨连绵。草堂毕竟是茅草建构的临时居所，其坚固性和保温性几乎无从谈起，在春、夏两季温暖之时，还可得过且过，但是到了风高、雨紧、天凉之时，此间的窘境便可想而知、不必言说了。

这首诗的第一节主要记录了茅草房被风吹、雨淋后已经无法栖身的不堪之状，但是作者于末尾一段将精神关注集中到了与己同病相怜的广大寒士身上，将笔触从家事之苦转移，继而落到了呼唤尽早地结束战乱，老百姓才可以安居乐业的社会整体诉求之上。彼时彼地的作者自身尚未发达，心中却时刻不忘兼济天下，由此足见诗人杜甫精神世界的高贵和博大。

诗题中的"为"（wéi），指"被"，与后续"所"字合用。

前三段"八月"至"何由彻"为第一层次，文字信息直白易懂，韵脚押"ao"，流畅上口。"风怒号（háo）""三重（chóng）"，一为单、二为双、三为多，这两句说明了秋风的强劲（jìng，坚强有力、猛烈，例"疾风知劲草"）与草堂屋顶的不牢靠和临时性。茅草屋顶被秋风吹掉了很多，紧密切题。

"飞、渡、洒、挂、罥（juàn，挂着）、飘、转、沉"一组连续的行为动词，描述了茅草在秋风中的状态，继而形成的茅屋现状，即"所破"。第二段诉说自己的处境不仅是天欺，而且亦遭人戏谑，即首句中的"群童欺我老无力"，所以只能眼睁睁地看着"为盗贼、入竹去、呼不得"，结果只能是焦急又无奈地"倚杖自叹息"。

此时"为秋风所破"之后，原计划中的修缮已经没有了着（zhuó）落，因为屋顶的主要建材"茅草"或已经"沉塘坳"（ào，水边洼地）或被"入竹去"。不久即"俄顷"（qǐng，很快），天空"云墨色、向昏黑（"黑"取古音 hè，押前韵）"，外边大风才住，秋雨未停，还漏了屋顶，今晚上一家人该怎么睡觉呢？于是第三段进行了细致又极易被人移意后可以实现通感认知的记录——"冷似铁、踏里裂、无干处、未断绝"。此时读者阅后皆可为作者于漫漫长夜中凄凉的处境而倍感不堪和难挨（ái）。

最后一段为第二层次，作者的心情由此及彼、由己及他、由个体及大众，自然且迅疾地联想到与自己同病相怜的诸多同仁即"天下寒士"，读书人悲天悯人的仁爱胸怀于此可见一斑。但愿能有"千万间"的话，那么就会"俱欢颜、安如山"，届时即便"我"自己和全家没有栖身之所，甚至失去生命来换也心甘，即"吾庐独破受冻死亦足"。作者表达了虽然目前自身处境艰难，但是"我"也愿意追寻天下太平、共享安居乐业的炽热情怀，至为感人。

故而，这首七言为主的歌行体杂言古诗朗诵之"声儿"应以平实的浑厚感伴以适时的枯涩再现适度的圆润感为宜；"字儿"的形态应多以相对独立的全和必要的短为主；"气儿"之"徐"应以秋风对茅屋破坏的形态为"序"，"疾"应以茅屋失去后的无助和对失而复得的渴望为"计"；"劲儿"之"起"应以当夜无法安身的无奈为"依"，"落"应以对未来共享满足的祈盼为"据"，以利于建立和塑造漂泊和生活状态的苦涩感之"味儿"，也利于建设和塑造心中不灭的期盼之"味儿"。

鉴于此,《茅屋为秋风所破歌》朗诵之技术技巧和口语外化基本态应该如下:
(不情愿的讲述感,气儿足徐吐,两句整体声儿自然、少变化的圆润感,字态相对独立,劲儿平)八月秋高\风\怒~号,(连,气儿疾吐)卷(字儿半全)我屋上\(字儿全)三~重茅。(具体描写的总述感,三句整体语速稍提,声儿稍薄的浑厚感)茅飞\渡江\洒~江郊\,(形态记录的分述感,语速恢复,气儿实缓吐,劲儿轻)高~者\挂\罥\长~林(声儿稍虚)梢,(并,气儿徐吐,语速再降)下(声儿涩)者\飘~转\沉~塘\坳。

(气息调整为足、徐吐,语速提起,劲儿紧)南村\群童\欺~我\老~无\力,(疾连,劲儿稍促)忍~能\对面\为~盗\贼。(疾连,字儿全,声儿浑厚,劲儿稍重)公~然\抱茅\入~竹去,(记录对象的转换感,语速恢复,劲儿软)唇焦\口燥\呼~(字儿短,劲儿稍促)不(字儿短,声儿涩)得,(无奈的叹息感,语速再降,整句气儿虚吐,声儿相对枯涩,劲儿绵)归来倚杖\自\叹~息~。

(凄凉、难过、默默的讲述感,全段整体声儿较枯涩)俄顷~风定\云~墨\色,秋天\漠~漠\向\昏~黑。(气儿实缓吐,两句劲儿弱,声儿枯涩)布衾\(字儿全)多~年(字形态半全、稍拖长)冷似铁,(就气,整句字儿短,劲儿软,声儿再枯涩)娇儿\恶卧\(声儿虚,字儿半全)踏\里~裂。(语速稍提,气儿足疾吐,四句整体声儿自然的浑厚感)床头~屋漏\(字儿全、音程稍快)无(声儿虚,字儿半全)干处,(并,声儿涩)雨脚\如(声儿涩的颗粒感,字儿全、音程稍慢)麻~未\断~(声儿较大的颗粒感,字儿半全,劲儿轻)绝。(无奈的回顾再总感,语速恢复,声儿在枯涩中相对的浑厚感)自经~丧(sāng)乱\少~(声儿虚)睡眠,(气儿疾吐,语速再降)长~夜\(字儿拖长)沾(字儿全，劲儿下行）湿（字儿全、音程慢，声儿浑厚）何～由（声儿虚，字儿半全）彻！

（气息调整到实徐吐，整段劲儿结实，声儿类型科学变化，"安"，声儿稍明亮，字儿短，劲儿促）安（声儿圆润的颗粒感）得（两字声儿圆润，字儿全，音程稍慢）广厦（劲儿向上拉起，声儿明亮，字儿拉开、字尾散收）千（声儿先虚再明亮，字儿短）万（声儿稍明亮的圆润感，字儿半全）间，（气儿足疾吐，字儿形态相对独立；"大庇"，声儿枯涩，字儿短，劲儿较重）大庇（四字皆声儿虚，字儿半全）天下＼寒～士＼（字儿全、音程稍慢；声儿明亮，劲儿持续的结实感以示态度的坚定）俱～（两字皆半全，声儿先虚圆润）欢颜！（最后结果的呈现感，疾连，气儿足徐吐，声儿稍虚的枯涩感）风雨～不动＼安＼如～山＼。（换气缓吐，声儿先虚再浑厚，字儿全，劲儿稍促）呜呼！（疾连，整句声儿自然的明亮感，字儿全，劲儿疾起）何（声儿涩，字儿短）时＼（两字皆全）眼前＼突～兀＼（字儿半全，声儿虚）见＼（字儿全，声儿涩）此～（声儿虚，字儿短，劲儿稍促）屋，（气儿足徐吐，整句声儿自然的浑厚感）吾庐＼（字儿全）独～破＼受＼冻～（字儿全、音程慢，声儿圆润）死（声儿涩，字儿半全，劲儿紧）亦（气儿徐吐，声儿浑厚，字儿全、音程稍慢、字尾缓收，劲儿稳）足！

以上就是有关朗诵达情精准性中"综合地"方面的阐述。

（3）科学地

既然科学性是判断事物是否符合客观事实的标准，那么朗诵者就应该严格、全面地以作者的文字信息为依，客观、细腻地以作品的逻辑关系为据，进而精准地进行文字语言的口语化行为。此举的目的是将大众应该认知和感悟到的情感信息毫无遗落（luò）地送达到受众的精神世界中，否则就有悖于科学性。

A. 非悦耳甚至枯涩的声音样式存在与适度使用的必要性及合理性

虽然朗诵"五元"理论对朗诵的"声儿"提出了明亮、圆润、持久、自然的基本要求，但是"五元"的共存性和立体式交叉运用，以及文字的本体意义蕴含的客观事实，又从表达需求的角度要求"声儿"的本体必须紧紧地围绕文字意识本质进行外化形态设计和实践。

简言之，如果在不需要上述四项基本要求的"声儿"的时候，或者仅需要以一个综合变化了的"声儿"才能精准地对文字作品中的某个或者某些字、词进行口语化，那么这个时候就有必要在"五元"中其他三位元素的共同参加和协调运用的保障下，寻找、设计并实践出一个恰到好处的"声儿"，来为非惯常出现的，却是客观存在着的文字情感需求形态服务。

德国著名古典政治哲学家黑格尔曾经在所著的《法哲学原理》和《小逻辑》这两本书中都提到过"存在即合理"这个经典命题。它的原本意思是指，宇宙的本原是绝对精神。它自在地具备着一切，然后外化出自然界、人类社会、精神科学，最后在更高的层次上回归自身。因此，凡是在这个发展轨迹上的，就是合乎理性的，也就是必然会出现的，是现实的。反过来讲也同样成立。

那么在被朗诵的文字作品中，非悦耳甚至枯涩的声音样式存在与适度使用应该怎样去认知和感悟呢？也就是说为什么某个作品中的某个字、词是如此有悖于常的状态，并且还需要运用这类相关的"声儿"呢？这还是得从文字信息的历史背景中寻找答案，得从文字信息蕴含着的作者个人境遇中建立其客观存在的依据。

例如在"布衾多年冷似铁，娇儿恶卧踏里裂"一句中，文字信息的历史背景就是作者杜甫于公元 755 年安史之乱爆发之后，便携家眷辗转各地，生活拮据、朝不保夕。这种生活过了四年后他不得已又于公元 759 年举家远行至川蜀之地以躲避战乱，后来在友人的帮助下才得以勉强过活。

以这样的大历史环境为基础背景，再加之古时读书人一心入仕为官的坚定的夙愿不知道什么时候才能实现，于是就更加令作者的内心感到焦虑不安。原本读书人就手无缚鸡之力，除了读书、作文之外，便缺少甚至完全没有生活技能，于是杜甫只能在成都西郊的浣花溪畔建了一座草堂暂且栖身。

这就是这个例句的作者个人境遇以及与历史背景结合在一起之后给读者的初始认知起点。对朗诵"声儿"的设计而言，这就是"非悦耳甚至枯涩的声音样式存在与适度使用的必要及合理"观点提出的基础意识判断和实践意义，即"是什么"和"为什么"。

又从《茅屋为秋风所破歌》中的第一句即"八月秋高风怒号，卷我屋上三重茅"中，就可以明确地得知时间、气候等个人境遇的辅助信息，即农历八月的蜀中大地已经是秋意初现，秋风猛烈，秋雨连绵，草堂毕竟是由茅草建构的临时居所，其坚固性和保温性几乎无从谈起。在春、夏两季温暖之时还可得过且过，但是到了风高、雨紧、天凉之时，此间的窘境便可想而知、不必言说了。

正因为全诗前面主要记录了茅草房被风吹、雨淋后内里已经无法栖身的不堪之状，所以才会出现"冷似铁"的身体感受。而且这个日常生活中的行为是极易为人所熟知的，因为社会大众几乎都曾经有过"寒冷、冰冷、湿冷"的身体感受，这些超越正常人体耐受程度的体验，对每个人来说都是难以忍受的。所以这样的生理和心理感受也就如同男女老少饥则念食、渴则思饮、疲则欲息一样，是社会大众共通和共同的情感认知和行为方式。于是对这一句朗诵"声儿"的设计而言，就会生发出一个"怎么做"的问题。

就社会大众约定俗成的听觉感受和广泛的认知标准而言，明亮的"声儿"、饱满的"字儿"、充足的"气儿"和结实的"劲儿"这些相对正向的意识感受，总是能带给人力量、向往和希望。这也是朗诵活动作为大众传播的行为之一的特性，也是为传播对象服务的题中应有之义。否则这就成了是朗诵者自说自话的小众或者叫作"小我"行为了，是不符合有声语言表达的专业规定性和职业特定性的。

　　为了避免出现失去受众的后果，更为了能够达成适宜的社会传播效果，这个时候就需要朗诵者以更深入的层面追寻"五元"的艺术内涵，就需要以更广泛的角度挖掘"五元"使用的方式方法，就需要以更精准地规范和实践能力来运用"五元"的技术技巧。

　　比如在"布衾多年冷似铁，娇儿恶卧踏里裂"这一句中，杜甫对心中久藏多年的报国理想难以实现的无奈，对一家老小远离京城，漂泊流离的生活状态的迷茫，对眼前破败的茅屋难以御寒的焦虑……种种相对负向的情感意识就自然而然地集合，并在作者的精神世界中运动和蔓延开来。

　　这时候的朗诵者就应该以朗诵传播对象即社会大众的角度，在进行口语外化活动之前，提前进入受众的意识范畴，以利于提高传播效率、提升传播效益。简言之，即朗诵者在想受众之所想、感受众之所感、悟受众之所悟之后，才能给出受众精神世界里需要的和他们情感范畴中有能力接纳的听觉信号。

　　换言之，社会生活中的任何人，在面对与作者杜甫相同或者相似的境遇时，都不可能生发出一种有力量的、充满向往和希望的精神感受。因为多年破旧的被子被雨水打湿而导致当晚没有办法睡觉的感受，对任何人来讲都是不开心和难过的。所以诸如明亮的"声儿"、饱满的"字儿"、充足的"气儿"和结实的"劲儿"这类相对温暖舒适的感受，以及正向的意识和口语外化实践，对这两句朗诵的情感建立和信息传递而言就是不适合的了，甚至可以说二者之间是完全没有关系的。

　　鉴于此，这两句列举朗诵"五元"的技术技巧和口语外化基本态应该如下：（气儿实缓吐，两句劲儿弱，声儿枯涩）布衾＼（字儿全）多～年（字形态半全、稍拖长）冷似铁，（就气儿，整句字儿短，劲儿软，声儿再枯涩）娇儿＼恶卧＼（声儿虚，字儿半全）踏＼里～裂。

　　这样的口语外化处理才是与作者的彼时彼地的内心视像相契合的，当然也是符合大众通常的意识和情感认知的。所以根据历史背景和个人境遇来选择和使用一些非悦耳甚至枯涩的声音样式是合情合理的，更是科学的。

朗诵者还需要在习练和实践中特别注意的是：

具有特质的"声儿"的存在与使用要在一个适度的数量范围内。也正因如此，才需要朗诵者精准地研判和习练朗诵"五元"的必要性及合理性。朗诵者不能也没有必要为了盲目地追求新、奇、特等的声音外化样式，而在文字信息依据不足或者完全没有逻辑意识支撑的情况下，主观地对某些字、词给出一个有悖于朗诵艺术语言声音规定性的、个性化的"声儿"。

当然也允许和需要朗诵者呈现出属于本人个性化的有声语言表达。因为每一位朗诵者的声带形态不同，共鸣腔质量各异，加之对文字作品理解的天然差异化，所以也就不可能产生千人一面、万人一声的口语外化样式。对大众传播的社会性要求而言，也不允许有声语言艺术表现外化形态的雷同。

即便这样，也并不是说朗诵者就可以完全随心所欲地面对有声语言表达的各个方面，特别是"五元"的处理。个性化只有在规范、规则和规矩的约束下，才能被称之为"个性"，否则就是在拿没文化当个性，那是野蛮的行径。科学的个性化表达长时期在朗诵者正确和规范的研习、实践之后，假以时日，也许能够形成属于朗诵者的个人特色，即所谓的"风格"。也只有这样相对个性化和风格化的语言面貌，才是大众传播职业特定性范畴里的题中应有之义。

正如启功先生所言："功夫不是数量和时间的积累，而是正确性的重复。"简言之，就是朗诵者不能为了追求所谓的个性，而去主观故意地追求绝对"个性化"，而是要在大众传播专业规范的基础上和受众能够接纳的范畴中，寻找和建立相对的、科学的个性。当然在大自然和人类社会中是不存在绝对个性的。

所以，非悦耳甚至枯涩的声音样式存在是有其必要性的，这是因为文字信息意思表示的需要和逻辑关系传递的需要。与此同时，也正是因为作品文旨和朗诵传播的需要，所以要将声音运用得适度、合理。这就就要求朗诵者摒弃自我舒适的"声儿"外化行为，仔细地寻求受众能够接纳的最适度范围。

这样的朗诵才是科学的。

B. 重点字、词表达技术技巧的多样性和立体化

重点，是指同类事物中的重要的或主要的部分。

文字作品中重要的或者主要的部分即重点，记录着时间、地点、人物、事件、缘由，也类似于新闻的"5W"要素即何时（when）、何地（where）、何人（who）、何事（what）、何因（why）。

虽然古今中外常常被用于朗诵的文字作品不能等同于一般学术意义上"新闻"的概念，也不是社会层面上媒体机构面向大众公开广播的以视听节目形式传送的新闻和资讯。但是不论文字作品的题材、内容、写作手法、呈现方式等方面归属如何，时间、地点、人物、事件、缘由，以及数量、程度、空间、传播影响力等这些可以在人的精神世界里产生认知和感受的意象和具象信息，都是建立和组成受众逻辑意识的最主要部分。这些"重点"同时也在文字意思表示中担负着关键的作用，足以承上启下，融贯全篇。

朗诵的主体是实施朗诵行为的人，载体是文字作品，客体是受众。朗诵者需要将书面上的文字语言转换成有声语言传播出来并表达到位。这其中转换行为的主导和来源，在于朗诵的主体即朗诵者，传播的对象是文字作品，表达的对象是受众。

转换、传播、表达这三者之间，表面上是一个次第关系，实则三者之间不仅是有机的整体，而且还具备紧密的逆向逻辑关系。简言之，哪里应该转换？转换之后应该怎样进行口语外化传播？传播出来之后会有多大的比例能够到达受众的

精神系统？这都是朗诵"五元"的理论内涵和科学实践所指，当然也是朗诵者思维意识里应该思考的问题和需要执行的内容。

唯物辩证法认为，在事物或过程的多种矛盾中，各种矛盾的地位和作用是不平衡的。在事物发展的任何阶段上，必有而且只有一种矛盾居于支配的地位，起着规定或影响其他矛盾的作用，这种矛盾就是主要矛盾，其他矛盾则是非主要矛盾。在复杂事物自身包含的多种矛盾中，每种矛盾所处的地位，对事物发展所起的作用是不同的，总有主与次、重要与非重要之分。不过其中必有一种矛盾相对其他多种矛盾来说，具备主导功能，即对事物的发展方向起着决定性的作用，这种矛盾就叫作主要矛盾。而正是由于矛盾有主次之分，所以在方法论上也应当相应地有重点与非重点之分。我们要善于抓住重点，集中力量解决主要矛盾，才能解决事物发展的主要问题。

那么对朗诵这个大众传播行为的发展过程而言，重点字与词的转换、传播、表达，就是贯穿在朗诵活动的主体、载体和客体之间的主要矛盾。如果转换不当而将非重点字、词当作了重点，继而进行了意识层面上的认知的话，那么传播和表达的方向势必就会出现偏差，也就说明朗诵者初始的判断就错了。

如果传播环节出现了错误即"声儿、字儿、气儿、劲儿"的使用错误，那么这就是文本的基本信息角度的错误了，受众自然就听不懂，也就接收不到正确信息了，最终的表达目的肯定就无法实现了。

如果只有表述，没能到达的话，即便前两个方面是正确的，但是听觉信号也并没有进入受众的精神世界里，整个口语外化行为还只是处于读、念的层面，而不是朗诵。

上述就是重点字、词表达技术技巧的多样性和立体化论断的第一个方面，即"是什么"。

在社会大众日常对话中，当需要强调某一个意思表示的时候，往往都会将相应的字或者词组的音量放大、声调提高以示其重要。当然这个"声调"并非语言学意义上的阴平、阳平、上声、去声、轻声这五个形态，而是指说话人的嗓音腔调，俗称"调门儿"。这是属于生活语言范畴的。

但是在朗诵口语外化的形态范畴中，仅仅以放大音量和提高声调这两个技术技巧是远远无法满足表意和达情需要的。因为这两个惯常的技术技巧手段不足以构成文字信息全面转换和逻辑意识科学传递的物质化支撑，还因为只有音量和腔调的改变而外化出来的有声语言的听觉形态对朗诵的口语传播认知和感悟仍太过单薄和孤立。

简言之，这样的口语表达技术技巧对表述文字信息的"意"和送达逻辑意识的"情"还不够用。因为它们不仅还没有进入朗诵语言的艺术范畴，而且还仍停留在读、念的层面，远没有进入"朗诵得对、好、美"的专业规定性层面。这是重点字、词表达技术技巧的多样性和立体化论断的第二个方面，即"为什么"。

那么在具体的朗诵艺术实践当中，重点字、词表达技术技巧的多样性和立体化应该怎么做呢？若要突破生活语言范畴中的习惯性意识，首先需要朗诵者在思想意识层面就增加不仅仅是依靠放大音量和提高声调的方式方法来突出重点内容表达的思想认知，还要再全面地启动和运用朗诵"五元"中"声儿、字儿、气儿、劲儿"的技术技巧，来为表达目的即"味儿"服务，即可实现重点字、词表达在精神感受层面的多样性。

例如"家乡，一个把心留住的地方"这句话的主旨很简单，就是直白地表达了作者对家乡的依恋和思念之情——即便人已经离开，但是对"自己"出生和长大地方的情感，却能够将维持一个生命体最重要的生理器官即心脏都留存下来。

对每一位朗诵者而言，家乡的生活都是经历过的，家乡的情感也是会长久地存在和持续地拥有的，这是社会大众共通的情感认知。因为那里有着每个人出生和长大过程中所有的视听记忆和情感信息，是可以归置到全体社会成员范围的。于是对家乡那种不同寻常的感情在每个人的精神世界中都显得格外特别和致密。

所以这句话的第一个成分也是主语"家乡"这两个字的口语外化处理的精细化程度所产生的传播意义就特别重大。如果将"家"字的声母"j"的"劲儿"，规避掉一些即轻叼字头，并且以较结实的"气儿"缓吐出来并对韵母"ia"进行延展地拼读形成较全的"家"的"字儿"的形态，接着在双元音韵母的第二个元音"a"将剩余的"气儿"以一个快速的"劲儿"疾吐出来后再疾收字尾，这样外化出来的有声语言形态才能最大化地带给受众"家"的信息。继而朗诵者的声音信号才能够成为儿时起居生活范围中的器具用品、饮食行动以及慈母的叮嘱和严父的责训等由社会大众所熟悉的视听形象感受构建起来的"家"的思想意识基础。

两字词主语中的第二个字"乡"，虽然从词组构成的层面与首字"家"具有几乎相同的社会意义和极为接近的人文情感，但是从朗诵有声语言传播的艺术性和精准性的认知角度而言，却不可以将二者等同视之。也就是说，"乡"与"家"字的口语外化处理的技术技巧是大不相同的。

"乡"字的"气儿"是在突破"家"的字尾疾收后形成的且在自然生理势能的约束下顺势给出的声母"x"。此外，朗诵者要弱化带有后鼻音"ang"的韵母组合"iang"的"劲儿"，以令"乡"比"家"的地理范围要广大一些的社会概念得以体现。因为对能够将"心"留住的力量而言，"家"却是比"乡"要大的，所以"家乡"这个文学意义上的联合词组进入有声语言表达的范畴之后，朗诵者应该将其当作偏正词组而且偏重于"家"来处理，这样更有利于口语外化韵味塑造的实际。

还需要注意的是，其实在"家乡"与"一个把心留住的地方"这两个半句之间是有一个"是"的谓语成分存在并发挥着连接和支配指向作用的。虽然许多时候，没有必要将许多被朗诵作品的每一个句子成分都书写出来，但是对朗诵口语外化的信息传递和韵味建设而言，朗诵者却不可忽略和丢失某个或者某些文字背后的信息。因为这不仅是有声语言表达二度创作的专业规定性要求，而且也是朗诵应得到受众最大化的情感接受这一职业特定性的题中应有之义。

也正是由于这个原因，"乡"字的"气儿"更应该顺势，字尾应该弱化处理，以便与下一个半句开始的"一个"之间建立起缓冲的地带和预留出重启的空间。因为文字意思表示的主体即"把心留住"很快就要出现了，而且此处的"一个"仅仅是数量上的泛指而已，并不是精确的数字概念。还因为对社会大众而言，每个人都有自己的"家乡"，而且家乡给每一个社会成员的信息内容和意识感受也不可能是一致的。所以在口语外化的时候就不必强调"一个"了，只需要将这两个在动词"把"字之前的界定、修饰成分，以不吞音、吃字为规则一带而过即可。否则就会给受众造成"难道还有其他一个或者若干个可以与家乡一样把心留住的地方吗？"这样就弱化了家乡意味的听觉感受。如果那样，就是朗诵行为信息表述的误传递和口语外化的误传播了。

那么"家乡"可以把什么留住呢？是"心"即前述的何人、何物（who）。只有留住了心才能留住情，留住了情才能够留下人。因为家乡这个地方可以留下人，所以才会令人常回到"家乡"这个地方看看。这样一来"心"就与"留住""家乡"之间形成了一个以亲情和乡情为大众情感核心的由来已久的、众所周知的、牢固的因果逻辑关系，所以"心"字是这一句话的重点词。

还因为"心"的牵挂不仅能将离乡之人召回到家乡，而且还可以将人的身体和精神都留住，所以这个"心"的力量指向是强大的，情感指向更是极具张力的。

那么在朗诵艺术范畴中口语外化这个重点词的时候，如果光凭借放大"心"字的音量和提高"心"字的声调这种源自"声儿"层面的技术技巧，就显得单薄和软弱了，亲情和乡情的韵味塑造也就不足了。

那么应该怎样让这个重点词的外化感受丰富和有力起来呢？

此时就需要让朗诵"五元"的其他三位元素"字儿""气儿""劲儿"有机地参与进来，这就是问题解决之道。"心"的"气儿"足但是要缓慢地上行振动声带，"字儿"的声母"x"延迟一点儿发声并与韵母"in"的拼读过程尽量拉开且字尾的前鼻音韵母"n"需收得缓一点儿以令"心"的"字儿"呈现出一个完全的形态，如此处理的"气儿、字儿"也就自然地构成了一个稳健、有力的"劲儿"了，再配就以一个圆润、相对浑厚的"声儿"即可，也就不必要再扩大"心"字的音量和提高其声调了。

现在只认识到重点词"心"即何人、何物（who）的客观存在和实践方法还是远远不够的，因为人、事、物只有在自然和社会范畴中发生运动性的情感变化，才能构成意思表示的逻辑链条。那么这个重点词"心"又会怎么样呢？它将会出现一个什么情感运动的走向即发生何事（what）呢？文本意思表示的答案是"心"被留住了。

此时需要注意的是，文本自身没有，在逻辑意识层面也没有潜在联系成分存在，那么"留住"与重点词"心"之间就形成了一个最直接、最紧密的情感运动指向关系，所以"留住"就成了这句话的次重点部分。

次，意指排在第二位的。此时还需要更加注意的是，在"留住"二字之间，还存在着一组极细微的逻辑意识关系，即"留"是起始，"住"是结果；"留"是发端，"住"是延展；如果没有"留"的话，也就谈不到"住"了；如果没有"留"的话，也就谈不到"留住"了。所以在这个短短的两字词中还存在这一个严谨的主与从和重与轻的逻辑意识关系。

既然如此，应该怎样运用口语外化处理的技术技巧呢？

"留"的"气儿"应该结实而且在前一个重点词"心"后暂断，继而慢吐上行振动声带，声母"l"合"字儿"应轻叼字头，然后以圆润的"声儿"缓慢、有力但没有压迫感地向双元音韵母"iu"运动拼读，继而自然地呈现出一个平实、温暖、稳健的"劲儿"。"住"就以稍枯涩的"声儿"，半全的"字儿"和稍短促的"劲儿"顺势给出，不加特别强调即可。

在如此外化之后，受众的听觉感受就仿佛被"家乡"拉住了双肩、锁住了双脚而无法实现位移，从而在他们的精神世界里产生不忍离去而想要留下来的急迫和亲切的"味儿"。受众在拥有这样的听觉感受之后，他们的"心"才能被真正地留下来。

如果按照以上的思维角度、方式方法和实践层面的技术技巧来朗诵"家乡，一个把心留住的地方"这句话，就不能仅仅依靠扩大音量和提高声调这样单一的口语外化技术技巧进行诵读了。通过上述的意识认知和实践研判，就需要主观地动员和客观地使用朗诵"五元"理论中所含的四位元素的各自特征和作用了，即"家乡、心、留住"三者之间形成了一个完整的听觉逻辑闭环。如此朗诵"五元"的目的即"味儿"也就水到渠成地建立和塑造起来了，将"心"留住与记住亲情、乡情的传播目的也实现了。

诚然，朗诵是声音的艺术，但是朗诵也绝不仅仅是语言中的"声儿"这单一方面的艺术。朗诵还需要"字儿、气儿、劲儿"三位元素主动地参与进来，以形成受众可以认同的听觉艺术感受即"味儿"。

例如，每一道菜品在烹饪的过程中，只要在食材中放了盐就能吃，就可以佐餐下饭，但是要想让食客们既能用这道菜下饭，还能让大家享受到品尝佳肴的快乐，进而吃完之后还想再吃即吃得美，就不仅仅是菜里只有盐味儿这么简单了。这就需要厨师将其他卫生、健康、适合的佐料加到菜品的制作中。

同理在朗诵一个文字作品的时候，不是光让受众听见"声儿"就可以的，那样充其量只能看作是"朗诵得对"而已，还要让受众认同进而感动，要让受众接受进而接纳，才称得上是"朗诵得好"。就好比受众拥有了美食的享受之后还想再吃一样，人们还想再听，此时才能算得上进入了"朗诵得美"的艺术范畴。

所以，要想让汉语言朗诵达到"朗诵得美"的最高标准，朗诵者就需要也应该在文字作品信息向声音信号的逻辑转换方面，在受众的与听觉感受与接纳方面，即"声儿"的选择和使用、"字儿"的形态和变化、"气儿"的预备和调控、"劲儿"的张弛和运动等方面，进行思维意识的全面准备和艺术实践的综合修炼。

这就是重点字、词表达技术技巧的多样性和立体化。

3. 表意与达情之间的精准性

朗诵是归属于语言表达的艺术门类，这个"语言"的所指是包括文字语言和有声语言这两个方面的。

朗诵者的义务是将文字语言准确地转换为有声语言，就是将字、词、句、段、篇中的每个汉语言文字的字，口语外化成携带着听觉信号的嗓音，即表述出文字表面的信息存在。这是表意。

朗诵者的责任是将文字作者的思想感情精准地传递给受众，将字里行间所蕴含着的可供感受和需要被感受到的意思表示，连贯地整合成有声语言链条再传播出来，即表达出文字内里的意识逻辑，进而让受众毫无遗落地认同并接纳文字信息并为之动感情。这是达情。

著名画家、艺术教育家林风眠先生在《林风眠谈艺录》中讲道："艺术之原始，系人类情绪的一种冲动，以线形、颜色或声音举动之配合以表现于外面。谈到艺术便谈到感情，艺术根本是感情的产物，人类如果没有感情，自也用不到什么艺术；换言之，艺术如果对感情不发生任何力量，此种艺术已不成为艺术。"

任何一种艺术门类和形式当然也包括朗诵艺术在内，如果在示人之后没有让他们产生相应的情绪，更没有造成他们的情绪波动，就说明受众的情感没有被调动起来。出现这个情况是朗诵者信息传递的程度不够甚至是错误导致的。

生活常识告诉我们，当温度、湿度、力量、颜色、声响等这些大自然中存在的视听信息足够令人感动的话，人们的思想意识里就会产生相应的冷与暖、干与湿、约束与自由、鲜艳与平实、震动与无奇等心理感受。如果这样的心理感受到了一个适宜的程度，人的心理活动就会产生了，也就是被感动了。

对朗诵艺术而言，如果受众的感情在通过听觉手段传播后并没有产生运动，就说明刚才的声音信号刺激不足或者是错误的，这样的朗诵活动就是不成功的。如果出现那样的情况，受众还不如仅通过眼睛阅读来接受信息呢。简言之，就是受众自己看书、看文字就行了呗，还要听你朗诵、听你的声音干吗？这就是朗诵者没能履行好这次口语外化的义务，也是朗诵者的失职，更是失责。

那么朗诵者如何才能履行口语表达的义务和担负朗诵的职责呢？怎样才能做到对受众的意识接纳不失职也不失责呢？这就需要朗诵者的表达意识与传播行为之间相互作用，并建立起彼此的精准关系。

这不仅是从思想意识层面的思量，也是从方法到实现手段的运用。因为，是它们共同组成了朗诵艺术和口语外化技术的精准性，这个论断包括表意的顺序性重复和达情的交替型强调两个方面的方式方法和技术技巧。

（1）表意的顺序性重复

顺序性重复是指朗诵者为了情感表达的需要，根据文意对文字作品按照原有的存在形态进行再次甚至多次重复的口语外化行为。

例如唐朝著名诗人白居易的叙事长诗《琵琶行》中的"醉不成欢惨将别，别时茫茫江浸月"一句，就需要进行一次表意的顺序性重复。众所周知，这首著名长诗的整体情感是惨淡和凄凉的，而恰恰上述两句表现了诗人江上送客之时偶遇琵琶女的故事，也成就了这种情感气氛，这也是全诗的第一次气氛渲染和情绪铺垫。

于是这一句不仅成了全篇情感的起始点，也成了整体文字信息韵味建立的定位点。也正是因为这个层面的第一次，在朗诵这一句的时候如果依然像其他句段一样做惯常的专业化处理的话，就会明显地弱化情感运动的过程甚至丢失逻辑链条的精准传递。

简言之，如果对这一句中"江"与"月"的表达不加以特别技术处理的话，就会令受众对琵琶女出场的环境建设感到模糊，而恰恰这位主人公的境遇是全诗表达的基调，所以要加以特别的艺术处理以保证口语外化之后悲惨和凄凉的"味儿"的鲜活、浓郁，进而达到令受众动感情的传播目的。

这是表意的顺序性重复这个理论观点提出的"是什么"和"为什么"。

那么在朗诵这一句即具体的口语外化实践中应该"怎么做"呢？

这还需要完整地从第一个自然段开始进行综合研判："浔阳江头夜送客"，开篇半句直白地交代了何地（where）即"浔阳江头"，何时（when）即"夜"，何事（what）即"送客"，而后半句也是最符合社会大众最基本的情理认知的，就是"夜送客"事件地点环境的介绍即"枫叶荻花秋瑟瑟"，江畔的枫叶和芦荻花在秋风中发出瑟瑟的声响。

但是这半句诗已经很容易让大众感觉到一种秋天的气息了，同时也是第一层环境的描写和凄凉情感的初步带入。既然是"送客"，那么"主人下马客在船"这半句就合情合理地介绍了主人和客人各自的状态，即客人已在船中，主人也已经下马了，然而送行岂能无酒席、宴乐？

可是，此时此刻文本中的送行却是有别于往常的即"举酒欲饮无管弦"。当晚客人是一定要走的了，那么虽然"无管弦"，但是酒杯既然已经举起来了，那就这样喝吧，也只能在无法改变的大自然的客观的环境中，就着"枫叶荻花秋瑟瑟"的声音来喝了。原本送行就是令人伤感的，原计划是要借用"管弦"来中和送别的难过之情的，那样的话，即便送别酒醉了也属常态，分别的愁苦也就会减少一些的。但是不承想今天由于条件所限，这个酒醉再加上瑟瑟的秋景、秋意和秋声却令人倍感凄惨，即"醉不成欢惨将别"了。

关键就在于这个"惨"，也在于一个"别"，更在于一个顶针而来的后半句起始的"别"字。因为客人今晚一定要走已经是一个既定的事实了，那么这个"别"的动作行为和意思表示也就肯定是无法更改的了。

最关键和最需要朗诵者注意的是，此时诗人的意识逻辑又转回到了环境的描写，而且记录的并不是通常意义下的树、花、草等这样触手可及的景物。这是因为作者要通过一组不同寻常的景物的逻辑关系组合进行更加强烈的情绪渲染了——当晚的月亮浸泡在浔阳的江水中，身边的江水里倒映着一个秋夜的月亮，而且江水茫茫，月亮高远且遥不可及。

这时朗诵者的内心视像应该是这样的——放在平时"茫茫江浸月"是一个极富诗意和不乏浪漫的自然美景，可是在"浔阳江头夜送客"的今晚，在"枫叶荻花秋瑟瑟"的时节，在"主人下马客在，"的时刻，在"举酒欲饮无管弦"的境遇下，在"醉不成欢惨将别"的心情中，此刻的"别时"和此刻的"茫茫江浸月"已经让社会大众普遍认为的舒适和惬意的秋夜凉爽，变成了并不受主人和客人欢迎惨淡和凄凉。

对这一句的口语外化而言，以惯常的状态朗诵"别时茫茫江浸月"是可以的，但是这个"可以的"仅仅局限于对前半句中"惨将别"意思表示的承托和意识逻辑的延续。那么怎样让原本宜人的凉爽感转变为瑟瑟凄凉的听觉感受呢？把"江浸月"三个字进行表意的顺序性重复，即在口语外化之时先做一个貌似举重若轻的收束，之后在"气儿"的暂断后再重复朗诵一遍"江浸月"三字，即可实现预期的、加重的、变浓郁的听觉感受效果。

当然，这样的口语外化处理的技术技巧也是要归属在整个句群朗诵所运用的方式方法里面的，所以《琵琶行》第一自然段朗诵"五元"的技术技巧和口语外化基本态应该如下：（稳健又渐入的讲述感，气儿足慢吐，声儿圆润，字儿全、音程慢）浔（字儿短，声儿涩）阳（字全）江（字儿全、字尾缓收）头（气儿疾吐，字儿半全、音程稍快，劲儿稍促）夜送客，（连）枫叶（并）荻花～（声儿虚）秋瑟＼瑟。（继续的讲述感，缓起，气儿实徐吐，字儿全、音程快）主（声儿圆润的颗粒感）人（声儿虚）下马＼（气儿浅疾吐，声儿稍涩，字儿短，劲儿稍有力）客（两字皆声儿虚，字儿半全，劲儿轻）在船，（连，字儿半全、音程极快）举（声儿浑厚的颗粒感；字儿拉开）酒～（气儿继续疾吐，声儿稍浑厚，字儿全、音程稍快、字尾散收）欲（声儿枯涩的颗粒感，字儿全、音程慢）饮～＼无＼管～弦。（疾连，气儿疾吐，四字皆半全，声儿稍浑厚，劲儿散）醉＼不＼成＼欢＼（气儿缓吐，声儿稍枯涩，字儿全、音程稍慢，劲儿软）惨～将＼别，（气儿暂断后徐吐，字儿全、音程较慢，劲儿稳）别～时＼（两字皆全、音程较慢，声儿浑厚，劲儿轻、绵）茫～茫～（气儿实疾吐，三字皆半全，声儿浑厚）江＼浸＼月。（顺序性重复）——（气儿暂短后继续，字儿全，声儿浑厚）江～（字儿稍迟延，声儿稍枯涩）浸～（声儿虚，字儿全、音程慢，劲儿轻）月～。

上述通过文本的顺序性重复来加强表意的口语外化技术技巧并不适用于每一次朗诵，它的运用是有严格的意思表示和韵味塑造要求的。朗诵者在实践中绝不可以为了展示所谓的"技术技巧"而主观地找寻原本并不存在的韵味"顺序性"，更不能为了炫耀所谓的口语表达"技巧"而臆想出一个原本并不需要的"重复"状态，那样就弄巧成拙了。

表意的顺序性重复，适用在时间、过程、范畴、程度等这类在相对运动中会出现或者已经出现了变化的自然视听景物的存在状态和人文逻辑的发展空间中。运用这一技术技巧的主要目的还是为了文字信息的韵味建设，即强化口语表达"味儿"的塑造。

再如在"我是你河边上破旧的老水车，数百年来纺着疲惫的歌"一句中，就需要将"纺着"一词进行一次顺序性重复以利于加强表意。这样的技术技巧不是个人主观判断的，它的客观依据来自两个方面。

首先从它意思表示的角度来认知：一个制造并使用了很长时间的极为破旧的，几乎丧失了汲水功能的"破旧的老水车"，如果要它继续汲水的话，应该会是一个什么视听状态呢？又应该给受众一个怎样的汲水过程的感受呢？按照通识的"饥则食、渴则饮、疲则息"的社会普遍认知，这一架"老水车"的车体应该是斑驳的、松散的，甚至是摇摇欲坠的。它在汲水的时候应该是缓慢的，发出吱吱嘎嘎的声响的，汲水量也是有限的、灌溉的工作效率当然更是不高的。

从这句话韵味塑造的角度来认知："破旧的老水车"在经过长时间即"数百年来"的形态变化之后，现在一定不可能再像刚刚制造出来并安放在"你河边上"的时候那样能够快速地汲水并高效率地浇灌土地了。它客观的事实只能是慢悠悠地、一点点地、无力地，甚至是无法继续良好地工作着，绝对不可能有今天现代化的巨大水利设施那样水声滔天的、水量充沛的工作状态。所以眼前文本里的，也是在朗诵活动口语表达韵味建设里的这个"纺着"，也只能是次序的、持续的、过程化的。

上述语句中"纺着"一词应该进行一次顺序性重复。

鉴于此,这首现代抒情诗的首句朗诵"五元"的技术技巧和口语外化基本态应该如下:

(久远回顾的讲述态,气儿实缓吐,声儿浑厚的颗粒感,字儿半全,劲儿绵软)我是\你\河\边\上破~旧的\(气儿徐吐,字儿全、字尾散收,劲儿极轻)老~水车,(气儿暂断后疾吐)数(字儿拉开、窄发以避免双元音韵母"ai"过于明亮)百~年\来\纺~(字儿短,劲儿轻)着(顺序性重复一次"纺着")疲惫的歌。

上述第一个列举的技术技巧满足了"江"与"月"两个自然景物之间空间逻辑关系,二者虽未接触,但相互黏合不仅渲染了送别的气氛,而且为后续主人公的出场以及其身世情感的建立做了一个提前的铺垫。

第二个列举以顺序性的词组重复为依托,进而在持续的动态记录中完成了百废待兴的社会背景预置,继而为全诗的逻辑闭环提供了一个结实的历史认知限定。

虽然以这样的顺序性重复来加强表意的技术技巧是朗诵"五元"中归属于"声儿、字儿、气儿、劲儿"这一听觉层面的物质元素,但是的确可以为朗诵的目的即"味儿"的建设和塑造提供坚定的并且可以进入受众意识层面的精神支撑。

(2)达情的交替型强调

交替型强调是指朗诵者为了情感表达的需要,根据文意对文本中相邻的两句进行交叉或者替换后,呈现出不同口语外化样式并且加强了表意和达情效果的一种口语行为。

例如"我是你的十亿分之一,我是你九百六十万平方米的总和"一句中,就很有必要运用一次交替型强调的技术技巧。作者的本意在于以数字百分比与集合化的写作手法,来突出全诗最初的情感发出者即"我"之于这个大空间即"祖国"

的微小但客观的存在，并准备以切实的力量为新时代的国家建设尽心尽力。

虽然这个文字信息的意思表示是直白的，情感传递也是明显的，但是对有声语言表达而言，如果仅仅按照原有的文本来朗诵的话，对个体即"我"与国家、社会这样一个大范畴的听觉信号存在而言，就明显地感觉减弱了；对于作为十亿多个相同又平凡的社会大众之一的"我"即将投付给祖国建设的情感而言，也明显感觉不够了；对历史久远且幅员辽阔的"祖国"而言，更明显感觉欠缺了。

从意思表示的角度来认知："十亿分之一"是一个具象的数据，它既是作者本人，也可以是全体国民；它既能够单向地从大数量即"十亿"的角度指代出一个生命个体即"我"，也可以双向和立体地将每一个"十亿分之一"彼此关联。

从韵味塑造的角度来认知是这样的："九百六十万平方米的总和"是一个意象性的概念，它不是一个简单的地理意义，而是这里既有全国人民大团结的力量凝聚，也有不分男女老幼的情感汇集；这里既有时间层面的久远存在，也有过去、现今和未来的永恒时态；这里既有空间层面的远近高低，也有广袤地域中人、事、物、情的运动持续。

结合以上意思表示和韵味塑造的双方面认知即可感受到，如果只是按照原有的文本顺序进行朗诵的话，"之一"的个体与"总和"之间就缺少了必要的融合，小的与大的之间就遗落了情绪的交错，稀疏的与结实的之间就丢失了有机的粘连。

因为这二者以及由它们延展而来的情感之间原本就存在着不能分割的集合关系，这二者以及由它们生发出来的意识之间客观地无法分离，这二者以及由它们孕育而成的巨大的和丰富的社会生态之间意识联系也很致密。所以在口语外化之时，应该在顺序进行之后，再对调着、交替地朗诵一次。

还需要特别注意的是，这两个半句的意思表示落点即重点词都是尾字的"一""和"。虽然这两个重点词的意义是极为丰富的，但是这两个字所承载的内容体量的差别是极为巨大的。而且由于各自韵母的不同（i、e）进而导致"声儿"的听觉感受差异也是极为明显的，因为"一"虽然可以表示全体"祖国"的社会成员，但它毕竟首先要指代作者本人。在受众接受这个"一"字的声音信号的第一时间里，首先一定会感受到的是单个的、独立的社会个体。

同理，虽然"和"字里客观地包含着生活在这片土地上的每一位中国人，但是建设和发展一个百废待兴的"亲爱的祖国"光有人力是远远不够的，当然也无法离开像阳光、雨水等大自然的馈赠和各种物质元素在内的可以被作为生活所需和生产资料的天然资源。

这就需要在对这两个重点词的顺序和交替的口语外化过程中更加精细化地处理，以期精准表达。顺序时，虽然"一"字的韵母"i"是一个明亮的元音，但是口腔开度较小是窄音，自然就需要宽发"一"。另一个重点词"和"字的韵母"e"也是较为明亮的元音，但是此时应该给"和"字一个较为圆润的"声儿"，以呈现出一个大度、包容的稳健"味儿"。而且还应该拉开字的形态，再给出一个字尾疾收，向上扬起的"劲儿"，以示一个不容置疑的紧密结合"味儿"。

在接续进行交替时，可以将"我是你九百六十万平方米的总和"这半句疾连在顺序朗诵时的"总和"，也可以换气重新起始，语速较慢地处理，令重点词"和"字的"声儿"圆润，字儿半全，劲儿轻即可。另半句"我是你的十亿分之一"应该疾连"总和"，语速较快，重点词"一"字"气儿"实慢吐，"声儿"明亮甚至可以略带嘶哑，"字儿"拉开、宽发、字尾散收，"劲儿"重、紧。还可以自然地弹出一个"呀"的语气词，以示更加急迫地强调。

鉴于此，这一句朗诵"五元"的技术技巧和口语外化基本态应该如下：

（深情地讲述、迫切地倾诉态，气儿实缓吐，声儿自然的浑厚感，字儿半全，劲儿稍紧）我 \ 是 \ 你的 \ 十～亿分 \ 之（气儿暂短后疾吐，字儿全、宽发、音程快，劲儿向上稍扬起、稍促）一，（快速换气后疾连，气儿足疾吐，声儿自然的圆润感，字儿半全，劲儿灵巧）我是你~九百\六十万\平方~的\总（字儿全、音程较慢、字尾疾收，劲儿疾向上扬起）和。

交替型强调——（快速换气，气儿足缓吐，声儿稍明亮，字儿半全，劲儿灵巧）我\是\你~九百六十万\平方的\总（气儿浅徐吐，声儿圆润的颗粒感，字儿全、音程较快，劲儿平）和，（疾连，气儿足疾吐）我\是\你的\（声儿稍明亮，字儿全、音程较快，劲儿稍紧）十~亿分\之（气儿足疾吐，声儿明亮甚至稍微嘶哑，字儿拉开、字尾散收，劲儿疾速扬起）一（呀）！

交替型强调作为朗诵达情的技术技巧之一，对文字信息口语外化的韵味建立和塑造是极具实际传播意义的。因为在对调的过程中，朗诵者在拆卸了原有的文字逻辑之后，又重新建立起了一个崭新的听觉信息；在交叉的过程中，朗诵者在刚刚已经被受众认知和感悟到的原始意识基础之上，又立即给出了一个以前边的顺序型朗诵作为牢靠基础的新的听觉信号，即词、句的往复；在替换的过程中，朗诵者帮助受众建立了一个原始与新晋认知结合并可以融合为同向感受的，裹挟着信息外化张力且具备意识影响潜质的语言逻辑链条。

如此就便于听觉信号深入人心，有利于文字口语外化"味儿"的建立和塑造。

每一种技术技巧都不可能仅凭单独地使用就可以包打天下，解决朗诵表达中关于韵味建设的所有问题，"交替型强调"也不能例外。这一技术技巧关键在于如何运用，在于运用的位置和程度，也在于位置的遴选和程度的调控。具体来说应具备以下能力：在并列、排比和因果关系的句式里面研判运用的时机，在重点意识的关键字、词上不可过度地运用，在关键字词的口语外化中能顺序化地组织"气儿"的虚实和疾缓、融合化地选择"声儿"的听感、差异化地改变"字儿"的形态长短、情理化地体现"劲儿"的坚硬与绵软。继而才可以令口语外化信号能够最大化地黏合社会大众的人文情感以利于朗诵目的即"味儿"的实现。

再如"不为来世，只为今生与你相见！"这一尾句在全诗里的思维认知和口语处理也是可以交替型强调的。因为从文本来看，"与你相见"是整首情诗的中心思想和作者的终极愿望，但是通过诗中前部分"那一天、那一月、那一年"时间阶段的顺序性诉求，便可得知此生相见的难度极大，几乎是不可能的。

正因为如此，也就更加反衬出了"那一生"都要追寻的目标，即"只为今生与你相见"的唯一性和强烈感。所以如果朗诵者只是按照原文的固有顺序来将文字进行常态化的口语处理，显然此句作者传递出的信息尚不足以构成强烈和迫切感。换言之，一个人用毕生的时间即"只为今生"甚至是生命的代价即"不为来世"去实现的目标，如果只是按部就班地处理，对受众情绪震动的力量也是不够用的。

这句诗中裹挟着重点意识的关键字有："不、今、只、来、见"五个字，它们构成了意思表示的主体骨架，筑起了作者思想感情存在和运动的脊梁。那么在口语信息的交替型强调中，怎样让这副信息的骨架和脊梁丰满和立体起来，并让它们进入受众的精神世界中呢？这就需要从朗诵"五元"中"气儿"的顺序化组织，"声儿"的融合化选择、"字儿"的差异化改变、"劲儿"的情理化体现这四个方面来组织实施。

如果在首次顺序时的口语面貌是这样的——（深沉地告诉感，气儿足缓吐，声儿自然的浑厚感，字儿全、音程较慢，劲儿稍紧）不～为来世，（气儿疾吐，声儿稍明亮，字儿全、音程稍快，劲儿稍促）只为（声儿浑厚，字儿半全、音程快，劲儿稍重）今生＼与～你＼（气儿暂短）相（声儿虚，字儿全，劲儿轻）见！

那么在执行交替型强调之中的有声语言面貌就应该是——（气儿实轻吐，两字皆短，声儿虚）只为（气儿实慢吐，声儿浑厚，字儿拉开、字尾疾收）今（声儿自然的浑厚感，字儿半全，劲儿稍重）生＼与你～相见，（疾连，字儿短，声

儿稍浑厚，劲儿轻）不为（气儿足慢吐，声儿圆润的颗粒感，字儿全，劲儿弱）
来世！

综上所述，表意的顺序性重复、达情的交替型强调的技术技巧运用是必要的
和重要的。它们的存在和运用并不是朗诵者为了技术而主观地去发明技术，也不
是朗诵者为了技巧而臆造技巧。顺序性重复也好，交替型强调也罢，都是紧紧地
围绕着完全表意和充分达情这个中心目而研判和开展的，都是有实践作用和实际
意义的。

顺序性重复和交替型强调都是为了充分和精准地达情。它们二者我中有你、
你中有我，互为条件、彼此因果。它们二者的综合、科学运用的目的，就是让朗
诵者将作者思想中和笔尖下的情转化为嗓音外化出来的携带着信息和逻辑的情，
继而再传递到受众的听觉系统里，形成可以被感知和认同的，能够在大众的精神
世界里产生震动的，归属于意识范畴中的喜怒哀乐等的心中之情。

对朗诵者和朗诵行为而言，这两个技术技巧可以将文字表面不存在的和没有
的信息开掘出来，再以科学地"五元"加以口语外化，表达出文字作者的潜在之
意，让受众获得仅仅依靠眼睛阅读行为无法捕捉和感知到的弦外之音。

这就是表意与达情之间的精准性，也是朗诵语言的艺术性。

第二节　朗诵之道

一、声儿之道——练与炼

（一）练

以汉语拼音中的六个单韵母 a、o、e、i、u、ü 为嗓音练习之载体。

具体方式方法为：视朗诵习练者个人作息时间而定，以天气晴朗的清晨，于前夜睡眠状态良好，晨起后自我感觉神清气爽状态时为宜。尽量选择相对空旷之地以避免扰民，音调从低至高、音量由小至大，依次喊出 a、o、e、i、u、ü 六个单韵母字音。

特别需要注意的事项有八：

其一，习练者于开口之前可自行选择一两个鼻韵母（即由一个或两个元音后面带上鼻辅音构成的韵母。包括前鼻韵母八个：an、ian、uan、üan、en、in、uen、ün，后鼻韵母八个：ang、iang、uang、eng、ing、ong、ueng、iong）做哼鸣或哼唱练习，以唤醒和预热声带。

其二，习练者自我感觉嗓音没有混浊音色亦无鼻音后（此二者俗谓之"刚睡醒味儿") 可先从 /a/ 音以低音调、小音量、长时间喊起。音量、音调需呈螺旋式上升之态，乃为喊嗓的重要技巧。

其三，螺旋式上升至最大（即音量最大和音调最高），此标准以习练者自我感受声带舒适度以及听觉可接受程度为宜，继而螺旋式下降。

其四，以此类推，将其他五个单韵母顺序喊至结束，再进行手臂伸展运动以稍息，每天喊嗓习练二十分钟至半小时为宜。然而也可视习练者之自我状态，以声带和其他发声系统不感疲惫和不适为宜。

其五，初学、初练者，需循序渐进，万万不可急于求成，缘于声带本体需以时间和强度为考量，使其逐步适应。

其六，需掌握科学之方式方法，依次序而来。即便每天喊嗓之练习者亦万万不可省略步骤，忽然高音调或突然大音量以拙力猛喊，应避免声带局部非科学振动而受损。虽然人体具有强大之自我修复能力，但受损部位往往更易于造成二次伤害，而令继续习练与生活使用甚至职业状态受阻，实为得不偿失。

其七，冬季清晨户外温度很低，习练者切忌面向北方迎风喊嗓。由于声带自身处于高强度受力状态，如若加之寒风灌输之凛冽刺激，冷暖强烈作用于局部肌肉组织，声带将于无形中负担加重。这些都是不健康的和非科学的，当然也是不可取的方法。

其八，女士喊嗓的习练应规避生理周期，以免使声带非合理性充血。

（二）炼

喊嗓习练者经过一定时间之规范训练后，如果可以基本达成朗诵"五元"之"声儿"之标准，即以嗓音不施任何技术技巧即可实现六个单韵母明亮、圆润、持久、自然之状态为参照，即可告前期喊嗓习练成功。

那么此后习练者应如何继续锻炼嗓音呢？应该尝试音节练习。

　　音节是由音素（包括元音和辅音）组合发音之语音单位。汉语拼音之音节是由元音和辅音组合发音，汉语之音节为声母和韵母组合之发音，且能发音的单个元音亦为音节。

　　然需注意的是，音节并非读音，读音有声调，音节没有声调。汉语普通话约有 400 个无调音节，有 1300 多个有调音节。习练者可以将下述声母 b、p、m、f、d、t、n、l、g、k、h、j、q、x、zh、ch、sh、r、z、c、s，韵母 a、o、e、i、u、ü、ai、ei、ui、ao、ou、iu、ie、üe、er、an、en、in、un、ün、ang、eng、ing、ong，整体认读音节 zhi、chi、shi、ri、zi、ci、si、ye、yi、yin、ying、wu、yu、yue、yun、yuan 进行拼读喊嗓训练，以逐渐具备字音之口语形态。具体方式方法可按前述所言。

　　然而韵母中以 a、o、e 开头之韵母，可以前面不加声母而独立自成音节，如 ā（阿）、ài（爱）、ǎo（袄）、ān（安）、ò（哦）、ōu（欧）、é（额）等，这是朗诵习练者亦不可忽视的训练内容。

　　对之声带和发声系统之使用和保护而言，二者乃对立统一之关系。然而实则是统一在先，对立也并非对峙。良好之保护乃为使用之基，科学之使用实为最佳之保护。大可不必对声带过度保养，不让其经受任何风吹雨淋之外界刺激，从而导致声带和发声系统娇嫩异常。

　　笔者长时间的口语表达职业实践已经证明，适度地味觉刺激亦不失为一种保护，可令声带得以锤炼，以使其更结实、耐用，以及更有利于发声。如此，朗诵者不仅能够享受生活之美味，亦可视为感受了生活之百态，进而易于形成朗诵者自身之通感形象，亦更利于口语表达意识之建立。

　　于此角度而言，适度地刺激声带实为一种锻炼，也有一定益处。然而掌握住、把持好刺激之尺度，乃锤炼声带之关键。如若朗诵者稍感不适，应即刻停止职业使用和外界刺激，必要时辅以药物协助恢复。初学、初练者之于自身声带和发声系统之状态尚不够熟悉，故此法尚需谨慎尝试，以避免得不偿失。

二、字儿之道——研与践

（一）研

东汉文字学家许慎于《说文解字·序》中记："仓颉之初作书，盖依类象形，故谓之文。其后形声相益，即谓之字。文者，物象之本，字者，言孳乳而浸多也。"今译为：仓颉（人名，黄帝时期造字史官，原始象形文字创造者）在当初创造文字的时候，是按照物体类别画出形象，所以叫作"文"（本义为纹理、花纹），随后又造出会意字、形声字，以增益文字之数量，这些文字就叫作"字"（"字"的本义为生孩子）。意即"文"是最初的象形字，"字"好像这些象形字所生的孩子。孳乳：繁殖、派生，浸：逐渐，浸多：越来越多。

中华文明时间久远，然文字之文明随之时间流逝而愈加厚重。此厚，为信息渐趋丰满之厚；此重，乃情感聚集致富之重。然而历朝历代之文人雅士，以诸子百家典籍之真真切切、字字珠玑的文学造诣，更令初始之文字成了逻辑关系之基础承载，亦化为表意达情之本源。

故朗诵者对"字儿"之研习尤为重要，切不可由于对汉字司空见惯，从而等闲视之甚至视若无睹，这也是"基础不牢，地动山摇"的意义所指。

字音、字意之本体认知易于解决，抑或不应称之为问题。唯需朗诵习练者脑勤，以善于发现某些模糊字音、字意，也需手勤以随时随地查阅、检索专业之工具书，以定其音、意，进而复之于脑勤，以进入自我之记忆信息系统并使之尽量得以固化。当然以习练者博闻强识为佳，如此假以时日，朗诵便可实现了然于胸、信手拈来。然而，以哪种方式方法建立字音、字意之形象，以何种技术技巧塑造音与意之韵味，如何将韵味达之于受众，使其可生通感、产共鸣，这些都是朗诵习练者和职业者研习与践行之第一要务。

例如"如果世上只有一条河流，一定要奔腾到这里。如果世上只有一座山脉，一定要延绵到这里"两句的朗诵，都强调数词"一"，这无异议。如果第二句再突出方位词"这"，此即为"变有欠"之指，即"字儿"之变化有欠，进而导致逻辑重复、形象模糊。

因为首句朗诵的口语外化已经突出体现了"这"，第二句切不可再行重复，否则即呈板滞之感。那么该如何改变这个呆板的语言面貌呢？"延绵"一词即可解局。朗诵者可将"延绵"一词缓释处理，即将此双音节和三音节的两字词组合之字头、字腹、字尾尽量全化甚至最大化，以期从口语表达样式之层面即现"长""远"之感，以表示"延绵"之态，以诠释"不绝"之意。

如此就令受众在接收到听觉信号的第一时间即形象化，以伴生跟随感，乃至令其生发由"要我听"到"我要听"之盼，产生"我想听"的结果，岂不是两全其美？如此处理，既可避免语言链条运动状态的重复，也可以更加易于文字信息被形象化后进入受众之脑、沁润受众之脾。这是张颂先生在《朗读学》中关于"无一处无依据，无一处无变化"的技术技巧意识和行为的教导。

再如《水浒传》中鲁智深和林冲初次邂逅之时，立即就有小厮向鲁智深介绍道："这位官人是东京八十万禁军枪棒教头——林冲。"鲁智深听后肃然起敬，即拱手行礼。事实上即便在林冲被迫上了梁山，在以后的南征北战之时，各县、州府官员都曾久闻林冲的大名，无不畏惧三分。

但是对现在的读者或者受众而言，也不乏觉得林冲此人不仅武艺高强并且身居高位，实事却与社会大众惯常认知差距极大。禁军是皇家的亲兵，负责拱卫京城，守护宫廷，其职责和规制较高。据《宋史兵志》记载，截至宋徽宗的时候，全国禁军的数量确实已近八十万。然而林冲生活的北宋末年，禁军虽然号称有八十万之众，但是因为朝廷的腐败，军队缺少的员额数量很大，京师三衙（殿前司、侍卫亲军马军司、侍卫亲军步军司，合称三衙）所统也就有十多万人，实际上只有三万人左右。所以，足见"八十万禁军"实为虚数的称谓，"八十万禁军教头"更是人们对林教头表达尊重的溢美之词。而且当时的"八十万禁军教头"亦非一个教头独领八十万士兵，林冲也只是众多教头之一罢了。据考证，当时担任教头一职者多达两百七十人，而且教头的社会地位实际上是很低的。而且宋代朝政历来重文轻武，林冲的社会地位便可想而知了。

"三十功名尘与土，八千里路云和月"一句出自宋代岳飞《满江红》词上阕，此"八千里"之于彼时代、彼境况，无法进行准确的物理量层面之测算，即为南征北战之繁复历程之意，亦为虚数泛指之义也。

上述两个例子说明：汉语拼音中单韵母"a"音为最明亮、最容易发出的音素。在朗诵者口语外化之初时，务必规避生活口语中习以为常的不经意状态。所以"a"音朗诵"五元"的各层面皆不可大化，即音量不可大、音调不可高、徐疾需平常、气息应薄力、起落宜偏轻、进而规避由"八"音整体口语外化形态之大而给付于受众"很大、巨大"之形象，从而导致"不得了"的错误的韵味建立。如果是那样，便可视为由朗诵者的错误表达引发的错误传播和在错误传播之后对受众的错误引导。

前述例子中的"八十万"也好，"八千里"也罢，或汉语言中其他同类以及相反的音素，皆需朗诵者将"五元"思想意识的注意力，以准确建立口语外化形象为基础，将表达技术技巧的执行力归到科学的、不会产生歧义的韵味塑造范畴。

换言之，朗诵者不可造成文字信息的形象意味出现有悖于客观事实的失当。既要表现出豹子头林冲的确武艺高强的基本信息，也不要过分地夸大禁军教头原本不具备的社会地位；既要表现民族英雄岳飞率领千军万马对于收复大业的遥远和艰辛，更应将其赤胆忠心、以身殉国之豪情壮志的人物形象予以准确传递而不进行丝毫夸大的树立。

这就是朗诵者对文字信息中的"字儿"进行的"研"。

（二）践

中国历史悠久、人口众多、地域辽阔，百姓生活也在更迭不断、往复循环地发展。因而汉语言中逐渐产生了只通行于一定地域，却并没有独立于民族语言之外，且仅为局部地域使用的地方语言，俗称"地方话"，简称"方言"。

每一种方言具有各自的语音、词汇、语法结构系统，能够满足本地社会成员社交的需要。方言音域甚广，声调更多，为方言注音难度很大。但是，在此处提及有关方言的相关信息实为朗诵专业使用的考虑。

朗诵者来自全国各地，籍贯各异，且出生与成长的地域都有各自生发、存在并曾经和正在广泛使用之方言。即便是北京方言也与以北京话为标准音的汉语普通话有明显差异。其实全国其他各地的方言语音系统与普通话的差别形态更大，也都具备各自的不同。

其一，部分相同者有之，些许相近者有之，天壤之别者亦不在少数。

其二，缘于个人生活环境和社会氛围的原因，相对固定的生活经历已经令人们的日常口语形态基本固定化了。这就是在同乡之中可满口家乡话的根本原因，即"乡音未改"。即便离别故土来北京居住，甚至在普通话标准音的发源地生活、工作多年，仍会在不经意间流露出方言形态的字、词、音，这是人体生理记忆的储存和肌肉记忆的原因，此状也可被视为"乡音难改"。

其三，缘于社会个体自我语言天赋薄弱以及受教育程度的差别，也因为专业语言习练有欠的因素，或掺杂着个人自我感觉良好的种种原因。即便是许多曾经和正在活跃于各级各类广播电视传播机构的播音员、主持人群体，甚至是某位和某些被誉为"著名资深播音员、主持人，著名资深朗诵艺术家"的所谓的名人、名家，语音欠标准者也是数量甚巨。口语形态有悖于专业规范、自以为是和胡乱念字者数量更是惊人。

具体阐述如下：

1. 前后鼻音不分者有之

例如 in 与 ing、en 与 eng 不分，如此，普通话中"前后鼻音不分"一句即被口语外化为"前后鼻英不风"。以规范的普通话状态朗诵唐代杜甫的《春望》："国破山河在，城春草木深。感时花溅泪，恨别鸟惊心。烽火连三月，家书抵万金。白头搔更短，浑欲不胜簪。"如果前后鼻音不分的人同样朗诵这首诗的话，易被口语外化为："冲望，国破伤河在，晨冲草木生。感时花溅泪，横（取 hèng 音）别鸟金星。分火连三月，家书抵万京。白头搔更短，浑欲不甚脏。"

如果是这样，这首五律诗就很难被认知和理解了。至此，诗已不是诗，朗诵已不是朗诵了，朗诵者也不能被称为朗诵者了，因为那样的语言形态，社会大众是听不懂的，又何谈理解和感动呢？

上述现象以西北五省（区）（陕、甘、宁、青、新）、长江以南部分地域较多，以山西、内蒙古两地尤甚。这是朗读者软腭提升不够，口腔运动积极性差，打开程度不够所导致的。

习练者需强化训练如下句子：

in、ing 类：（1）生身亲母亲，谨请您就寝，请您心宁静，身心很要紧。（2）小青和小琴，小琴手很勤，小青人很精，手勤人精，琴勤青精，你是学小琴还是学小青？（3）十字路口红绿灯，红黄绿灯分得清，红灯停，绿灯行，黄绿灯亮向左行，行停停行看灯明。（4）东洞庭，西洞庭，洞庭山上一条藤，藤条顶上挂铜铃。风吹藤动铜铃鸣，风停藤定铜铃静。

　　an、ang类：扁担长，板凳宽，扁担没有板凳宽，板凳没有扁担长，扁担绑在板凳上，板凳不让扁担绑在板凳上，扁担偏要绑在板凳上。

　　en、eng类：（1）高高山上一条藤，藤条头上挂铜铃。风吹藤动铜铃动，风停藤停铜铃停。（2）桌上放个盆，盆里有个瓶，砰砰啪啪，啪啪砰砰，不知是瓶碰盆，还是盆碰瓶。（3）姓陈不能说成姓程，姓程不能说成姓陈。禾木是程，耳东是陈。如果陈程不分，就会认错人。

2. "n"与"l"不分者有之

　　例如普通话中的"南京男子篮球队"即会口语外化成"篮京篮子男球队"，"两个黄鹂鸣翠柳"亦被朗读为"niǎng个黄泥鸣翠扭"。这个现象以江淮地区（扬、泰、宁、芜）和四川为重，这是朗读者舌尖卷曲程度混乱后，被误使用所致。n音需舌尖轻抵上齿根处，l音则需舌尖轻卷抵住上齿后部之硬腭凸起处，如若两者混淆使用，则n、l二声母必不能分明也。

　　习练者对这类缺陷需要强化训练如下句子：

　　（1）盘里放着一个梨，桌上放块橡皮泥。小丽用泥学捏梨，眼看着梨手捏泥，比比真梨、假梨差不离。（2）刘郎恋刘娘，刘娘恋刘郎。刘郎牛年恋刘娘，刘娘年年恋刘郎。郎恋娘来娘念郎，念娘恋娘念郎恋郎。（3）六六妞妞去放牛，大牛小牛有六头。六六拉着大牛走，妞妞牵着小牛遛。六头牛，牛六头，六六妞妞，妞妞六六都爱牛。（4）老龙恼怒闹老农，老农怒恼闹老龙。农怒龙恼农更怒，龙恼农怒龙怕农。

3. "l"与"r"不分者有之

　　例如普通话中的"让我们高举邓小平理论的伟大旗帜"即被口语外化为"浪我们高举邓小平理论的伟大旗帜"。唐代卢照邻之排律诗《长安古意》中"别有豪华称将相，转日回天不相让"亦被口语外化为"转日回天不相浪"。这个现象以两湖地区朗读习练者为甚。这是舌尖"r"与舌尖前端卷曲"l"发音混乱所致。

习练者于此状需强化训练如下句子：

（1）"r"音夏日无日日亦热，冬日有日日亦寒，春日日出天渐暖，晒衣晒被晒褥单，秋日天高复云淡，遥看红日迫西山。（2）"l"音六十六头牛 六十六岁的陆老头，盖了六十六间楼，买了六十六篓油，养了六十六头牛，栽了六十六棵垂杨柳。六十六篓油，堆在六十六间楼；六十六头牛，扣在六十六棵垂杨柳。忽然一阵狂风起，吹倒了六十六间楼，翻倒了六十六篓油，折断了六十六棵垂杨柳，砸死了六十六头牛，急煞了六十六岁的陆老头。

还可以练习下面的句子：柳林镇有个六号楼，刘老六住在六号楼。有一天，来了牛老六，牵了六只猴；来了侯老六，拉了六头牛；来了仇老六，提了六篓油；来了尤老六，背了六匹绸。牛老六、侯老六、仇老六、尤老六，住上刘老六的六号楼，半夜里，牛抵猴，猴斗牛，撞倒了仇老六的油，油坏了尤老六的绸。牛老六帮仇老六收起油，侯老六帮尤老六洗掉绸上油，拴好牛，看好猴，一同上楼去喝酒。

4."f"与"h" 不分者有之

例如"湖南"被说成"福兰"，"福建"被说成"胡建"等。这个现象以闽、两湖，以及部分两广地区为甚，这是清辅音"f"与"h"使用混乱所致。

习练者于此状需强化训练如下句子：

（1）红凤凰，粉凤凰，粉红凤凰花凤凰。（2）黑化黑灰化肥灰会挥发发灰，黑讳为黑灰花会回飞，灰化灰黑化肥会会挥发发黑，灰为讳飞花回化为灰。（3）丰风和芳芳上街买混纺。粉红混纺，黄混纺，灰混纺。红花混纺做裙子，粉花混纺做衣裳。红、粉、灰、黄花样多，五颜六色好混纺。

5. "y"与"r"不分者有之

例如"勇敢"被说成"冗感"，古诗文中"青青子衿，悠悠我心"被口语外化为"青青子衿，rōu rōu 我心"，令人忍俊不禁。这个现象以东北三省为甚。这是朗诵习练者平卷舌声母混淆使用所致。

习练者于此状需强化训练如下句子：

尤大嫂去买肉，冉大妈去买油，尤大嫂买肉不买油，冉大妈买油不买肉。俩人集上碰了头，尤大嫂请冉大妈到家吃炖肉，冉大妈请尤大嫂去她家吃蜂蜜、白糖、香油。

6. 舌尖音发成舌边音者有之

特别是与双元音、三元音相拼时尤为明显，俗称"大舌头"（即电视连续剧《乡村爱情》里王木生的语音样态）。这个现象也以东北三省为甚。辅音应该以舌尖轻抵下齿背，而非舌面前部接触硬腭而舌面卷起发音。

比如舌面音 j、q、x 发成舌尖前音 z、c、s。像把酒 jiǔ 读作 ziǔ，把秋 qiū 读作 ciū，把象 xiàng 读作 siàng。这个现象以北京方言所常见，是"尖音"之一。北京地铁二号线站内广播中"开往西直门方向的列车即将进站"一句就被广播成了"开往 sī 直门方向的列车"即为此类尖音的辅音缺陷导致的。

纵观时下诸多活跃在各类传播机构之朗诵者、朗诵习练者，各种语音缺陷甚至是弊病林林总总、千奇百怪，进而导致了其口语外化的普通话形态尚不足以支撑和建立文字信息的正确形象。

然而更加令人忧虑的是，诸多朗诵习练者包括职业者尚不自知，且居然以自己的口语外化形态为正、为美。这个状况实在是因为个人对汉语语音的认知和感受天赋不足，习练的方式方法存在欠缺，以及使用的技术技巧出现严重错误的缘故。

客观而坦率地说,朗诵行为的发生是由作者以及朗诵者的情之所至而来。所以准确和精细这两方面就应该成为朗诵者意识和行为的必要元素,不能够以简略的和接近的状态口语外化示人,更不应该以此为练习程度不够的理由而随意地展示给大众。

朗诵者需要规范地培养本体的自我语音感,再将其融于长时间的实践习练中,以便于自我发觉语音的相对差异,进而生发出自我开掘的能力。如果能够做到这样,假以时日,朗诵者才能逐渐建立起规范的语音意识储备和准确的发声系统记忆。

此时,标准才初见;此刻,朗诵"五元"的"字儿"也就具备了。

三、气儿之道——送与动

(一)送

《说文解字》中记:"送,遣也;遣,纵也。"主要字义现在可以引申为派、送、打发。

气儿,声儿之帅也!气儿强则声儿阳、气儿弱则声儿迫、气儿顺则声儿润、气儿阻则声儿枯,进而导致声儿阳则味儿靓、声儿迫则味儿涩、声润则味儿俊、声儿枯则味儿苦。

因为,气儿是口语外化的声音之基,气儿为声音信号的形象之本,气儿乃朗诵表达韵味之魂。对朗诵者而言,气息方式方法之建立和气息技术技巧之运用则为声儿、字儿的初始;对朗诵行为而言,气儿的状况是左右劲儿的条件、气儿的形态则为韵味的塑造和存在的手段。

气息的"总运动"可以被称之为"送"。此处的"总",是口语外化时自始至终不曾间断,也是在形之于"声儿"的时候,朗诵者控(收敛)纵(释放)的双向运动，更指朗诵者生理需求与口语表达的双重意义。

所以，朗诵活动专业的气息绝非日常生活的惯常之态，实乃裹挟着专业表达的规定性和传播要求的特定性。

笔者长久的理论学习和职业实践证明：朗诵习练者掌握和使用胸腹式联合呼吸法确实是朗诵专业气息运用问题的解决之道。联合，此处应该释义为胸腔呼吸与腹腔呼吸联系起来，不分散。在习练伊始，朗诵者以日常生活的呼吸状态正常吸气，此时由于肺部进气胸腔渐次膨胀，进而持续地吸气，习练者此时在肚脐下面三指（俗谓之"丹田穴"）处用力收敛腹部，以承接胸腔延展扩大的空间。

此时腹腔前部实为渐瘪塌的状态，所生的力量给付腹腔两侧使之膨大。这个膨大的空间其实并没有积聚气息，实际上是在为呼气时候腹腔的收敛提供动力之需。然而朗诵习练者在因为发声使用而导致气息外行的时候，胸腔首先被徐徐腾空，此时需要借助腹腔收缩的力量鼓动胸腹间的横膈膜协助挤压胸腔用力，以最大限度地将吸进之气送至咽喉部位，以使声带生发出可供朗诵声音所需要的振动，进而在外化形之于声儿。

如此，朗诵习练者可坐拥徐徐而来的气息，以全面应对文字信息口语外化的需要；也是因为如此，才可以令声儿断但气儿连成为可能；更因为这样，才可使声儿暂断，然而不影响意思和韵味的连贯。

基于这个气息运用的技术技巧，朗诵习练者更应该关注于胸腹式联合呼吸这种方式方法的实践意义。战国时期楚国诗人、政治家屈原于《卜居》中述："夫尺有所短，寸有所长，物有所不足，智有所不明，数有所不逮，神有所不通，用君之心，行君之意。" 释义为：所谓尺有它不足的地方，寸有它的长处；物有它不足的地方，智慧有它不能明白的问题，卦有它算不到的事，神有它显不了灵的地方。您（还是）按照您自己的心，决定您自己的行为（吧）。

此理对朗诵习练者而言也可以借鉴并使用。虽然胸腹式联合呼吸法于口语表达气息的使用益处良多，但是并非天下无敌。其实朗诵实践暂且还没有万全之法，对朗诵的人文属性而言，也恐难有一法而化全篇的锦囊妙计，故而这个方式方法亦非所有的技术技巧都能够适应的，也绝非凡被朗诵的作品都能够通用的。"用君之心，行君之意"，在此处应该意指朗诵者需依文字的具体情况进行具体分析。

例如在朱自清的散文《春》中："小草偷偷地从土里钻出来，嫩嫩的，绿绿的。园子里，田野里，瞧去，一大片一大片满是的。坐着，躺着，打两个滚，踢几脚球，赛几趟跑，捉几回迷藏。风轻悄悄的，草软绵绵的……" 这段文字是对初春户外新草萌发的描写，长久以来广受欢迎。这一段落之所以广受欢迎缘于作者文字使用与表述手法的自然化、生活态、口语状，故而朗诵运用的气息完全可以趋向生活口语的样态，没必要以深厚程度的"气儿"进行徐疾猛烈的运动，否则既有违于早春时天地万物的形象，也会有悖于新绿破土而出之时那种惬意的大众视觉感受。

然而，对口语外化这个专业而言的"用君之心，行君之意"可以建立哪些意识感受和行为举动呢？君之心，乃诵读者之情的初始；用，为表达意识的轻重与静动；君之意，是诵读者欲求的志趣选择；行，则为方法与技术的使用。

再如"君不见，黄河之水天上来，奔流到海不复回。君不见，高堂明镜悲白发，朝如青丝暮成雪"两个长句诵读的技术技巧，就是一定要用好胸腹式联合呼吸法才行的。这是因为在诗篇伊始的两组排比长句的文意指向所致，它们有如天风海雨般迎面扑来，气势豪迈至极。黄河源头遥远，绵延不绝，落差也是极大的，它们好像从天而降，一泻千里，东入大海。这个景象的壮阔，并非是读者的肉眼能够实际见到的，此情此景是诗人李白的想象所致，可谓"自道所得"，言语中带有的夸张也就实为"君之心"。

上句写大河的来，势不可当；下句写大河的去，态不可回。这一涨一消，形成了舒卷往复的咏叹之味。而下句的"君不见高堂明镜悲白发，朝如青丝暮成雪"，恰似一波未平，一波又起。前两句为空间范畴的夸张，后两句则是时间范畴的发扬，用以慨叹人生的短暂。

作者暂时不直言自己感伤生命的情怀，却说"高堂明镜悲白发"，这显现出一种对着镜子自照手抚两鬓却无可奈何的情态。此处诗人将人生由青春至衰老的全程简而言成了"朝"与"暮"之事，将原本短暂的时限表现得愈加短暂。与前两句将原本奔放的形象描述得愈加奔放相比，这是"反向"之夸张，此处恰恰都是"君之意"。

所以开篇的两个排比长句既有相较之意——以河水一去不返喻人生之易逝，亦有反衬之用——以黄河之久远壮阔喻出生命之渺小脆弱。

通过上述的意识分析，才令这首诗的开篇呈现出一种悲戚至极、惊心动魄的巨大力量，然而这也是因为以长句排比开篇手法的气势感所成就的。试想一下，如果不使用胸腹式呼吸法，朗诵"五元"的形态建设必将远远不能呈现出大河滚滚运动的气势，如果不令气息于胸腹联合中产生，受众的接纳必将无以与"君之心""君之意"构成逻辑层面的同一，继而文字信息的内在与外延也必将尽失！如果是那样，该怎样表述文字之意，又应该如何达成朗诵之情呢？

生活状态中的呼吸使用要与朗诵的气息递送相剥离，口语呼吸的通常状态应与专业表达的气息遣派相有机。

这就是"气儿"之道的"送"。

（二）动

"动"，与"静"相对，意指改变原来的位置或脱离静止时的状态。

朗诵行为"气儿"之动可以理解为"送"之同，同用途、同价值、同目的，

139

然而更应理解为气息使用的"多向、立体"的意义指向。气息的持续抒发为"送"，气息的徐疾变化为"动"，气儿之"送"为气儿之"动"的领统，气儿之"动"则贯穿于气儿之"送"的始终，二者共同合作以建造朗诵口语外化气息运用的总成。

朗诵之文字组合变化万千，之于朗诵习练者气息"动"之运用，需以形象塑造为分别，需以韵味建设为源而类型化。恰到好处之"动"方为表意之"动"，如约而至之"动"才是达情之"动"，恰到的和如约的实为气息"动"的综合运用。

再以"君不见，黄河之水天上来，奔流到海不复回。君不见，高堂明镜悲白发，朝如青丝暮成雪"二句诗为例。"君不见"，仅仅三个字，句型短小，朗诵者的气息开始发动，暂不需要主动换气就足以供后续接连之用。此处的"动"可以称为气息的"顺气儿"，就是指以已有的气息量为基础，完全可以继续使用的气息。接续的"黄河之水天上来，奔流到海不复回。君不见，高堂明镜悲白发，朝如青丝暮成雪"一句中各字词之间的停连都可以运用"顺气儿"的技术技巧。

这就是"顺气儿"之道。

又如"我是你河边上破旧的老水车"一句中，"破旧的老水车"以三个形容词"破旧、老、水"作为"车"的修饰语以示此时"水车"破败不堪、无力汲水灌溉之态。故而三个形容词都需要以充足但乏力的气息、深沉但无力度的劲道进行口语外化。此处虽为一句的中间，然而仍需在"上"字完结之后进行换气处理，重新组织较充足的气息，以供给三个修饰语，以便令它们被外化成大颗粒的字词嗓音形态。

这就是"换气儿"之道。

再如"岑夫子，丹丘生，将进酒，杯莫停"一句中，乃四个三字短语构成一个呼唤用途的意思逻辑。所以此时在四个短语成分之间就不需要由主观换气而产生过多的停顿，只需要以下继上、以后继前，实现声暂气连、气断意连之态，就能够表示出"被强烈要求多喝酒的人是谁"和"被强烈地邀请是什么目的"的意思了。

这就是"就气儿"之道。

再如"关关雎鸠，在河之洲。窈窕淑女，君子好逑。参差荇菜，左右流之。窈窕淑女，寤寐求之"四句的描写，只为表达寻觅美好爱情之意。所以每一句于口语外化之时皆应以一个相对固定的逻辑关系开始建立，再最终达成。在文本中"关关雎鸠"之后虽然有逗号，但是在诵读的时候理应打破标点符号的限制，以连贯处理为宜，气息也不需要做明显的调整。

这就是"借气儿"之道。

顺气、换气也好，就气、借气也罢，对朗诵活动的运用与朗诵者的表达实践而言，这四个技术技巧都不可以任意而为，这四种方式方法也不能够一概而论。"顺、换、就、借"四者之中你中有我、我中有你。

就全篇朗诵作品而言，也应纵观全文的韵味塑造而择机而用、择机而定。四者单独或交替和交叉运用，皆应以表意之需为计划，四者立体抑或综合运用，也应以达情之需为筹谋，进而可以实现张颂先生于《朗读学》中"无一处无变化，无一处无依据"和"朗读不应只是简单地念字"这一训诫。

这就是"气儿"之道的"动"。

四、劲儿之道——控与纵

（一）控

《说文解字》中记："控，引也；引，开弓也。"

对朗诵活动而言，劲儿是气息在成于声音之后的外化感受，可轻慢，可重疾，可轻中有重，亦可重中有变而不一，全依表达之需而议。

对朗诵者而言，则需以"控"来确定，以"制"来掌握，需要在建立文字信息的内心视像之后，将口语表达的愿望搁置在情中。好比搭弓纫箭于弦上，暂时引而不发、引而待发或据需而发，双臂呈发力开弓之态，但箭镞仍被两指控于弦上，力量虽在肩臂，矢的虽在眼前，然而并未瞬间全部释放。

在通篇文字的诵读时，更需要往复多次重复这一过程，以令文字信息外化的感觉呈现出接续的劲道，进而令受众的接纳感受字字有新力量、句句有新气象，以利于受众情感运动的跟随不弱化、不遗落、不堕失，直至全篇诵读的完成。

舒婷的著名诗作《祖国啊，我亲爱的祖国》："我是你河边上破旧的老水车，数百年来纺着疲惫的歌，我是你额上熏黑的矿灯，照你在历史的隧洞里蜗行摸索；我是干瘪的稻穗，是失修的路基，是淤滩上的驳船，把纤绳深深勒进你的肩膊——祖国啊！我是贫困，我是悲哀，我是你祖祖辈辈，痛苦的希望啊，是'飞天'袖间 千百年未落到地面的花朵——祖国啊！我是你簇新的理想，刚从神话的蛛网里挣脱；我是你雪被下古莲的胚芽，我是你挂着眼泪的笑涡，我是新刷出的雪白的起跑线，是绯红的黎明，正在喷薄——祖国啊！我是你的十亿分之一，是你九百六十万平方米的总和；你以伤痕累累的乳房，喂养了，迷惘的我、深思的我、沸腾的我；那就从我的血肉之躯上，去取得，你的富饶、你的荣光、你的自由——祖国啊，我亲爱的祖国！"

这首诗作每一节的首句"我是你河边上破旧的老水车，我是贫困，我是你簇新的理想，我是你的十亿分之一"都是作者情感之"兴（xing）"，是写作的起始。每节末句的"祖国啊！"其实是该节诗作情感运动的小结，而不是下一节部分的开端。这个例子也需要朗诵者将情感掌握在胸中，并通过胸腹式联合呼吸法的运用，将气息力道的大小、强弱、轻重的循环往复，给付于发声系统，以供外化成为声音形象。

即便朗诵行进到最后一句"祖国啊，我亲爱的祖国！"的时候，因为这是作者内心情感的全部释放，那么就需要以之前三节诗作中的各部分力道控制的叠加，再呈现出最后的爆发之态。如若不然，情感运动必将稀疏、零散，口语外化的形象逻辑必将混乱不堪。

"劲儿"之控不扰"气儿"之动，"劲儿"之控亦不耽"声儿"之送，"劲儿"之控更不误"字儿"之用，这就是"控"之道。

（二）纵

《说文解字》中记："纵，缓。缓即舒也。"

对朗诵行为而言，舒与缓，意指语言在外化行进时候"劲儿"的回弹。回，并不是不再去，实为复往；弹，也并非不返，实为重建。

复往，是朗诵五元之"声儿、字儿、气儿"的再次集合、组织和外化、行进；重建，是接续文字信息形象和韵味的再设计、再制作、再塑造。复往有根基，重建有目的，犹日常生活中之海绵体，既可接受落体之重力，亦能赋予落体以返回之力量，从而助其实现再次运动。

复往，是朗诵者的意识在"往"之前即存有信息表述的约定；重建，是朗诵者在口语外化之前就已经为实现作品通篇逻辑关系的完整，而在思想意识层面的预设。

例如在"我是你簇新的理想，刚从神话的蛛网里挣脱"这两句中，"簇新的理想"是重点，需突出表达。然而这句短语在口语外化之后即呈下落、暂停之态。这时朗诵者的心理、生理乃至身体"劲儿"的状况，即可理解为"劲儿"之"回弹"。此处口语形态的"下落和暂停"实为接续"刚从……"一句之文字信息逻辑之起点、根基，继而"刚从……"一句以"控"的状态继续进行口语表达外化后直至完成这两句的意群朗诵。

那么"簇新的理想"又将如何？未来又将会怎样呢？这时候"刚从……"一句就成了上述三个疑问的答案，进而落至"挣脱"之后就构成了那两句完整的信息逻辑，这就是"纵"之后"重建"的目的。

又如"簇新的"与"理想"，当前者朗诵声音落后即为"纵"，旋即接续之后者"理想"即成为"纵"之目的。这二者也在共同实现簇新的理想这一时间概念以及由此时间概念所限定的物象——"理想"之全貌，继而又成为"刚从……"一句的根基。

对朗诵者而言，心理意识要认知，以使朗诵五元的"气儿"做到及时供给、有诵必应，生理状态需调整，以令"声儿"可达成随心所欲、随情所用之目的。这样一来，句子成分和短语构成的各个逻辑部分，不论字数多少，都能够形成彼此互为"根基与目的"的口语外化形态了。同理，"簇新的"三字也是如此。

缓而不慢、舒却不堕、亦缓亦舒、彼此黏合，这就是"纵"之道。

五、味儿之道——悟与共

（一）悟

《说文解字》中记："悟，觉也；觉，悟也。"

社会大众的日常生活经验已经表明，不论珍馐美味或家常厨羹，咸，都是凡此种种菜品的基本口味儿。"心"上之"咸"，方为"感"，开始可以理解为基本味儿，这是"味儿"的基础之道，也是"悟"之源。

根据隶定字形解释：正，会意字。"一"字意为一天下、天下定于一、天下一统；"止"字意为止步。"一"与"止"联合意为征战止步于天下一统之时，本义指为统一天下而战，引申为天下统一，现代再引申义为基准、目标、标准、榜样等义。

故而"正悟",即规范的觉察和感悟。然而要想得到规范的"觉"和"感",首先必须获得关于标准的认知。这也是"皮之不存,毛将焉附"一语的因果逻辑和相互依存的意义所指。

1. 真感乃为正悟之基

《说文解字注》中记:"真,仙人变形而登天也。"这是"真"的本义,亦指探究与追求的自然之道,后引申为未经人为的东西,即本原、本性。对朗诵行为而言,何为"感"?这是建立口语外化基本形象的必要元素。

对朗诵者而言,如何在形之于声之前,就先让自己知文字信息之味儿,继而在朗诵行进之中表达意识逻辑之味儿,从而令受众能同时和同质量地感受其味儿,有赖于朗诵者所持所用的文字信息到逻辑关系转换过程的方式方法。

例如如何将"白雪"一词朗诵出"寒冷"之感?白雪,作为冬季寻常的天气现象,大众司空见惯,然而朗诵者在开口之前,在口语外化之时,心中意识的"白雪"应该是一种什么形象?被朗诵作品中的"白雪"应该是一种什么样貌?可以是点点滴滴的零星小雪或是纷纷扬扬的鹅毛大雪,也可在落地后是即刻融化成水或是由于天寒地冻随即冷凝成冰。此"白雪"之于受众感受而言乃欣喜、欢迎或为忧烦、厌恶,亦可为"千里冰封,万里雪飘"之壮阔之雪抑或"孤舟蓑笠翁,独钓寒江雪"之凄凉、孤寂之雪等。

上述种种关于"白雪"的意识研判都应该成为朗诵者在思想意识层面的技术技巧和口语表达范畴方式方法的思量和遴选。对朗诵者而言,文字信息形象的预设是思想意识层面的首要问题,需要朗诵者对文字作者创作的时代背景、个人信息、写作目的、作品的历史和社会影响等诸如此类的信息进行最大限度的了解,以便做到感同身受,以利于朗诵者成为文字信息之转述者。

朗诵"五元"中"声儿、字儿、气儿、劲儿"的运用是作品"味儿"的形象塑造之必要和不可或缺的元素，因为它们四位可以令受众在第一时间达成与文字信息之间的联通。朗诵者首先要成为文字信息向声音信号的转换者，才能够成为将文字情感向受众传播的传递者。

2. 准识是为正悟之源

《说文解字》中记："准，平也。"意指古人以水平仪测量物体倾斜度，指针处于正中位置时，其倾斜度即为"零"。此类"指针停固在零度位置"之状方为"准"，即"水准"之意。本义为指向确定，目标不再游移，引申义为"朝着确定的方向走，按照既定的方针办"的意思。

再以苏轼《水调歌头》其中一句"但愿人长久，千里共婵娟"为例。此句原本表达中秋月圆之日、阖家团圆之时，作者对远方胞弟苏辙（字子由）的牵挂，现在多被后人理解为表达恋人之间的相思之情。

因为年代的久远，社会大众将历史上的某些文学作品的寓意进行自我认知范畴与美化方向的延伸，也无可厚非。但是对朗诵者而言，理应认知和感悟作者创作此句的本源之意即"兴"之所在，方可成为口语外化的正确依托，否则在朗诵之时必定形成偏颇，这就是"准识"的意思所指。

又如先秦（周）的四言诗《诗经·邶风·击鼓》中"…… 执子之手，与子偕老……"原本表达了两位战士在即将踏上战场，开始厮杀之际相互关于生命和安全的约定，即希望和期待彼此都能够顾全生命，安然归乡。它记录了在"古来征战几人回"的社会氛围中普通兵卒之间可以苟活于世后依然友谊长存的情感诉求。

如果人们认为这一句不是在表述"战友之情"的话，那么其他若干句，譬如"击鼓其镗，踊跃用兵"中，"镗"（tāng），击鼓的声音，象声词；"踊跃"，跳跃刺杀的样子；"兵"，兵器、刀剑。这些类别的字词以及所衍生的物象又应该做何认知呢？又可以怎样去理解呢？

对"执子之手，与子偕老"一句，虽然现在已经被社会大众广泛地认知为有关爱情恒久的约定，但是对朗诵者而言，理应给予其本源意指层面的关注，方为对文字信息的准识。

再如北宋秦观《鹊桥仙》词"两情若是久长时，又岂在朝朝暮暮"，也已经被理解为"只要两情至死不渝，又何必贪求卿卿我我的朝欢暮乐呢？"仿佛意指未来彼此还会在一起，且已被今人广泛用于爱情之美好约定。殊不知，此句的原意是作者在被贬谪的路上与长沙歌女别离时的无可奈何之语，具备深刻的伤感、凄绝之意。

凡此种种，不一而足。无商不奸，应为"无尖不商"，意指米商常将谷米堆出尖状以让利于百姓；"嫁鸡随鸡，嫁狗随狗"，原本应为"嫁乞随乞，嫁叟随叟"；"舍不得孩子，套不着狼"此俗语源于川方言"舍不得鞋（hái）子，套不着狼"，意指不辛苦在路途上追寻，就没有收获。

这类认知都是因为社会大众不求甚解、人云亦云所致。

又如"人不为己，天诛地灭"，"为"实乃发阳平调 wéi，修为之意，是"做人如果不好好修为自己，就会为天地所不容"的意思，并非"人活着就是要自私自利，处处应为自己着想"之义。

又如"量小非君子，无毒不丈夫"中"毒"字应读"度"，即去声调 dù，为大度、胸襟、格局的意指，出自关汉卿元杂剧《望江亭》中"便好道：量小非君子，无度不丈夫。"这也是误传误解了。原本之意应该是大丈夫要有足够的度量与格局，容人所不能容，才算真正的大丈夫。如今却被严重地曲解为要够狠、够阴毒才是大丈夫。这也是误传、误解。

再如"女子无才便是德"一句，"无"，动词，释为虽有才，心里却要自视若无才。原本的意思应是（真正）有才德的女子，却不显露才干，甚至自谦自己无才，这是一个女子最大的才德！然而今天却被误解为女子不应该有才华，甚至女子不该读书学文化，无才能的女子才算是有德的！

凡此种种，都属于非"准识"之类。虽然朗诵者在思想意识层面不乏可以了解其被延展、美化后义指，但是更应该认知和感悟到文本信息本源的诠释。如此才是"准识"，也才可以成为口语外化的正源而被正确地运用。朗诵者不可马虎，更不应该玩笑。

3. 恰表方为正悟之达

清代训诂学者钮树玉在《说文新附》中记："恰，用心也。"

对朗诵者而言，用心而为的口语外化行动才是经过了标准、规范感悟之后的语言表达现象。那么什么才是"用心而为"呢？即朗诵者以文字信息的感悟为依托来调动朗诵"五元"的前四者即"声儿、字儿、气儿、劲儿"，用以建立口语外化之客观形象，塑造可实现表意达情的科学韵味。

那么，如何将"白雪"朗诵出"寒冷"之感呢？

如果是点点滴滴的零星小雪，"白雪"二字的"气儿"应以徐起为宜，还应该关照"白"字的韵母是最响亮、易发的双元音 /ai/；"声儿"则应以收敛为宜，以免过于响亮进而削弱"点点滴滴的零星"小雪的纤弱之态；"字儿"之字头、字腹、字尾以"到"为宜，也不必叼得太紧、拉得太开、归得太急；"劲儿"起时应以"小巧颗粒"为依，落时应以"清凉、静谧"为据，以塑造出小雪的数量少且下落之时质量不重的"味儿"。

如果是纷纷扬扬的鹅毛大雪，"白雪"二字的"气儿"则应以深厚的徐起为宜，且有计使用而不必疾；"声儿"可开放使用，以"中度偏大"和有力的气息支撑为宜；"字儿"的字头、字腹、字尾都可以规范地练习两字词的形态叼准、拉开、归住；"劲儿"起时应以"洋洋洒洒"为依，落时应以"飘飘荡荡"为据，以塑造出鹅毛大雪数量巨大且质量沉重的"味儿"。

如果此"白雪"在落地之后是即刻融化成水的天气临时变化产生的雪，则"气儿"应以忽起的短促为宜，气息虽有计，然而此"计"是无常的；"声儿"以略加暗淡为宜；"字儿"的字头、字腹、字尾以处理清楚、可闻即可；"劲儿"起的时候即为其力道落下之际，以此来塑造出这个"白雪"稍纵即逝、突然出现的临时之"味儿"。

如果此"白雪"是由于天寒地冻随即冷凝成冰之雪，则此二字之"气儿"应进行最为深沉的徐起，以便成为后续"气儿"的顺序继起的铺垫，但是此"起"与"继起"既有序亦有计且无须"疾"；"声儿"以"中重、浑厚"为宜；"字儿"之"头、腹、尾"三部分以充分叼准、拉开、归住为宜；"劲儿"则在起之时应考虑这个"白雪"的长久存在，进而塑造出天地之间冰封雪锁的冷酷"味儿"。

如果此"白雪"对受众的感受而言是欣喜、欢迎之味，则口语外化时的"气儿"则应以轻浅的"徐"为起之序，以灵巧之动为"疾"之计；"声儿"的颗粒感不宜粗糙；"字儿"的三部分处理以口腔靠前吐出为佳；"劲儿"起的时候应以土壤期待久旱逢甘霖之感为依，落之时以冬雪化春雨、润物且无声为据，以塑造出生机勃勃的欣欣然之"味儿"。

如果受众感受到这个"白雪"为忧烦、厌恶之意，此时之"气儿"则应以顿挫之徐为序，以短促有力之疾为计；"声儿"亦不必明亮而宜拖沓甚至略加暗哑为适；"字儿"之三部分之拼读可以稍快处理；"劲儿"之起时以中重之中并裹挟嫌弃之感为依，落之时以躲避之态为之据，以造大众有恐"降雪会有碍出行安全抑或其他方面之生活不便"之"味儿"。

如果此"白雪"是"千里冰封，万里雪飘"的壮阔之雪，则此处口语的"气儿"则应以深沉之"徐"为序，以不竭之"疾"为计；"声儿"应以既明亮又浑厚且富于变化为宜；"字儿"的三部分宜完全打开，"叼、拉、归"宜充分完整；"劲儿"起之时应以辽阔为依，在落之时宜以广博为据，以此来塑造出"此白雪天气的时间与空间很巨大"之"味儿"。

如果此"白雪"乃"孤舟蓑笠翁，独钓寒江雪"的凄凉、孤寂之雪，"气儿"则需以浅薄之"徐"为序，需以浮动之"疾"为计；"声儿"应以颗粒较大而虚化为宜；"字儿"的三部分处理力度不宜过大，可以听清即可；"劲儿"起时以寂静为依，落时以凄清为据，以塑造出孤单无助感，进而营造出伤感之"味儿"。

另据唐代笔记小说集《隋唐嘉话》中记："水调"二字最初源自隋炀帝命人开凿京杭大运河之典故，至唐朝之大曲名有"水调歌"，凡大曲者必有"歌头"，乃始为"大曲"，后取唐《水调歌》序之第一章，故曰水调歌"头"。所以现在来看，"水调歌"虽为古词牌名，然而后世也将其第一章文字的平仄格律寓意为一个新的词牌名，即后来的《水调歌头》。

所以对朗诵者而言，将其作为词牌名在口语朗诵"水、调、歌、头"此四字之时，"歌""头"二者之间应有明显变化。应以停顿或虚实之变化加以间隔、区分，以表示出"首先、开头"之感，以示有别于唐时"水调歌"大曲之意。这才是准确、恰切的意思表示。这个信息也应该被朗诵者、习练者和职业者所了解、掌握，这在思想意识层面的认知上也是有用的，对口语外化范畴的朗诵表达也是有益处的。这样的理解和执行才是正确的。

（二）共

《说文解字》中记："共，同也。"

对朗诵者而言，应该可以作为"通感和移意"的认知和感悟。

钱锺书先生于《通感》一文中记述："在日常经验里，视觉、听觉、触觉、嗅觉、味觉往往可以彼此打通或交通，眼、耳、舌、鼻、身各个官能的领域可以不分界限。颜色似乎会有温度，声音似乎会有形象，冷暖似乎会有重量，气味似乎会有锋芒。"此言意义十分重大。

在此讲述一个关于"境界"的故事：

炎炎烈日下三位泥瓦匠正在汗流浃背地一同砌墙。这时一位小孩子好奇地问："你们在做什么呀？"第一位泥瓦匠气愤地说："你没看见我在砌一堵墙吗？"第二位师傅无奈地说："我在盖一间房子呢。"第三位师傅则乐呵呵地说："我正在建一座漂亮的城市啊！"

据此故事可以生发出如下的认知和感受：三位泥瓦匠同时同地在做着同一件事，又同时回答同一个问题，然而他们的答案大不相同。第一位泥瓦匠回答的内心标的是一座房子的组成部分，就是墙壁；第二位的内心指向是可供生活和居住的完整处所，就是房子；第三位的内心理想却是一个可赖以生存和发展的精神家园即城市。

三位泥瓦匠的答案不仅仅给出了视觉和物理层面的不同，而且给出了三位在思想意识层面里对自己在炎炎烈日下劳动的终极认知不同。

境，地方、区域；界，一定的范围。这就是"境界"。

这个"境界"的例子很容易延展并生发出在文化、文学、文艺领域关于"意境"的概念认知，因为两者具有相同、相通和相融的认知和认同感受。

"意境"是中国古典文论中的用语，是一个常见的美学概念。它是指文艺作品中客观景物和主观情思在融合之后形成的感觉指向范畴。换言之，文字的"意境创造"可以理解为作者文字表面的意思表示可以涵盖和能够到达的，可置于精神层面的范围。

朗诵者在朗诵活动的全过程都应该进行各种感受的共通与各个意境的移动，

以便能为口语外化成"味儿"的建设和塑造所用。

那么朗诵者具体应该怎么做呢?

1. 与时间共通

时间,是物质运动、变化的顺序性和持续性的表现,是物质运动的存在形式,是物质运动过程的持续性和接续的秩序。它兼具客观性和无限性。

春江的流淌、夏湖的荡漾、秋波的妩媚、冬雪的寒凝,这不仅是"水"作为物质存在的四种形态,也都是"时间"概念与其自然变化运动的顺序使然。

然而对社会大众而言,不论是对春江水暖的期盼或是夏湖荷香的徜徉,也不论是在秋波妩媚中的沉醉抑或是感受冬雪寒凝的冰冷,这四种"水"的存在形态与变化既不会也不能因为某位社会个体或者某些社会群体的好恶而随之任意更改。这不仅是时间的存在和持续,也是"与四时合其序"的意义指向。

又如人体的生命由生殖细胞结合继而在母体中孕育、娩出,而后又加之父母的抚育和师长的教诲,继而又进入社会生活中,这也是一个顺序和接续的时间运动变化过程。这些都宛若晨阳初升、落日西下,恰如月盈月亏、潮起潮落、候鸟的南去北归,都是有赖于时间的运动规则,即便亘古与越今,都是没有办法违背的。这不仅是时间的规律,也是"与日月合其明"的意义所指。

对朗诵者而言,不论被朗诵的文字体例是什么样的,也不论作品创作于何时、何地,都应该以打通其与各个时间节点的形态,以表达作者本源的意思表示为要害。"仰观宇宙之大,俯察品类之盛",春、夏、秋、冬永远都在持续着以组成"四时之序"。然而春江的水、夏湖的水、秋波的水和冬雪的水,仅仅是"水"在物理范畴中的顺变,而绝非"水"的本质在属性层面上的更改。

再如童年的生长、青年的壮实、中年后的成熟和老年之后的亡故,也只是因为生命的肉体形象和状态随着时间的流变而导致的嬗变,而不是人体生命中精神存在流逝。简言之，人还是那个人，只是已经不是曾经的那个人。此处可以用一句词来比喻："雕栏玉砌应犹在，只是朱颜改。"

对朗诵活动在口语外化之前、之中、之后"味儿"的塑造而言，春水的乍暖还寒、夏湖的柔和温热、秋波的妩媚沉醉、冬雪的冰冷凝重都应该成为朗诵者在口语外化之前的"内心视像"，都应该成为朗诵"五元"中的四位声儿、字儿、气儿、劲儿的意识生发与谈吐运用的依据，也都应该成为朗诵者表意达情起始时候而塑造出的可以被受众接纳和回味的"味儿"。

这些既是"共"的感悟重点，也是口语外化后韵味产生的要旨。

2. 与空间共融

空间，是物质存在的一种客观形式，由长度、宽度、高度表现出来，与"时间"相对，通常指四方、上下。

笔者寓居北京多年，和数以两千万计的社会大众共住在燕山南麓、永定河畔，而且脚下踏着同一片土地，日复一日、年复一年，日出而作、日落而息。

殊不知，自2014年年底却有一泓南来的清水开始流入京城百姓之家，陪伴着街坊四邻的柴米油盐，构成了男女老幼的春秋冬夏。时至今日已经历时八年多的时间，也有超过1200万群众受益。这些都仰仗着一个叫作"南水北调"的工程，这就是空间的大变通。

殊不知，这样巨大的清水出荆鄂、越中原、跨燕赵、绕津门、入京畿，它们借助自然、科技和人力的手段奔袭一千四百余千米后才滋养了京城的黎庶万户，这也是地域的大流动。

殊不知，这样汩汩清水中的风云是如何形成的，水汽怎样得以降落，也不论一勺一湾的汇集抑或一潭一泽的积累，这些经过工匠的修筑与泵行的运输、接力还有倒换，终于成为沿途各地百姓的生命之需、生活之养，这更是民众的共享。

这个例子恰恰说明同一种物质在跨越了遥远空间之后，因为位置没有间断和接续地移动，从而构成了另一空间的同一类群体的生命共融。所以，南起与北止的两地民众通过这个重大的工程，才建立起了跨越空间的情感诉求——调出地域的水源与到接纳家庭的清泉，付出之地民众劳作的辛苦与获得之域百姓使用的幸福，荆鄂之地甘泉流涌的不竭与京畿之域大众获得便利的感谢。

凡此种种关于时空的思量与大众情感的需求都应该成为朗诵者对"南水北调"这个事例在口语外化过程中全部的内心视像。

美国气象学家爱德华·罗伦兹（Edward·Lorenz）1963年在一篇提交给纽约科学院的论文中分析了"蝴蝶效应"。其基本阐述为："一只南美洲亚马孙河流域热带雨林中的蝴蝶，偶尔扇动几下翅膀，可以在两周以后引起美国德克萨斯州的一场龙卷风。"

究其原因就是因为蝴蝶扇动翅膀的运动导致其身边空气系统发生了变化，并产生出微弱的气流，而这样微弱气流的产生、运动，又会引起四周空气或其他系统产生相应变化，由此引发出了一个连锁反应，最终导致其他系统例如狂风暴雨等的极大变化。

然而对朗诵者口语表达的思维预备而言，"君不见，黄河之水天上来，奔流到海不复回。君不见，高堂明镜悲白发，朝如青丝暮成雪"这一句中，"黄河之水"之所以能够形成携带着滚滚波涛、呈现出汹涌东流入海之势，也绝不仅仅因其发源地入海口的距离，一定还有沿途中所有地域的降水量和地下水流一并汇集的原因。

换言之，就是空气在天地空间的运动与气象的变化使然，一地、一处的降水里并不是仅仅是此地、此处的风云汇聚，实为各地、各处气象变化所导致的。

又如杜甫所作五言律诗《春望》中"感时花溅泪，恨别鸟惊心"一句，通常被大众认知为在感动、感怀的时候，花仿佛也在流眼泪；在怨恨、悲愤的时候，飞鸟也会伤心。其实正确的理解应该是当作者看到因为多年"安史之乱"导致国都长安破败景象后的内心伤感在精神世界里的情感挪移，是一种睹物思情的结果。

所以"与空间共融"就是对过去、当下乃至未来，跨越时空的两地抑或多处所辖的各个社会，由于某一物质的流动而产生了情感运动，进而实现的共通。彼此双方的生活内容与生命质量也因为这样的流动转化成了时间范畴的延展，进而又构成了空间尺度的互融。

此处再用一句词来形容就是："问君能有几多愁？恰似一江春水向东流。"

3. 与时空相逢

现代哲学观点界定：时空是时间与空间的简略集合名词，即时间加空间。

时空是物质运动的方向和速度，比如光线经过引力场时，光子会改变其运动方向和速度。

时空也是物理学、天文学和哲学的基本概念。

在物理学中，这些概念是从对物体及其运动和相互作用时空的测量和描述中抽象出来的，涉及物体及运动和相互作用的广延性和持续性。然而在哲学层面上，空间和时间二者的依存关系却表达着事物的演化秩序，其所涉及的发散性概念有《周易》里的"乾坤"、道家的"道"，以及孔孟之道和现代的大成智慧。

时间的内涵是无尽的，外延是各个时刻顺序或各个有限时段长短的测量数值。

空间的内涵是无界的，外延是各个有限的空间相对位置或大小的可量化数值。

二者实际上是物质量的存在表现，即质量生空间，空间生时间，而时间又生万物，涉及人类全部之文化内涵。这个道理与中国传统哲学著述《道德经》中的宇宙生成论之"道生一，一生二，二生三，三生万物"的理念不约而同。这也表明了全人类跨越地域、国度、民族的时空差异之后所形成的大一统哲学思想。

　　战国时期著名思想家、哲学家，法家代表人物韩非于《韩非子·显学》中记：
"宰相必起于州部，猛将必发于卒伍。" 州部，为古时基层行政单位；卒伍，
乃士兵之行伍。此两句名言之大意为：宰相一定从基层州部兴起，猛将一定从基
层卒伍发端。

　　这句话可以理解为：一般干部对基层州部的政治规矩和执政理念有切身的经
历，低阶士卒对行伍部队的军事条例和行为条令也有亲历的实感，此时基础的经
历与实感可以作为彼时发达成长后的资历和资本。因为州部与士卒基层历练过程
中的所见所闻、所知所感可成为其成长为宰相抑或猛将之后的宝贵财富，借此也
能够预判其所带领的团队成员的所作所为，继而才具备了成为更高阶的行政长官
治国安邦与一方卒伍的统帅来指挥千军万马的意识和行为的可能。

　　沿着上述例句的意思表示，当一个人的社会身份随着时间的改变而变了，其
服务处所也随着空间的变化而发生了位移。于是，作为生活于社会中的自然人的
生命价值也都因为这些时空的"变"而生发出了相应的"换"。时间的延展和空
间的变换，造就了时空与生命体的共通，它们相互作用、影响，进而实现了共融。

　　所以对朗诵者而言，某一个体或者群体在初始时刻与发展变化后的外在形态
和内心情感，都需要成为朗诵活动的认知源头和内容感受，而且这两方面的精神
活动应该贯穿于口语外化之前，并持续在外化行进之中和朗诵表达完成之后。

　　例如人民文学出版社2008年7月第3版《红楼梦》第三回"贾雨村夤缘复旧职，
林黛玉抛父进京都"中的一段："一语未了，只听后院中有人笑声，说：'我来
迟了，不曾迎接远客！'黛玉纳罕道：'这些人个个皆敛声屏气，恭肃严整如此，
这来者系谁，这样放诞无礼？'" 这段文字记录了林黛玉到京在第一顿晚餐之
后与王熙凤相见之前的声音环境和内心活动。

　　对朗诵者而言，需要进行认知和感悟的是：是谁可以在如此等级森严和规矩

繁缛的封建大家庭中能够做到在众人面前大声和无忌讳地说笑？是谁又在即将初次会见远道而来客人之前即可"未见其人，先闻其声"？此刻会见之中的情态与会见后的相处状况读者便可想而知了，答案是王熙凤。

这是因为这个人的表现和她与封建大家庭中地位最高的贾母相处的方式，以及"凤辣子"的谐称，才更加立体地说明这人必定是"与众不同"的。这个认知和感悟也应该被朗诵者心知肚明。

其实文字中的记述就已经让上述问题的答案初露端倪："这些人"意指家中诸多丫鬟、嬷嬷、小厮等下人。虽然"这些人"后的"个个"二字原本就已经表明了"全部"之意，但是紧接的一个"皆"字最为精妙，它递进和加重地表明了"恭肃严整如此"的数量和范围是所有人。如此的文字信息则毫无遗落地体现了"凤辣子"的家庭角色和地位。

又如"这个人打扮与众姑娘不同：彩袖辉煌，恍若神妃仙子。头上戴着金丝八宝攒珠髻，绾着朝阳五凤挂珠钗，项上戴着赤金盘螭璎珞圈，裙边系着豆绿宫绦双衡比目玫瑰珮，身上穿着镂金百蝶穿花大红洋缎窄褙袄，外罩五彩刻丝石青银鼠褂，下着翡翠撒花洋绉裙。"

再如"黛玉连忙起身接见。贾母笑道：'你不认得他，他是我们这里有名的一个泼皮破落户儿，南省俗谓作"辣子"，你只叫他"凤辣子"就是了。'"

根据以上的文字讲述，对朗诵者在诵读前的意识准备和口语外化之时对朗诵"五元"的运用而言，需要认知到这位"来者"确实是非同凡响之人。这种意识的建立不仅因为此人在会晤黛玉前的先声夺人，也缘于此人的头饰、首饰、服饰、肤色、容貌、眼神、声音，以及与这个大家族中地位最尊贵的贾母对其称谓（凤辣子）等多角度、全方位、立体式的"与众不同"。

所以，对当今的诵读者而言，"皆"字需要作为重点词加以口语突出。这是诵读传播之要，更为大众表达之需，亦为朗诵之专业规定性。这段文字虽然是诞生于 1756 年前后的长篇章回体小说，所含的人物和故事也繁杂又久远，但是至今仍可以在其中捕捉到适用于当代社会的人情世故和社会情理。

这就是汉字可以用来进行信息表述和沟通的民族情感中的共同，也是汉语言可以存留于民族的历史文化承载中的共用。这些都应该被朗诵者视为文字信息所蕴藏的意味，结合朗诵中的时空概念，给付到口语外化行为中。

下　篇

经典作品朗诵解析

理论与实践恰如飞鸟的两翼，意识与行为仿佛车辇的双轮，不可或缺、共生共存。

对某一专业领域的整体意义而言，它们关系是不可或缺的也是相辅相成的，彼此之间你中有我、我中有你，互为有源之水、有本之木。理论可以指导实践，实践又能反哺理论。换言之，意识是行为的初始，而且实践和行为又可以在它的行进和发展中调整、修正理论和意识的走向，进而丰富意识形态的内涵。

朗诵作为语言表达活动的高级形态，拥有其自身的专业规定性和职业特定性，即源于中国播音学体系的"内三外四"和"大众表达"。"内三外四"即内心视像、对象感、潜台词，重音、停连、语气、节奏。"大众"即运用汉语言的全体社会成员。"大众表达"中的"表"，是朗诵者的口语外化行为；"达"，是指社会大众对朗诵者所传递出来的声音信息可以产生源于思想意识层面的共鸣和精神情感范畴的感动。

常言道："光说不练，假把式；光练不说，傻把式；又练又说，真把式。"

这一篇将对经典的和为社会大众所熟知的四个类别的 16 篇（首）古今文学作品的朗诵意识和行为，展开解析型备稿和例证性说明。换言之，以下的这些文字表述都应该是朗诵者在进行口语外化之前的案头事务或者内心预备。

综上，这一篇将通过全面地分析研究声儿、字儿、气儿、劲儿、味儿的"朗诵五元"理论达成和提出口语外化实践中的具体方式方法，用以鉴证"五元"理论在指导汉语言朗诵技术技巧过程中的科学性、系统性和实践性。

第一节 典籍圣训类

朴素至淳 历久弥真——《诗经》三首朗诵解析

清代学者方玉润所著《诗经原始》卷一有云："读者试平心静气，涵咏此诗，恍听田家妇女，三三五五，于平原绣野、风和日丽中，群歌互答，余音袅袅，若远若近，若断若续，不知其情之何以移而神之何以旷。则此诗可不必细绎而自得其妙焉。""重章叠句"乃为《诗经》文字之最显著特点，甚至某些诗句彼此之间仅仅替换了个别几个字词而已，其他部分均相同或相近。

对朗诵者而言，需要仔细甄别句中之意、诗中之序、诗句中之逻辑，以及句与通篇之关系，切勿受重章叠句之扰。口语外化之时应在并列中寻变，于相近或相同中择化，在整齐与相对的格律中找寻变化，极力规避停连的盲从与节奏的趋同，以利于塑造诗句意境的久远态，更可便于建设此类文字语言的素雅之"味儿"。

《诗经》是我国古代诗歌的开端，是最早的一部诗歌总集。这里面集合了西周初年至春秋中叶（公元前 11 世纪至前 6 世纪）的诗歌共 311 篇，其明确作者现已无从考证，相传为尹吉甫采集、孔子编订。此集于先秦时期称为《诗》，或取其整数称为《诗三百》，后于西汉时被尊为儒家经典，方称为《诗经》，并沿用至今。

《诗经》从文字内容层面分为《风》《雅》《颂》三个部分：《风》是周代各地的歌谣；《雅》为周人的正声雅乐，又分《小雅》和《大雅》；《颂》是周王庭和贵族宗庙祭祀时所使用的乐歌，又分为《周颂》《鲁颂》和《商颂》。此集内容极为丰富，反映了劳动与爱情、战争与徭役、压迫与反抗、风俗与婚姻、祭祖与宴会，甚至天象、地貌、动物、植物等方方面面，是周代社会生活的真实写照。

彼时的商朝统治者纣王暴虐昏庸实行的奴隶制经济制度。然而西周朝建立后，为缓和生产关系与生产力之间的矛盾，弱化阶级斗争，遂将奴隶制变更为农奴制。正如王国维先生于《殷商制度论》一文中所言："中国政治与文化之变革，莫剧于殷周之际……殷周间的三大变革，自其表而言之，不过一家一姓之兴亡，与都邑之转移。自其里言之，则旧制度废而新制度兴，旧文化废而新文化兴……"所以后来的西周较之殷商时期，由于经济制度的巨大变更而促使周朝的社会文明产生了质变。

而作为那个时代文学代表的《诗经》，不仅成为精神文明进步的必然产物和劳动大众思想意识的集萃，同时它又反作用于社会，从而促进了社会文明的进步。继而催生和出现了既合乎自然，更契合人性的男女情歌，例如《关雎》《蒹葭》，还有同仇敌忾的英雄战歌，例如《无衣》。这是朗诵备稿当中的"概括主题""联系背景""明确目的"。

关于《诗经》朗诵"五元"的技术技巧和口语外化基本态举例如下：

《国风·周南·关雎》

关关（象声词，喻指鸟叫声）雎鸠（jū jiū，水鸟），在河之洲。窈窕（yǎo

tiǎo，品德和容貌都美好的女子）淑女，君子好逑（hǎo qiú，良好的追求对象）。参差（cēn cī，长短不齐的样子）荇（xìng，水草）菜，左右流之。窈窕淑女，寤寐（wù mèi，醒和睡，喻指日夜）求之。求之不得，寤寐思服。悠哉悠哉，辗转反侧。参差荇菜，左右采之。窈窕淑女，琴瑟友之。参差荇菜，左右芼（mào，选取）之。窈窕淑女，钟鼓乐（yuè，使……快乐）之。

今译为：关关鸣叫着的雎鸠鸟，在河中的小沙洲上。贤德又美貌的女子，才是君子的最好伴侣。长短不齐的水草，（我在）左边一下、右边一下不停地采着（隐喻不停地追求"淑女"）。贤德又美貌的女子，日夜（都令我）难以忘怀。追求不到她，让我日夜都会思念。想来想去停不下来，（让我）翻来覆去也睡不着。高低不齐的水草，（我在）左边右边不停地采摘（隐喻追求"淑女"）。贤德又美貌的女子，（我）奏起琴瑟表达爱慕之意。高低不齐的水草，左边右边（不停地）去拔它，贤德又美貌的女子，（我）敲钟、击鼓（为了）取悦她。

第一层次，由景生情、以情发愿。

（气儿实缓吐）关关雎（稍延）鸠，在（拖长）河之（稍重）洲。（气儿虚轻吐）窈窕（中重）淑（连）女，君（暂停）子（全）好逑。

第二层次，以生活中之行为作类比复而移意至情感层面。

（气儿虚宽吐）参差荇（延，稍明亮）菜，（两字等重）左右流之。窈窕淑（全）女，（中重）寤寐（延长）求之。

第三层次，求取和追寻的心理活动过程记录。

（气儿实缓吐，劲儿转折）求之不（稍扬起，虚落）得，（等重）寤寐思（延长）服。

第四层次，写追求的具体行为方式。

悠哉（拉开）悠哉，辗转反（虚落）侧。（缓起）参差荇菜，左右（稍重）

采之。窈窕淑女，（气儿足疾吐）琴瑟友之。

第五层次，增加追求的行动内容，以示喜爱之强烈和成功之决心。

（气儿实徐吐，劲儿重起）参差（稍重）荇（连）菜，左右（中重）芼之。（劲儿总结感，拉开）窈窕淑女，钟（字儿全）鼓（中重，稍明亮）乐（轻落）之。

《诗经·秦风·蒹葭》

蒹葭苍苍，白露为霜。所谓伊人，在水一方。溯洄从之，道阻且长。溯游从之，宛在水中央。蒹葭萋萋，白露未晞（xī，干涸）。所谓伊人，在水之湄。溯洄从之，道阻且跻（jī，高而陡）。溯游从之，宛在水中坻（chí，水中的高地）。蒹葭采采，白露未已。所谓伊人，在水之涘（sì，水边）。溯洄从之，道阻且右。溯游从之，宛在水中沚（zhǐ，水中的小土地）。

今译为：茂密的芦苇啊，白露在它们结成霜。我心里想念的人，就在河水那一边。逆流而上去寻找她，道路崎岖又漫长。顺流而下去追寻，（她）宛如就在水中央。茂盛的芦苇啊，（上面的）露水还没有干。我心里想念的人，就在那岸边。逆流而上去寻找她，道路崎岖危险。顺流而下去寻找，（她）仿佛就在水中的小岛上。芦苇茂密长在水边，露水还在。我心里想思念的人，就在河水的岸边。逆流而上去寻找，路很难走。顺流而下去寻找，（她）好像就在那沙洲。

第一层次，以略带凄凉之感描写河边景色，以为后续之铺垫。

（气儿深徐吐，字儿窄发，拉开）蒹葭苍苍，（连）白露为霜。（气儿实疾吐，劲儿确定感）所谓（稍重，宽发）伊人，在水一方。溯洄（中重）从之，（连）道阻（劲儿并列）且长。溯（全）游（中重）从之，（连）宛（延）在（三字等重，缓落）水中央。

第二层次，记录了追寻伊人的艰难过程，却孜孜以求。

蒹葭（中重）萋萋，白露（气儿实，稍明亮）未晞。所（稍重）谓伊人，（连）

在水之湄。（两字等重）溯洄从之，道（字儿全）阻且跻。溯游（稍重，扬起）从之，（缓）宛在（暂断）水中（缓落）坻。

第三层次，继续追求的急切和努力，表达了对美好爱情的希冀和求之不得的惆怅心情。蒹（延）葭（气儿虚缓吐）采采，（拉开，劲儿稍重）白露未已。所谓（气儿足徐吐，字儿宽发）伊人，在（全）水之涘。溯洄（稍重）从之，道阻（劲儿并列感）且右。溯游从（气儿实疾吐，字儿宽发、急收）之，宛（气儿虚，字儿全；缓停）在水中（稳落）沚。

《国风·秦风·无衣》

岂曰无衣？与子同袍。王于兴师，修我戈矛，与子同仇！岂曰无衣？与子同泽。王于兴师，修我矛戟，与子偕作！岂曰无衣？与子同裳。王于兴师，修我甲兵，与子偕行！

今译为：怎能说没有衣服穿呢？（我）与你同穿（一件）战袍。大王出兵去征战，修整我那戈与矛，我与你的目标是同一个敌人。怎能说我们没衣服穿呢？（我）与你同穿（一件）战衣。大王出兵去征战，修整我的矛与戟，我与你一同出发。怎能说没有衣服穿呢？与你同穿（一身）战裙。大王出兵去征战，修整盔甲与兵器，我与你一同前进。

第一层次，侧重表达战友间的问候。

（气儿足徐吐，缓起渐入）岂曰无（劲儿中重，字儿宽发）衣？与子（稍重，字儿全）同袍。（连贯）王于兴师，（暂停）修我（疾连）戈矛。与子同（字儿全）仇！

第二层次，着重诉说战友间的共同目标。岂（气儿实疾吐，字儿窄发）曰（字儿全，劲儿中重）无衣？与子同（稍重）泽。（连）王于兴师，（短促）修我矛戟。（连）与子偕（气儿虚徐吐，字儿短促）作！

第三层次，主要流露战友间的同仇敌忾的信心。

岂曰（气儿足疾吐，劲儿不可置疑）无衣？与（字儿全，劲儿稍轻）子同（稍重）裳。（延）王于兴（稍重）师，（短促）修我甲（气儿足疾吐，字儿重，劲儿疾落）兵。与（全）子（气儿足徐吐，字儿拉开）偕（缓落，劲儿下行）行！

高屋建瓴 万经之王 ——《道德经》列举八章朗诵解析

《道德经》的作者老子，姓李名耳，字聃（dān），楚国苦县厉乡曲仁里人，春秋时期伟大的哲学家、思想家和道家学派创始人。

《道德经》是一部哲学著作，其先于中国古代先秦诸子各家成为体系之前诞生并成为道家哲学思想的重要来源。它对中华传统哲学、科学、政治、宗教都产生了深刻影响，是中国历史上最伟大的名著之一。

《道德经》以哲学意义的"道德"为宗纲，论述了修身、治国、用兵、养生之道，又以国家政治为归旨，衍生为"内圣外王"之学，故而文意深奥、包涵广博，被誉为"万经之王"。

作者老子生长于春秋、战国时期，彼时环境乃周朝势微，各诸侯为争夺霸主地位，战争频仍。严酷的动乱与变迁，让老子目睹到百姓的疾苦，其身为周朝守藏史，于是提出了一系列治国安民的政治主张，以为君王之所用，以为民间之所学。这就是"联系背景""明确目的"。

而"为人处事要像水一样不争，才是最善良的""倡导简朴、宁静的生活方式""时刻保持谦逊，不可张狂""倡导隐忍""为人处事切忌急躁，要脚踏实地""有真知且不张扬""了解外部，认识自身""舍己利人"这些则是即将举例解析段落的"概括主题"。

以下节选自《道德经》的典籍语句朗诵的技术技巧和口语外化基本态如下：

第八章

上善若水。水善利万物而不争，处众人之所恶，故几于道。居，善地；心，善渊；与，善仁；言，善信；政，善治；事，善能；动，善时。夫唯不争，故无尤。

今译为：最善的人好像水一样。水善于滋润万物而不与万物相争，停留在众人都不喜欢的地方，所以最接近于"道"。最善的人，居处最善于选择地方，心胸善于保持沉静而深不可测，待人善于真诚、友爱和无私，说话善于恪守信用，为政善于精简处理，能把国家治理好，处事能够善于发挥所长，行动善于把握时机。最善的人所作所为正因为有不争的美德，所以没有过失，也就没有怨咎。

第一层次，讲述水最基本的特征和作用。

（重点，气儿中，稍重）上善若（次重点，气儿虚，双元音韵母不宜明亮，暂停、总括感）水。（连，解释感）水善利（中重，字儿拉开）万物而不争，（赏声，轻）处（短促）众（延长）人之所（wù，声儿实，轻落）恶，（连，答案感）故几于（气儿虚、缓吐）道。

第二层次，记录了最善的人（圣人）的日常行为。

（起始感，气儿实、徐吐，字儿宽发）居，善地；心，善渊；与，（稍重）善仁；（中间的接续起始感）言，善信；（顿）政，善治；（连）事，善能；动，（缓落）善时。

第三层次是结论，作者老子提出了"善利万物而不争"的著名思想。

夫唯（重点，气儿实、宽吐）不争，故（拉开）无尤。

第十二章

五色令人目盲，五音令人耳聋，五味令人口爽，驰骋畋（tián，种田或打猎）猎令人心发狂，难得之货，令人行妨。是以圣人为（wèi，以……为目的）腹不为（同前）目，故去彼取此。

今译为：缤纷的色彩，使人眼花缭乱；嘈杂的音调，使人听觉失灵；丰盛的食物，使人舌不知味；纵情狩猎，使人心情放荡发狂；稀有的物品，使人行为不轨。因此，圣人但求吃饱肚子而不追逐声色之娱，所以摒弃物欲的诱惑而保持安定知足的生活方式。

第一层次，说明日常生活行为给人造成的不利影响。

（气儿实缓吐，慢起，两字等重）五（拉开，拖长，稍顿）色令人（重点，气儿实宽吐，两字等重）目盲，五（重点，气儿足缓吐）音令人（字儿全）耳聋，（重点，稍重）五味令人口（气儿足疾吐，字儿拉开，后稍顿）爽，（两组两字词等重）驰骋畋（tián，种田或打猎）猎，令人（重点，气儿实，字儿宽发）心发（次重点）狂，（连，气儿虚，缓起）难得之货，令人行（重点，稍重，字儿全）妨。

第二层次是结论，倡导简朴、宁静的圣人思想。

是以圣（暂顿）人（中重，勿明亮）为腹（转折感）不为目，故（中重）去彼（并列感）取（气儿实疾吐，字儿宽发）此。

第十五章

古之善为道者，微妙玄通，深不可识。夫不唯不可识，故强（qiǎng，勉强）为之容：豫兮若冬涉川，犹兮若畏四邻，俨兮其若客，涣兮其若冰之将释，敦兮其若朴，旷兮其若谷，混兮其若浊。孰能浊以静之徐清？孰能安以动之徐生？保此道者不欲盈。夫唯不盈，故能蔽而新成。

今译为：古时候善于行道的人，微妙通达，深刻玄远，不是一般人可以理解的。正因为不能认识他，所以只能勉强地形容他说：他小心谨慎啊，好像冬天踩着水过河；他警觉戒备啊，好像防备着邻国的进攻；他恭敬郑重啊，好像要去赴宴做客；他行动洒脱啊，好像冰块缓缓消融；他纯朴厚道啊，好像没有经过加工的原料；他旷远豁达啊，好像深幽的山谷；他浑厚宽容，好像不清的浊水。谁能使浑浊安静下来，慢慢澄清？谁能使安静变动起来，慢慢显出生机？保持这个"道"的人不会自满。正因为他从不自满，所以能够除旧更新。

第一层次，提出论点。

（缓起）古（拖）之（重点，中重）善为（稍重）道者，微妙（并列感）玄通，（稍重，暂顿）深（短促）不可（延）识。

第二层次，展开论据。

夫（延）不唯（短）不可识，故强（qiǎng，勉强）为之（延）容；豫兮（短）若冬涉（全）川，犹兮若畏（两字全）四邻，俨兮其若（稍重）客，涣兮（延）冰之（果断）将释，（稍扬）敦兮（延）其若（全）朴，旷（延）兮（断）其（全）若谷，混兮（延）其（促）若浊。

第三层次，完成论证。

（扬起）孰能浊以静之徐（全，平，连）清？孰能（稍明亮）安以（短）动之（延）徐生？（延）保（稍重）此道（连）者，不欲盈。夫唯（中重）不盈，（延）故能（暂停）蔽而（宽发，平）新（缓落）成。

第二十二章

曲则全，枉则直，洼则盈，敝则新，少则得，多则惑。是以圣人抱一为天下式。不自见，故明；不自是，故彰，不自伐，故有功；不自矜，故长。夫唯不争，故天下莫能与之争。古之所谓"曲则全"者，岂虚言哉？诚全而归之。

今译为：委曲便会保全，屈枉便会直伸，低洼便会充盈，陈旧便会更新，少取便会获得，贪多便会迷惑。所以有道的人坚守这一原则作为天下事理的范式。不自我表扬，反能显明；不自以为是，反能是非彰明；不自己夸耀，反能得有功劳；不自我矜持，所以才能长久。正因为不与人争，所以遍天下没有人能与他争。古时所谓"委曲便会保全"的话，怎么会是空话呢？它实实在在能够达到。

第一层次，说明人的行为和意义。

（缓起，平）曲则（字儿全）全，（中重）枉（稍重）则直，（顿，勿明亮）洼则盈，敝则（稍明亮）新，（重起感）少则（连）得，多则（缓落）惑。是以（短促）圣人抱（重点，气儿实，字儿宽发）一为（两字拉开）天下（次重点，稍明亮，缓落）式。不（稍重，宽发）自（连）见，故明；不自（中重，连）是，故（暂缓）彰；（重起感）不自（暂缓）伐，故有（连）功；不自矜，故（字儿全，缓落）长。

第二层次，提出"人行为处事要谦逊"的观点。

夫（扬起）唯不争，故天下（稍重）莫能与之争。古之所（中重）谓"（拉开）曲则全"者，岂（气儿实宽发，稍明亮，拉开）虚言哉？诚（字儿全，暂停）全（稍缓）而（慢落）归之。

第二十四章

企者不立，跨者不行，自见者不明，自是者不彰，自伐者无功，自矜者不长。其在道也，曰余食赘形。物或恶之，故有道者不处。

今译为：踮起脚跟想要站得高，反而站立不住，迈起大步想要前进得快，反而不能远行，自逞已见的反而得不到彰明，自以为是的反而得不到显昭，自我夸耀的建立不起功勋，自高自大的不能做众人之长。从道的角度看，以上这些急躁炫耀的行为，只能说是剩饭赘瘤。因为它们是令人厌恶的东西，所以有道的人决不这样做。

第一层次，列举了行为方式与其相反的作用。

（气儿实缓吐，声儿慢起）企（暂缓，因果感）者不立，跨者不（稍重）行，（中重）自见（缓）者不明，自（中重）是者不（稍重，连）彰，自伐者（中重）无功，自矜者不（拉开，暂停）长。

第二层次，以"道"的标准来审视诸多行为方式的错误。

其在（中重）道也，曰（两个两字词等重）余食赘形。物或（稍亮，拉开）恶之，故（气儿足疾吐，字儿全）有道者（短促，肯定语气）不处。

第二十七章

善行无辙迹，善言无瑕谪，善数不用筹策，善闭无关楗（jiàn，插门的木棍子）而不可开，善结无绳约而不可解。是以圣人常善救人，故无弃人；常善救物，故无弃物。是谓袭明。故善人者，不善人之师；不善人者，善人之资。不贵其师，不爱其资，虽智大迷，是谓要妙。

今译为：善于行走的，不会留下辙迹；善于言谈的，不会出现过失；善于计数的，用不着竹码子；善于关闭的，不用栓梢而使人不能打开；善于捆缚的，不用绳索而使人不能解开。因此，圣人经常挽救人，所以没有被遗弃的人；经常善于物尽其用，所以没有被废弃的物品。这就叫作内藏着的智慧。所以善人可以作为恶人的老师，不善人可以作为善人的借鉴。不尊重自己的老师，不爱惜他的借鉴作用，虽然自以为聪明，其实是大大的糊涂。这就是精深微妙的道理。

第一层次，行为与智慧的关系。

善（稍重）行无辙（连）迹，善言无瑕（连）谪，（重起感）善数不用筹（连）策，善（稍重）闭无关楗（jiàn，插门的木棍子）而不可（暂缓）开，善结无绳（拉开）约而（短促）不可（缓落）解。（稍扬）是以（中重）圣人常善（稍重）救人，故（拉开）无弃人；常善（中重）救物，故无（稍重）弃物。是（暂停冒号感）谓（两字等重）袭明。

第二层次，提出收敛自身、不可张扬的观点。

故善人者，（劲儿肯定）不善人之（稍重，并列感）师；不善人者，（连）善人之资。不（稍重）贵其师，不爱其（中重）资，（稍扬起）虽智（中重，转折感）大迷，是（拉开，归纳感）谓（重点，稳落，稍延）要妙。

第三十三章

知人者智，自知者明。胜人者有力，自胜者强。知足者富，强行者有志，不失其所者久，死而不亡者寿。

今译为：能了解、认识别人叫作智慧，能认识、了解自己才算聪明。能战胜别人是有力的，能克制自己的弱点才算刚强。知道满足的人才是富有的人，坚持力行、努力不懈的就是有志。不离失本分的人就能长久不衰，身虽死而"道"仍存的，才算真正的长寿。

第一层次，讲述了对人与对己的区别。

（缓起）知人（延）者（短促，劲儿判定感）智，（气儿实宽发，稍重）自知者（延）明。（劲儿并列）胜（拉开）人者有（中重）力，（稍重）自胜者（延）强。

第二层次，得出"道"的意义。

知（拉开）足者富，（稍重）强行者（劲儿答案感）有志，不失其（稍重）所者（中重，字儿全）久，（气儿虚缓发）死而不（气儿足徐吐，拉开）亡者（气儿缓，劲儿肯定）寿。

第八十一章

信言不美，美言不信。善者不辩，辩者不善。知者不博，博者不知。圣人不积，既以为人己愈有，既以与人己愈多。天之道，利而不害。圣人之道，为而不争。

今译为：真实可信的话不漂亮，漂亮的话不真实。善良的人不巧说，巧说的人不善良。真正有知识的人不卖弄，卖弄自己懂得多的人不是真有知识。圣人是不存占有之心的，而是尽力照顾别人，他自己也更为充足；他尽力给予别人，自己反而更丰富。自然的规律是让万事万物都得到好处，而不伤害它们。圣人的行为准则是，做什么事都不跟别人争抢。

求教劲儿，声儿虚）季氏~将有（稍重）事于（声儿虚，劲儿轻、隐蔽感）颛臾。"
（劲儿稍扬起、转折感，声儿实、稍重）孔子曰：（气儿足缓吐，温和劲儿）"求！
无乃（稍重）尔是（中重）过与？（连贯劲儿）夫颛臾，昔者~（字儿全）先王\以
为东蒙（声儿虚）主，（连）且在邦域之（气儿足缓吐，声儿实，字儿全）中矣，
（劲儿稍连，字儿短促）是社稷之（声儿实，劲儿平向右）臣也。（劲儿疾扬起，
声儿实，字儿半全）何以（字儿半全，声儿明亮，急迫、疑惑劲儿）伐~为？"
冉有曰："（气儿虚缓吐，字儿阴平调，无奈劲儿）夫（轻）子\（稍重）欲之，
（声儿中重）吾二（字儿半全，声儿稍轻，劲儿延）臣~者（字儿短促）皆（气
儿足徐吐，声儿实，字儿拉开）不欲也。"

第二层次，师者开始提出论据以陈利弊。

（气儿实缓吐，持久劲儿）孔子（声儿稍托，迟缓劲儿）曰："（气儿实疾吐，
声儿虚，劲儿下落）求！周（字儿稍重）任~有言\曰：'（气儿实疾吐，劲儿重）
陈力~（气儿实疾吐，劲儿中重）就列，（字儿短促）不能~者（气儿实疾吐，
字儿全，劲儿坚定）止。'（字儿全，转折劲儿）危\而不持，（连）颠而不（暂
停劲儿）扶，（气儿实缓吐，字儿全，结果劲儿、延）则~将（气儿足缓吐，声
儿明亮）焉用（声儿虚，字儿全、拖长，劲儿急迫）彼相矣？（连）且尔（稍重）
言（劲儿中重、平移后下行）过矣。（劲儿重起，两字等重）虎（延）兕~出于（气
儿足缓吐，声儿中明亮，字儿拉开）柙，（连，劲儿并列，两字等重）龟玉（劲
儿中重，字儿半全）毁于（劲儿稍重，字儿拉开）椟中，是\（声儿明亮，字儿全）
谁~之（劲儿稍重）过与？"（气儿实缓吐，声儿虚，字儿缓起，劲儿怯怯感）
冉有曰："今~\夫颛臾，（声儿实，字儿短促）固\而近于~费（bì）。（连
劲儿，字儿宽发，声儿稍明亮）今不取，（气儿实疾吐，字儿宽发，劲儿判断）
后世（声儿稍明亮，字儿全，劲儿肯定）必（声儿稍明亮，字儿半全）为~子孙（气

第一层次，介绍了社会大众的行为。

（促）信（延）言不美，美言（拉开）不信。善者（气儿实徐吐）不辩，辩者不（气儿实疾吐）善。（劲儿重起，拉开）知者不（字儿全）博，博者（短促）不知。

第二层次，讲述了圣人的行为。

（中重）圣人不（气儿足宽发）积，（暂停）既（延）以为（两字等重）人己（短）愈（拉开）有，既（暂缓）以与人己（中重）愈（延）多。

第三层次，通过两方面比对，得出了自然规律和圣人的行为准则。

（劲儿起始感，拉开）天之道，（短促）利而不（平）害。圣（稍重，全）人之（轻）道，（中重）为而不（稳落）争。

上述所解析的八段内容均是这部"万经之王"中的经典段落。然而对今天的人们而言，圣人之语论理朴素而广博，寓意深奥又久远。对现在的朗诵者而言，《道德经》还为诗歌体之行文样式，词句整齐、基本押韵，颇具音韵之美，读之不仅朗朗上口，还易诵易记。它体现了汉民族文字和语言所携带的音韵之美。

例如"有无相生，难易相成，长短相形，高下相倾"（第二章）、"虚其心，实其腹，弱其志，强其骨"（第三章）、"挫其锐，解其纷，和其光，同其尘"（第四章）、"其政闷闷，其民淳淳"（第五十八章）……这些语句不仅押韵而且平仄相和、既有音韵美亦有旋律美。其间所述的内容，结构更为严谨生动，所以建议在朗诵的时候不要高声大嗓，应徐疾有序、起落有度。

文本中还有许多并列句式排布其间，就更需要朗诵者厘清彼此间"起""落"的相互"依"和"据"，寻求"气儿"的平衡控纵。所以《道德经》的诵读适合通过娓娓道来的声音形态在缓行中稳进，以呈现循循善诱的"味儿"，只有这样才能在朗诵的声音行进和音韵的变化中，令受众体味到深刻的哲理之妙。

娓娓道来 诲人不倦——《论语》列举十四篇朗诵解析

《论语》成书于战国前期，为中国古代思想家、教育家，儒家学派创始人孔丘（孔子）及其弟子的语录结集。孔子去世后，由其弟子及再传弟子把孔子与其诸位弟子的言行和思想记录下来编写而成，是孔门弟子集体智慧的结晶。全书以语录体为主、叙事体为辅，较为集中地体现了孔子的政治主张、伦理思想、道德观念及教育原则等，被后人奉为儒家之经典。

孔子的"仁""礼"道德学说主张"人道"和"礼制"精神，成了后世长期以来遵循的秩序和制度之基，在政治、经济、教育、史学、美学等领域对中华文明和世界文明的影响都极其深远。这是对《论语》的"概括主题、联系背景、明确目的"。

《论语》所载的言辞简约却意蕴深远，因孔子身处与诸多弟子研习、交流之语境，故而语气多为温暖训导之态，朗诵之时理应体悟这种感觉，以利于建设和塑造出循循善诱之感，浮现出圣人教诲的"味儿"。有关其"层次、重点、基调"的说明将融于"技术技巧"解析之中。

以下《论语》中十四段典籍语句朗诵的技术技巧和口语外化基本态为：

《论语·八佾篇》

子曰："人而不仁，如礼何？人而不仁，如乐何？"

孔子说："一个人没有仁爱之心，遵守礼仪有什么用？一个人没有仁爱之心，要礼乐有什么用？"

（延）子（气儿轻，声儿忌明亮）曰："（重点词，气儿实徐吐，声儿中重、明亮多胸腔共鸣，劲儿延长）人\而（字儿短促，劲儿转折感）不（次重点，声儿稍重，劲儿下落以别于重点词）仁，（稍拖长）如～礼（气儿足疾吐，声儿中重，劲儿慢起）何？（字儿全，劲儿并列感）人～而（中重）不仁，如～（气儿足徐吐，字儿拉开，中明亮）乐（劲儿缓落）何？"

《论语·里仁》

子曰："朝闻道，夕死可矣。"

孔子说："早上明白了仁义之道，晚上为它去死也可以。"

子曰："（气儿实疾吐，字儿中重，声儿明亮，劲儿结实稍延）朝闻道，（稍重）夕（气儿足疾吐，声儿稍重，字儿全，劲儿拉开、赏声上扬）死（字儿延长，劲儿下落）可（轻，需别于"可以"的"以"，以免受众误解）矣。"

《论语·里仁》

子曰："君子喻于义，小人喻于利。"

孔子说："有道的君子通晓大义，无道的小人只懂得追求小利。"

子曰："（气儿实疾吐，声儿明亮、中重）君（字儿全）子～喻于（气儿足徐吐，稍明亮，字儿宽发）义，（字儿全，劲儿明显的转折感）小（轻）人喻于（气儿虚落，声儿中重，劲儿下行）利。"

《论语·里仁》

子曰："见贤思齐焉，见不贤而内自省也。"

孔子说："见到贤德之人就要向他（她）看齐、学习，遇见没有贤德的人就在自己内心醒悟以避免自己的不贤言行。"

子曰："见（气儿足徐吐，字儿稍亮，劲儿稍重、向上斜行，前鼻音"n"向上折转）贤～\ 思（气儿实徐吐，字儿宽发）齐（轻）焉，见（气儿实疾吐，字儿短促，劲儿中重）不（稍延）贤 \ 而（稍重）内（气儿实疾吐，声儿明亮，字儿宽发）自（轻，赏声音变为阳平）省也。"

《论语·雍也》

子曰："质胜文则野，文胜质则史，文质彬彬，然后君子。"

孔子说："质朴多于文雅就会野蛮，文雅多于质朴就会呆板，文雅与质朴都有分寸，才能成为君子。"

子曰："（气儿实徐吐，声儿缓入，字儿短促）质＼胜（气儿足疾吐，字儿全，声儿中度明亮，劲儿平向右）文～则（字儿全且短，劲儿疾转折）野，（劲儿转折、对比感）文（气儿足疾吐，劲儿重且下行）胜（稍重）质＼则～（轻）史，文＼质（声儿稍明亮，字儿中重，劲儿平向右）彬彬，然（气儿足疾吐，劲儿重，稍延长）后～（劲儿平，稳落，两字可相等）君子。"

《论语·泰伯》

引述曾子言："士不可以不弘毅，任重而道远。仁以为己任，不亦重乎？死而后已，不亦远乎？"

曾子说："读书人不可以不宏大、刚强而有毅力，因为他责任重大，道路遥远。把实现仁作为自己的责任，难道责任还不重大吗？奋斗终生，死而后已，难道路程还不遥远吗？"

引述曾子言："士（气儿实疾吐，字儿短促，劲儿重）不～可以＼不（气儿足缓吐，两字全、等重，劲儿扬起）弘毅，（稍连）任重～而道（字儿全）远。仁＼以为～己（气儿实疾吐，字儿全，劲儿重）任，不（中重）亦（气儿足疾吐，字儿全，劲儿先平继而疾落）重～乎？死而（劲儿 中重）后（劲儿稍重）已，不亦（气儿足缓吐，这字儿全；劲儿平、延）远乎？"

《论语·子罕》

子曰："譬如为（wéi，变成之意）山，未成一篑。止，吾止也。譬如平地，虽覆一篑，进，吾往也。"

孔子说："比如堆积一座土山，只差一筐土而没有堆成，只要停止了，我就失败了！比如填平洼地，即使我只倾倒了一筐土，只要前进了，我也就进步了！"

子曰："譬（劲儿下落）如~\（气儿足徐吐，声儿明亮，字儿全）为（劲儿平）山，未（气儿实疾吐，声儿稍重，劲儿下行）成\（气儿徐，字儿宽发，劲儿上扬后转折、因果）一（气儿缓，声儿虚，字儿虚）篑。（字儿全，劲儿假定）止，（气儿足缓吐，字儿全，劲儿疾扬、迫使）吾\（字儿宽发，劲儿无奈）止也。（劲儿转折、并列）譬（延）如~平（气儿实疾吐，字儿宽发，劲儿重）地，虽覆（稍重）一篑，（连）进，吾（字儿全，劲儿重、后鼻音归音到位）往也。"

《论语·子罕》

子曰："知者不惑，仁者不忧，勇者不惧。"

孔子说："不断求取知识的人就不会被遇到的事情所迷惑，他会利用所学的才智去解决问题；仁爱之心的人就不会有忧愁，他会用包容来对待遇见的人和事；勇敢的人就不会畏惧，他会去面对挑战。"

子曰："知者~\（字儿阳平）不（气儿实疾吐，字儿全，劲儿斜上感）惑，（声儿连，劲儿并列感）仁（稍突出，劲儿向上转折）者（气儿疾吐，字儿短促，去声）不（气儿实缓吐，字儿全，劲儿平）忧，（声儿暂断，劲儿连贯的转折感）勇（轻）者不（声儿中重、稍明亮，韵母稍拖延、慢落）惧。"

《论语·卫灵公》

子贡问曰："有一言而可以终身行之者乎？"子曰："其恕乎！己所不欲，勿施于人。"

子贡问说："有一个可以终身奉行的字吗？"孔子说："大概是'恕'吧！自己不想要的，不要施加给别人。"

子贡（中重）问曰："有（气儿实徐吐，字儿宽发，劲儿稍扬起）一言而~\可以（两字词劲儿等重）终（稍延）身~行之者（字儿宽发，劲儿稍扬起）乎？"子曰："其~（气儿中徐吐，字儿全）恕（劲儿轻）乎！（中重）己所不（稍重）

欲，（气儿缓吐，字儿全、拖）勿施于（中重）人。"

《论语·阳货》

子曰："小子，何莫学夫《诗》？《诗》可以兴，可以观，可以群，可以怨。迩之事父，远之事君，多识于鸟兽草木之名。"

孔子说："同学们，为什么不学习《诗经》呢？《诗经》可以激发情志，可以观察自然与社会，可以结交朋友，可以讽谏不平的事。近处可以侍奉父母，远处可以侍奉君王，可以认识鸟兽草木的名字。"

子曰："小（气儿徐，字儿半全，亲近劲儿）子，（上扬劲儿，字儿全，劲儿中重）何莫＼学夫～（劲儿上扬起）《诗》？（劲儿平后下行）《诗》（连）可以（稍重）兴，（并列）可以（中重）观，可以（重）群，（并列）可以～（字儿全）怨。（重起劲儿，字儿半全）迩之事（稍重）父，（劲儿接续）远之事（声儿稍明亮，字儿全）君，（中重）多识于（四字并列感）鸟兽草木～＼之（字儿半全，劲儿轻、疾落）名。"

《论语·学而》

子曰："君子食无求饱，居无求安，敏于事而慎于言，就有道而正焉，可谓好学也已。"

孔子说："君子，饮食不追求吃饱和充足，居住不要求舒适、奢侈，对工作却勤劳敏捷，说话小心谨慎，还到有道德的人那里去学习、矫正自己，这样就已经可以称为好（hào）学了。"

子曰："（气儿实徐吐，劲儿缓起，字儿拉开）君～（劲儿轻）子＼（劲儿中重、扬起，字儿半全）食（字儿短促）无求（字儿全）饱，（劲儿并列）居（连）无求（声儿稍明亮，劲儿轻落）安，（稍重）敏于（气儿足疾吐，字儿宽发，劲儿疾落）事＼而（中重）慎于（气儿足缓吐，字儿全、拉开）言，（连）就有（字儿短促，劲儿疾落）道＼而～（字儿拉开，劲儿下行）正焉，（字儿半全，劲儿结论感）可谓～（劲儿中重、平向右后缓落）好（稍重）学～也已。"

《论语·颜渊》

颜渊问仁。子曰："克己复礼为仁。一日克己复礼，天下归仁焉！为仁由己，而由人乎哉？"

颜渊请教什么是仁。孔子说："每一天能够克制并战胜自己，让自己的行为回复到礼的要求上，就是仁了。如果每个人都能够自己主动去践行礼的要求，那么所有的人都会回复到礼上来了。做仁爱的事情是要靠自己的，难道还能依赖别人吗？"

颜渊～问（稍扬起回平）仁。（字儿全）子曰："克（气儿缓吐，字儿半全）己（劲儿并列感）复（字儿拉开，劲儿平向右）礼～为＼仁。（气儿实疾吐，字儿宽发，劲儿上扬、阳平调）一日＼克己（劲儿并列，等重）复礼，（连）天（气儿足疾吐，声儿虚，字儿拉开）下＼归（中重）仁（劲儿轻落，声儿虚、勿明亮）焉！为仁～由（字儿半全，劲儿中重、下落、坚定）己，（转折劲儿）而～由（稍重）人乎（劲儿轻落）哉？"

《论语》散文——《季氏将伐颛臾》原文和今译文从略。（原文将于后续"技术技巧"中体现）

第一层次，记录弟子冉有、季路（孔门七十二贤者之一，名仲由，字子路，又字季路）二人一同向老师孔子汇报并请教老师对他们的辅佐对象季氏想要攻打其臣属国颛臾一事，师者孔子提出论点。

（气儿实缓吐，字儿宽发，劲儿叙述感）季氏～＼（气儿足疾吐，声儿中明亮，字儿半全）将（字儿全，劲儿稍延长后落）伐～颛臾（zhuān yú，鲁国的附属国，今山东省费县西）。（连）冉有、季路见于孔子＼（劲儿稍轻）曰："（征询、儿实疾吐，声儿明亮，字儿拉开，劲儿平后上行）忧。"（声儿暂断）孔子曰："（声儿虚，劲儿轻）求！（声儿中明亮，字儿拉开，劲儿稳健）君子～疾夫＼舍曰（劲儿中重）欲之而（字儿短促）必（声儿稍明亮，字儿去声）为之（声儿虚，劲儿轻）辞。（声儿虚）丘～（劲儿稍重）也闻＼（四字平衡，两词均等劲儿）有国有家者，（连）不患寡而患不均，（并）不患贫而患不（声儿虚）安。盖～均＼（声儿实，劲儿肯定）无贫，（连）和＼（顺延劲儿）无寡，（并，声儿稍明亮）安＼（字儿全）无（劲儿缓落）倾。"

第三层次，师者孔子完成论证，并给出指导建议。

（气儿足缓吐，声儿缓起）夫～如（中重）是，（连）故＼远人（声儿虚，假设劲儿）不服，（劲儿连，字儿短促）则＼修（字儿托）文德＼以（劲儿稍扬起）来（暂断）之。（气儿实疾吐，声儿宽发，劲儿中重）既来（延）之，（连）则（气儿缓吐，声儿明亮，字儿窄发、拉开）安之。

第四层次，师者孔子提出批评并表达了担忧，以示此议之严重性。

今＼由与求也，（声儿稍明亮，字儿全，劲儿稍重）相＼夫～（总结、起始劲儿）子，（连，声儿虚，字儿全）远人＼不服、而（字儿短促）不能（字儿拉开，声儿明亮）来也；（并）邦＼（四字均衡劲儿）分崩离析（连）而不能（气儿实疾吐，字儿半全）守也；（声儿稍明亮，劲儿转折）而谋动（两字等重）干戈于邦（声儿虚，劲儿中重）内。（暂断）吾～（总结劲儿）恐季孙之（气儿足疾吐，声儿重，字儿全）忧，（疾连）不在颛臾，（并列劲儿）而在萧墙之（气儿足缓吐，劲儿中重、预判）内（声儿虚；缓落）也。

《论语·先进》中的《子路、曾皙、冉有、公西华侍坐》原文和今译文从略。（原文将于后续"技术技巧"中体现）

第一层次，师者孔子提出问题以考察四位弟子。

　　（气儿实缓吐，声儿中明亮，字儿宽发，劲儿平稳、起始感）子路、（并）曾皙、（并）冉有、（连）公西华（劲儿稍重）侍坐。子（延）曰："（连）以（拖）吾一日（字儿全）长（zhǎng，年纪大）乎（劲儿稍重）尔，（字儿半全，以免与后同）毋（wú，不需要）吾～以也。（暂断）居＼则曰：'（短促）不吾～知也。'如（字儿短促，劲儿中重）或知（字儿全，声儿虚）尔，则～（劲儿中重、上扬）何以哉？"

　　第二层次，四位弟子各抒己见。

　　子路（气儿足疾吐，两字皆短促，声儿稍亮）率（暂断）尔～而（字儿全）对曰："（气儿足缓吐，三音节字儿全）千（声儿虚）乘（shèng，兵车矣）之国，摄（暂断）乎＼（字儿窄发，声儿稍明亮）大国之间，（连）加之以～（两字等重）师旅，（连）因之～以（两字等重）饥馑；（劲儿重起感）由也为（字儿半全，暂断）之，（连）比（bì，等到……年）及～三（拖）年，（连）可使有勇，（并）且知方也。"夫子（劲儿平稳，避免嘲笑感）哂（shěn，微笑意）之。（气儿缓吐，声儿虚）"求，（劲儿稍重，字儿全）尔何如？"（声儿虚）对曰："方六七十，（连）如五六十，求也为之，（连）比及三（劲儿暂断）年，可使～（字儿全）足民。（转折劲儿）如其（并列劲儿，两字等重）礼乐，（连）以俟（sì，等待意）君子。""赤，（字儿全）尔～何如？"对曰："非曰（气儿缓吐，声儿稍明亮，字儿全，劲儿平后落，谦逊感）能之，（劲儿转折）愿学焉。（气儿实缓吐，声儿稍明亮，劲儿展开）宗庙～之事，如＼会同，（连）端章甫，愿为（声儿虚，字儿全）小相焉。""（延）点，尔何（字儿全）如？"（声儿虚，记录劲儿）鼓瑟希，（连）铿尔，（声儿虚，字儿全）舍（延）瑟～而作，对曰："（劲儿稍重，字儿全、宽发，声儿明亮）异乎～三子者＼之撰。"子曰："（气儿足缓吐，字儿全，劲儿稍重）何～伤乎？亦（字儿短促，劲儿中重）各（拖）言其（字儿全）志也！"（连）

183

曰："（劲儿稍重）莫（mù，通"暮"）（声儿虚）春者，（连）春服既成，（劲儿轻，希冀感）冠者～五六人，（并）童子六七人，浴（延）乎沂，（声儿中重，劲儿稍重）风（拖）乎舞雩（yú，求雨仪式，此处指在求雨台上跳舞），（连）咏而（声儿虚，字儿中明亮，劲儿稳落）归。"

第三层次，师者孔子进行总评并提出己见。

夫子～（气儿实疾吐，声儿中明亮，字儿宽发）喟（kuì，长叹意）然（声儿虚）叹＼曰："吾～（拖）与（字儿全）点也。"（劲儿转折）三子者～（字儿全）出，（并）曾皙后。（气儿足徐吐，劲儿起始感）曾皙曰："夫～三子者之言（声儿中重，字儿虚）何如？"子曰："亦（气儿实疾吐，字儿全）各言其志～也（劲儿轻落）已（声儿虚）矣！"曰："夫子～何＼哂（字儿全，劲儿中重）由也？"曰："为（延，字儿全）国～以礼，（连）其言不让，是（字儿短促）故（字儿全）哂之。""唯求则～非（气儿足缓吐，声儿儿稍明亮）邦也与？""（气儿实疾吐，声儿明亮，字儿宽发）安见～方＼六七十，（连）如五六十而～（劲儿稍重）非邦也者？"（转换劲儿）"唯赤则～非邦＼也（劲儿稍扬起，声儿虚）与？"（气儿实缓吐，起始、总结感）"（字儿全）宗庙～（两字等重）会同，非（两字拉开）诸侯＼而（声儿中重，字儿全，劲儿斜向上）何？赤＼也为之（声儿虚，字儿全）小，（气儿缓吐，声儿中重，字儿全）孰（字儿暂断，劲儿平后下落）能＼为之（气儿实疾吐，字儿窄发，劲儿稳落）大？"

《论语》乃为儒家之经典，其内容包罗万象，其论理博大精深，其思想逻辑主要涵盖三个范畴，即伦理道德范畴之仁、社会政治范畴之礼、认识方法论范畴之中庸，其中"仁"是核心。这三方面的意识所指，既各自相对独立又彼此紧密相依，既互为基础亦互为延展，有机地连续又相互托举。文字记录的语录体例平实、松弛，且论说严谨、致密，使得宽泛、广博的意识形态的提出，令读者有春风化雨、润物无声之感。

鉴于此，朗诵者在口语外化行为进行之时，不必高声大嗓，亦无须起伏跌宕。

常言道"有理不在声高"。此处之高，并非口语音量之大，亦非外化基调之亢，更非字、词之间比例变化之烈，也绝非力道塑造感受之蛮，朗诵者应以娓娓道来之态，携循循善诱之势，呈现文章内容，此即可被称之为"诵读"。

然而东汉·许慎《说文解字》说："读者，诵也。"这里的"读"绝非常言所指的"看着文字而念出声儿来"，而是鉴于现代诵读传播的需要而在结构严谨、理论广博的《论语》中所遴选、获得之道，即"声儿"之明亮、圆润、持久、自然要求之贯彻，即"字儿"之叼准字头、拉开字腹、收住字尾、声调准确规则之使用，即"气儿"送动调配之徐而有序、疾而有计，即"劲儿"操控之起而有依、落而有据，继而实现"味儿"塑造、建设之起时顺遂、止后回味。

诵读只是在之前叙述的"声儿、字儿、气儿、劲儿"之间的大小比例较之其他古诗、文、词之朗诵有所收敛，仅仅是减少了一些声音比例和起伏的剧烈程度而已。然而语句链条中的重点、停连、虚实的技术技巧不仅毫无削减，而且因为需要在相对平缓、狭窄的空间范围内寻找并实现口语外化形态的变化，反而使技术技巧运用得愈加明显。这是《论语》这类语录体古诗文诵读的难点所在。然而此难也可以被视为《诗经》《道德经》等辞约义丰类古文诵读的共同关注点和明显的口语外化形态。

对现代朗诵者而言，可以尝试寻找和感受在两车道快速行驶时左右变道或超车所致的运动轨迹的精细感和变化的迅疾感。虽不宜出现高声大嗓之状，但也应该避免四平八稳之态，否则，文意将淡然，文旨也会被遗失。

文采绚烂　积极浪漫——《离骚》朗诵解析

《离骚》的作者为屈原，是战国时期楚国的政治家、诗人，芈姓，屈氏，名平，字原，又名正则，字灵均，乃楚国王室后代。屈原早年深受楚怀王信任，历任左徒、三闾（lú）大夫，兼管内政、外交事。他提倡"美政"，主张对内举贤任能、修明法度，对外力主联齐以抗秦，后因遭贵族排挤、诽谤而被流放，后投汨罗江殉国。

屈原所作的《离骚》是我国古代最著名的长篇抒情诗。诗作以作者自述身世、遭遇和心中的志向为核心。前部反复地倾诉了自己对楚国命运和人民生活的关心、担忧，表达招纳贤德之人并授以才能和权限，以革新国家治理之愿望，体现了作者心中秉持着的"美政"理想。与此同时还表达了作者虽遭遇陷害也决不与邪恶势力妥协之坚定意志。

后部通过神游天界、追求理想和失败后意欲以身殉国的梦幻陈述，反映出作者甘愿为国家清明和百姓福祉献身的思想情怀。全诗多处运用"美人"和"香草"的比喻，以及大量的神话传说，更运用了极为丰富的想象，形成了绚烂的文采和宏大的结构，表现出积极的浪漫主义精神，开创了我国文学史上"骚体"的诗歌形式，对后世影响极深。

对朗诵者而言，《离骚》的朗诵颇具难度，需要全面、积极地备稿并加以细腻研判后再谨慎地表达。

具体解析如下：

第一层次，作者以第一人称的视角进行自我介绍，表达了作者的自我修为和政治抱负。

作者首先叙述了自己高贵的出身，降生时的祥瑞和名字的美好，表现出了高度的自重和自爱。

帝高阳之苗裔兮，朕皇考曰伯庸。摄提贞于孟陬（zōu，夏历正月）兮，惟庚寅吾以降。皇览揆（kuí，揣测）余初度兮，肇锡余以嘉名。名余曰正则兮，字余曰灵均。

作者表明了个人的生辰、名字和身世，以及对积极修炼品质和才能进行了诉说。

纷吾既有此内美兮，又重（chóng，加上）之以修（美好的）能。扈（hù，披着）江离（香草名）与辟芷（香草名）兮，纫（rèn，草编的细绳子）秋兰以为佩。汩（yù，水流湍急）余若将不及兮，恐年岁之不吾与（等待）。朝搴（qiān，采摘下）阰（pí，山坡）之木兰兮，夕揽（采）洲之宿莽（草名）。日月忽其不淹（停留）兮，春与秋其代序（季节更迭）。惟草木之零落兮，恐美人之迟暮。不抚壮而弃秽兮，何不改乎此度？乘骐骥（qí jì，骏马）以驰骋兮，来吾道（dǎo，通"导"，引导）夫先路！

作者讲述了自己在追求政治理想的过程中遭遇到的种种挫折。

昔三后（"三后"楚先君熊绎、若敖、蚡冒三位君王；后，君王）之纯粹兮，固众芳之所在。杂申椒（香料）与菌（jùn，香料）桂兮，岂维（通"唯"，只有）纫（编织）夫蕙（huì，香草）茝（chǎi，香草）！彼尧舜之耿介（性格耿直正派）兮，既遵道而得路。何桀纣之猖（chāng，狂妄）披兮，夫惟捷径以窘步。惟夫党人之偷乐兮，路幽昧以险隘。岂余身之惮殃兮，恐皇舆（祖国）之败绩！忽奔走以先后兮，及前王之踵武（足迹）。荃不查余之中（zhōng）情（内心）兮，反信谗而齌（jì，巨大的）怒。余固知謇謇（jiǎn，直言的样子）之为患兮，忍而不能舍（shě，停止）也。指九天以为正（通"证"，证明）兮，夫唯灵脩（xiū，脩，今"修"变体；灵脩，古时对君王的美称）之故也。曰黄昏以为期兮，羌（qiāng，楚方言中的发语词，无实义。）中道而改路。初既与余成言（事先的约定）兮，后悔遁（dùn，隐瞒）而有他。余既不难夫离别兮，伤灵脩之数（shuò，多次，经常地）化。

作者在自己的仕途生涯遭遇巨大的挫折之后，不气馁也没有退缩，兴办民间教育为国家培养人才，但是在"众皆竞进以贪婪兮"的大环境中，继续"凭不厌乎求索"。这也是作者遭遇到的第二次人生挫折，但其依然积极修为自身，依照彭咸（东汉·王逸于《楚辞章句》中记："彭咸，殷贤大夫，谏其君不听，自投水而死。"）的遗教去继续按照自己的意愿追求心中的理想。

余既滋兰之九畹（wǎn，古时计量单位，三十亩为一畹）兮，又树（种下）蕙之百亩。畦（qí，五十亩为畦）留夷（芍药）与揭车（香草）兮，杂杜衡与芳芷（杜衡、芳芷，二香草名）。冀枝叶之峻茂兮，愿俟（sì，通"俟"，等待）时乎吾将刈（yì，收获）。虽萎绝其亦何伤兮，哀众芳之芜秽。

众皆竞进以贪婪兮，凭不厌（同"餍yàn"，饱）乎求索。羌内恕己以量人兮，各兴心而嫉妒。忽驰骛以追逐兮，非余心之所急。老冉冉（渐渐）其将至兮，恐修名之不立。朝（zhāo，早晨）饮木兰之坠露兮，夕餐秋菊之落英。苟余情其信姱（kuā，美好）以练要（专一）兮，长顑颔（kǎn hàn，面黄肌瘦）亦何伤。擥（qiān，手持）木根以结茝兮，贯薜（bì）荔（薜荔，常绿植物，果可食）之落蕊。矫（jiǎo，古意拿着）菌桂以纫蕙兮，索胡绳之纚纚（xǐ，漂亮的绳索）。謇（jiǎn，直言）吾法夫前修兮，非世俗之所服。虽不周于今之人兮，愿依彭咸之遗则。

由于作者的特立独行，很容易就遭到了其他人的诋毁，从而使自己再一次遭遇挫折而陷入更加艰难和痛苦的境地。但作者依然不忘初心、矢志不移，于诗作中以"伏清白以死直""背绳墨以追曲"二句来表达。

长太息以掩涕兮，哀民生之多艰。余虽好修姱以鞿（jī）羁（自我约束）兮，謇朝谇（suì，进谏）而夕替（废除）。既替余以蕙纕（xiāng，佩戴着）兮，又申（再次）之以揽茝。亦余心之所善兮，虽九死其犹未悔。怨灵脩之浩荡兮，终不察夫民心。众女嫉余之蛾眉兮，谣（yáo，造谣诋毁）诼（zhuó，诽谤）谓余以善淫。固时俗之工巧兮，偭（miǎn，违背）规矩而改错（通"措"，治国方略）。背（bèi，违背）绳墨（木匠画直线的工具）以追曲兮，竞（争着）周容（苟合取悦）以为度（法度）。忳（tún，烦闷）郁邑余侘傺（chà chì，不得志的样子）兮，吾独穷困乎此时也。宁溘（kè，突然地）死以流亡兮，余不忍为此态也。鸷（zhì）鸟之不群兮，自前世而固然。何方圜（yuán，通"圆"）之能周兮，夫孰异道而相安？屈心而抑志兮，忍尤而攘（rǎng，窃取）诟（gòu，诟病）。伏清白以死直兮，固前圣之所厚（嘉奖）。

遭遇了三次仕途的挫折，作者陷入了孤独绝望的境地，更于其精神深处进一步展开了矛盾、彷徨、苦闷与追求理想之间的斗争过程，最后还是坚定了自己原有的道德情操和初始的政治理想。

悔相（xiàng，查看）道之不察兮，延伫（长时间停留）乎吾将反（通"返"）。回（调转车头）朕车以复路（原路返回）兮，及行迷（迷途）之未远。步（走在）余马于兰皋（gāo，有兰花的水边高地）兮，驰椒丘且焉（在此）止息。进不入以离尤（获罪，通"罹"，遭到）兮，退将复修吾初服（初衷）。制（剪下）芰（jì，菱叶）荷以为（wéi，成为）衣兮，集芙蓉以为裳（cháng，古时男子的下衣）。不吾知（即不知吾）其亦已兮，苟（只要、如果）余情其信芳（内心情感馥郁芬芳）。高余冠之岌岌（jí jí，高耸）兮，长余佩（衣裳的佩饰）之陆离（修长美好）。芳与泽其杂糅兮，惟昭质（光明、美好的品质）其犹未亏。忽反顾以游目兮，将往观（前去观望）乎四荒。佩缤纷其繁饰兮，芳菲菲其弥章（同"彰"，明显）。民生各有所乐兮，余独好（hào，喜好）修以为常（长久）。虽体解吾犹（还）未变兮，岂余心之可惩（惧怕）。

第二层次，作者于挫折后的苦苦思索之后，将思想意识给予虚拟的幻想方向，展开与虚拟的姐姐，即"嬃"的对话后，发觉人间已无知音。而此后作者又将思想意识转向了超现实境界，向舜帝重华倾诉，以表达自己心中于世间施行"美政"的愿景。

既然世间知音难觅，作者向舜帝姚重（chóng）华倾诉，以求收获心灵的同情后，进而得以精神上的慰藉。

女嬃（xū，当时楚国人称呼姐姐）之婵媛（chán yuán，通"嘽咺"，喘息，此处指呼吸和话语急促）兮，申申（狠狠地）其詈（lì，责骂）予曰：鲧（gǔn，即鲧，大禹的父亲）婞（xìng，刚正）直以亡身兮，终然殀（yāo，同"夭"）乎羽之野（羽山的郊野）。汝何博謇（jiǎn，正直）而好修兮，纷独有此姱节？薋（cí，积聚）菉葹（lù shī，两种香草名）以盈室兮，判（区别）独离而不服。众不可户（挨家挨户地）说（shuì，去说明）兮，孰云（语法助词，无实义）察余之中情？世并举而好朋（同道中人）兮，夫何茕（qióng，自己）独而不予？依前圣以节中（zhōng，中和、平衡）兮，喟（kuì，叹气）凭心而历兹（不能平静）。济（jì，渡过）沅湘（沅江、湘江）以南征兮，就重华而陈（chén，同"陈"）词：启（大禹之子）九辩与九歌（相传是启从天上偷回来带到人间的乐曲）兮，夏（通"大"）康娱（享乐）以自纵。不顾难以图后（考虑以后）兮，五子用失乎家衖（xiàng，内讧；衖，同"巷"）。羿（yì，射日的后羿）淫游以佚畋（tián，打猎）兮，又好射夫封狐。固乱流其鲜（xiǎn，少）终兮（原本淫乱之人就不能善终），浞（zhuó，寒浞，后羿的相）又贪夫厥家（寒浞杀了后羿并霸占了家室）。浇（ào，寒浞之子）身（自己）被服（依仗着）强圉（yǔ，强壮有力）兮，纵欲而不忍。日康娱而自忘兮，厥首用夫（因此）颠陨。夏桀之常违，乃遂焉而逢殃。后（之后）辛（商纣王）之菹醢（zū hǎi，古代酷刑的一种，把人剁成肉酱）兮，殷宗用而（因而）不长。汤禹俨（yǎn，庄严）而祗（zhī，敬，尊敬）敬兮，周论道而莫（没有）差。举贤才而授能兮，循绳墨而不颇（偏颇，引申倾斜、错误）。皇天无私阿（自私、狭隘）兮，览民德焉错（通"措"，实施举措）辅。夫维（通"惟"，只有）圣哲以茂行（美好的行为）兮，苟得用此下土（脚下所在的土地，引申为天下、统治）。瞻前而顾后兮，相（xiàng，观察）观民之计极（非常）。夫孰非义（不去施行仁义）而可用兮？孰非善（不行善事）而可服（可用）？阽（diàn，临危之际）余身而危死兮，览余初其犹未悔。不量凿（zuò，木料上的孔）而正枘（ruì，榫卯）兮，固前修以菹醢（zū hǎi）。曾（多次）歔欷（xū xī，哭泣）余郁邑兮，哀朕时之不当。揽茹蕙以掩涕兮，沾余襟之浪浪。

诗人在舜帝重华面前洋洋洒洒地阐明自己的举荐贤德之人并传授其才能的政治主张后，又引出自己想要驱使神灵、远走高飞继而可以达到"上下求索"的幻想状态，充分地表达了作者特立独行的极为强烈的内心情怀。

跪敷（铺开）衽（rèn，上衣前襟）以陈辞兮，耿吾既得此中正。驷（sì，驾驶）玉虬以桀（chéng，同"乘"）鹥（yī，神鸟）兮，溘埃风余上征（远征）。朝发轫（rèn，出发）于苍梧（舜葬身之所）兮，夕余至乎县（xuán）圃（pǔ）（神山名）。欲少（短时间）留此灵琐（神仙住处）兮，日忽忽其将暮。

吾令羲和（传说中的神仙）弭节（mǐ jié，驾车）兮，望崦（yān）嵫（zī）（崦嵫，太阳落如的山名）而勿迫。路曼曼（通"漫漫"，遥远）其修（长）远兮，吾将上下而求索。饮（yìn，给牲畜喂水喝）余马于咸池兮，总（汇总，拴系）余辔（pèi，缰绳）乎扶桑（太阳升起地方的树名）。折若木（太阳落下后所在地的树）以拂（遮挡）日兮，聊（暂且）逍遥（自在地）以相羊（通"徜徉"）。前望舒（人名，给月神驾车的人）使先驱兮，后飞廉（风神名）使奔属（zhǔ，跟随）。鸾皇（通"凰"）为（wèi）余先戒（警戒）兮，雷师（雷神）告余以未具（还没有安排妥当）。

吾令凤鸟飞腾兮，继之以日夜。飘风（旋风）屯（聚集）其相离兮，帅云霓而来御（迎接）。纷总总其离合兮，斑陆离其上下。吾令帝阍（hūn，天宫的守门人）开关兮，倚阊（chāng）阖（hé）（阊阖即天门）而望予（yú，我）。时暧暧（ài，昏暗）其将罢兮，结幽兰而延伫。世溷（hùn，污浊）浊而不分兮，好（hào，喜欢）蔽（掩饰）美而嫉妒。朝吾将济（渡过）于白水（河名）兮，登阆风（山名）而绁（xiè，拴系）马。忽反顾以流涕兮，哀高丘之无女（美女）。溘（kè，忽然的）吾游此春宫（东方青帝的宫殿）兮，折琼枝以继佩（增加配饰）。及荣华之未落兮，相（xiàng，观察，引申为寻找）下女之可诒（yí，通"贻"，赠送）。吾令丰隆（云神）乘云兮，求宓（fú）妃（宓妃，神女）之所在。解佩纕（pèi xiāng，配饰）以结言（订立盟约）兮，吾令蹇（jiǎn）修（人名）以为理（协理，引申为媒介）。纷总总其离合兮，忽纬繣（huà，调皮、乖戾）其难迁。夕归次（住宿）于穷石兮，朝濯（zhuó，盥洗）发乎洧盘（wěi，盘，神话中的河水名）。保（被保护，引申为有依仗）厥美以骄傲兮，日康娱以淫游。虽信美而无礼兮，来违弃而改求。览相观于四极兮，周流乎天余乃下。望瑶台之偃蹇（yǎn jiǎn，很高的样子）兮，见有娀（sōng，古国名）之佚女（美女）。吾令鸩（zhèn，一种羽毛有毒的鸟）为媒兮，鸩告余以不好。雄鸠之鸣逝（鸣叫着飞远）兮，余犹恶（wù，厌恶、嫌弃）其佻（tiāo，轻浮）巧。心犹豫而狐疑兮，欲自适而不可。凤皇（凤凰）既（已经）受诒（馈赠）兮，恐高辛之先我。欲远集（集合，停留，栖息）而无所止（可供栖息的地点）兮，聊浮游以逍遥。及（趁着）少康之未家（没有成家，还没有娶妻）兮，留有虞（yú，古国名，百姓都姓姚）之二姚（两位年轻女子）。理弱（中间的媒人能力弱）而媒拙兮，恐导言（媒人介绍时的语言）之不固（不牢固，说合的希望很小）。世溷（hùn）浊而嫉贤兮，好（hào，爱好）蔽美而称（将恶事称道）恶（è，坏的）。闺中既以邃（suì，深远）远（遂远，难以接近）

兮，哲王又不寤（wù，睡醒，引申为觉醒）。怀朕情而不发（发泄、倾诉）兮，余焉能忍而与此终古（永远）？

第三层次，作者于周游天地之时向神灵占卜、求卦，得到的结论是劝其早日择明主而事世以达抱负。然而就在自己艰难远行、上下求索之时，却路过并看见了自己的家乡。回想到那里曾经有自己经历过的所有精神上的苦难，作者不禁悲从中来、黯然神伤。而此时由于自己对家乡的挚爱导致其不忍再行离去了，但是留下来又能够如何呢？因为曾经的经历和感受已经很艰难了，所以此刻作者的精神世界达到了最为痛苦的境地。

作者听了著名神巫——灵氛、巫咸的话，最后决定离开楚国，即将背井离乡、远行他域，那么自己的抱负何时才能够实现？此时作者复杂和极为矛盾的心理被自述得淋漓尽致。

索藑（qióng）茅以筵（tíng）篿（zhuān）兮（将占卜用的仙草藑茅当作占卜时用的竹片），命灵氛（巫师名）为余占（zhān，占卜）之。曰：两美其必合兮，孰信修（诚信的品行）而慕之？思九州之博大兮，岂惟是其有女？（难道只有这里有美女吗）曰：勉远逝（远走高飞意）而无狐疑（犹豫）兮，孰求美而释（放弃）女（rǔ，通"汝"）？何所独无芳草兮，尔何怀乎故宇（老地方）？世幽昧以眩（xuàn）曜（yào）兮，孰云察余之善恶（wù，厌恶）？民好恶其不同兮，惟此党人（为了利益而结成党朋的人）其独异！户服（佩戴着）艾（艾草）以盈（充满在）要（yāo，通"腰"）兮，谓幽兰其不可佩。览察草木其犹未得兮，岂珵（chéng，美玉）美之能当？苏（取用）粪壤以充帏（wéi，帐子，此处指香囊）兮，谓申椒其不芳。欲从灵氛之吉占兮，心犹豫而狐疑。巫咸（神巫名）将夕降兮，怀椒糈（xǔ，精米）而要（yāo，通"邀"）之。百神（天上的众神）翳其备（同时）降兮，九疑（九疑山神）缤（盛大地装扮着）其并迎。皇剡剡（yàn，通"焱"，火光闪闪、明亮地）其扬（显示）灵兮，告余以吉故（告诉我曾经贤臣得遇明君的佳话）。曰：

勉升降以上下兮，求矩（jǔ，法则）矱（yuē，法度）之所同。汤禹严而求合兮，

挚（zhì，伊尹，辅佐成汤建商、灭夏）咎繇（yáo，皋陶，辅佐舜，中国司法始祖）

而能调（协调，引申为辅佐）。苟中（zhōng，内里）情（善良）其好（hào）修兮，

又何必用夫行媒？说（yuè，指傅说，殷高宗的贤相）操（拿着工具）筑于傅岩兮，

武丁（殷高宗）用而不疑。吕望（吕尚，名相）之鼓（把弄过）刀兮，遭（遇见）

周文（即周文王）而得举（被举荐而受重用）。宁戚（被齐桓公举用为卿）之讴

歌兮，齐桓闻以该（准备）辅。及年岁（年龄）之未晏（晚）兮，时亦犹其未央

（完结）。恐鹈（tí）鴂（jué）（鸟名，即杜鹃）之先鸣兮，使夫百草为之不芳。

何琼佩之偃蹇（jiǎn，美好）兮，众薆（ài，遮蔽）然而蔽之。惟此党人之不谅

（诚信）兮，恐嫉妒而折（受阻）之。时缤纷（战乱的状态）其变易（变化、更

替）兮，又何可以淹留？兰芷变而不芳兮，荃蕙化而为茅（恶草，引申为谗佞之

人）。何昔日之芳草兮，今直（很容易地）为此萧艾（普通、破败的野草）也？

岂其有他故兮，莫好（hào）修之害（弊端）也！余以兰为可恃（shì，依靠）兮，

羌无实而容长（徒有其表）。委（丢弃）厥美以从俗兮，苟得（苟且地得到的）

列乎众芳。椒（原本的贤者，后来的变节者）专佞以慢慆（tāo，无礼）兮，樧（shā，

茱萸）又欲充夫佩帏（香囊）。既干（gān，渴求）进而务入兮，又何芳之能祗

（zhī，散发）？固时俗之流从（随波逐流）兮，又孰能无变化？览椒兰其若兹兮，

又况揭车与江离（喻指培养人才）？惟兹（这）佩之可贵兮，委厥美而历兹。芳

菲菲而难亏（减少）兮，芬至今犹未沫（mèi，通"昧"，暗淡）。和调（diào）

度以自娱兮，聊（姑且）浮游而求女（代指志同道合的人）。及余饰之方壮兮，

周流观乎上下（各处）。

作者在接受灵氛、巫咸的劝告后，依然离开了自己的祖国——楚国，开始远游，

然而却在冥冥之中又看见并回到了自己曾经出走的家乡，但是最终不忍再离开。这也是作者在迷离、恍惚的精神状态中展开的第四次也是最一次创作意识想象。

灵氛（神巫）既告余以吉占兮，历（遴选）吉日乎吾将行。折琼枝以为羞（通"馐"，指美食）兮，精琼靡（mí，碎屑）以为粻（zhāng，粮食）。为（wèi，给了、准备）余驾飞龙兮，杂（装饰着）瑶（美玉）象（象牙）以为车。何离心之可同兮（彼此不同心的话怎么可达成一致呢）？吾将远逝（远去）以自疏（疏远）。邅（zhān，楚地方言，转向）吾道夫昆仑兮，路修远以周流（周游）。扬云霓之晻（ǎn，遮蔽）蔼兮，鸣玉鸾（玉质的车铃）之啾啾（象声词，玉鸾的声音）。朝发轫于天津（天河的渡口）兮，夕余至乎西极（最西边）。凤皇翼（张开翅膀）其承旗兮，高翱翔之翼翼（张开双翼自由飞翔的样子）。忽吾行此流沙（沙漠地带）兮，遵赤水（河名）而容与（缓缓行进）。麾（指挥）蛟龙使梁津兮，诏西皇使涉予（给西皇下命令把我渡过河）。路修远以多艰兮，腾（传令）众车使径待（路旁等待）。路不周（山名）以左转兮，指西海以为期。屯（召集）余车其千乘（shèng）兮，齐玉轪（dài，车轮）而并驰。驾八龙之婉婉（同"蜿蜒"）兮，载云旗之委（wēi）蛇（yí）。抑志（通"帜"，旗帜）而弭（mǐ）节（慢慢地前行）兮，神高驰之邈邈（很远的样子）。奏九歌而舞韶兮，聊假（jiǎ，借）日以媮（yú，通"愉"，快乐）乐。陟升皇之赫戏（光明）兮，忽临睨（nì、斜着眼睛看）夫旧乡（家乡，代指楚国）。仆夫悲余马怀兮（马夫悲伤我的马也感怀），蜷局（蜷缩的样子）顾（回头看）而不行。

尾声（礼辞）

乱曰：已矣哉！国无人莫我知兮，又何怀乎故都！既莫足与为美政兮，吾将从彭咸之所居！

今译为："算了吧！既然祖国没有人了解我，我又何必怀念故国的旧居。既然不能实现我'美政'的政治理想，那我将追随彭咸，到他那里去。"

第一，"声儿"的规划和设计宜虚实相融，以实稍多。

全诗 370 多句，且句式较为整齐、规范。每句所含字数基本相等，如果长时间采用实声，听觉则疲；若连续使用虚声，受众则靡。讲述、记录之处应多用较明亮的实声，抒情、慨叹之处宜于实声之中添加虚声，然添加的比例则以利于形象建设和情感表达为原则。

如遇连续抒情、慨叹之处，则需减少虚声，以利文字信息存在之齐整；如若偶尔一两句需要虚声之处，不妨大胆和大比例使用，以利大篇幅中相对一致的句式所携带之逻辑关系变得灵动；于悲愤之时亦可使用较多实声以显现作者内心抑郁之至；在希冀之时也可选择较虚化之声以协助表达美好至极；如遇文字信息处于情感纠结之际，宜运用虚实间迅疾变化和频繁转换之技，以利受众于第一时间进入并融于作者的情感逻辑之中。

鉴于此，朗诵者需极为灵活地调整唇、齿、舌、颚的运动位置，以使"声儿"的色彩既丰富又不迟滞；也应在需口语外化之时细腻地感知共鸣腔状态，以令"声儿"之虚与实，亮与暗，润与涩既可以各自存在又能够相互支撑，以共同传递作者情感表达之澎湃。

第二，"字儿"的谈吐和尺度应分寸清楚，力戒模糊。

《离骚》不仅内容庞杂，且历史久远，距今已 2300 多年。彼时为战国时期，汉字形态的存在尚不如现今这样完备和成熟，所以文本中出现多处繁体、通假和异读字词，甚至出现了许多神、巫、草、木、山、川等早已不为今人所知的名字或者称谓。这就更加需要朗诵者在备稿之时迅疾地完成"与时空相逢"，即将认知意识置于彼时、彼地和彼情景之中，但是要按照今体、通假后，以及与今相对应之文字意思进行内心视像之建立，以使字音和声调正确，进而可以确保"字儿"

之音为今时可知之音，能够护佑"字儿"之意为今日可识之意。

朗诵者还需要灵活、科学地执行"叼准字头、拉开字腹、收住字尾"这三方面的技术标准，然而需要重点留意的是这三者之间并非完全独立的割裂态。在讲述、记录之时，可规范地进行"叼准、拉开、收住"，已成全字正腔圆之态；然而在抒情、慨叹之时，可在"叼准"之初即迅速地进行字腹的拉开；也可以在字腹拉开行进过程中即开始进行收束，以令"字儿"呈现半全之态。如遇排比讲述之时，需将"字头、字腹、字尾"三方面再另行调整，以避免同位置内容强调的重复；如遇连续抒情之际，则要将三方面做科学调度，以避免同向情感倾诉的赘述。

第三，"气儿"的预判和选择需根据文意分割，拆解使用。

由于全诗近2500字，篇幅巨大、内容丰富，所以作者将作品分解成三个层次，且每个层次之中都包含着至少两个或者多个意群，文字的语言色彩也并非皆一致。所以应使各自的小段落独自成序，于其中寻找和完成徐与疾之变化。如应该令"气儿"的使用在整体中呈现出各自有别又相互同向、同指之态，以适应大篇幅的表述。"气儿"在起始之时，割裂感不宜明显，以免有迥异之态；"气儿"在顺进之时除稳健、平和之外，还需要根据庞杂的"内心视像"时而徐缓、时而迅疾，甚至个别句、段之间貌似碎片无序，实则系统有计；"气儿"在收束之时，适宜在快速之中也应留有余地以为后续之需，在柔和降落之际也应干净以筑下文之基。

鉴于句式相对同一的样式较多（如"……兮"等），所以可分门别类地拟定气息状态：可连续两句相同，继续的两句不同；可奇数句相同，偶数句变化；也可奇数段相同，偶数段不同。进而以构成既规律又富有变化的气息状态为宜，以利于实现整齐地变化和变化得整齐的设计，进而为作者大篇幅、大跨度的心境记录严谨地服务。

第四，"劲儿"的起始和降落宜依据清晰，有的放矢。

《离骚》篇幅大、内容杂、字数多、逻辑紧，故而"劲儿"的运用不可一以贯之，从而导致受众耳生嫌弃；更不宜出现连续又少变的起落，以免听者心生疲敝。若需要起、落的幅度明显，于情感表达强烈之处可大起大落；也可起、落比例收缩，于讲述和记录之际体现黏合、胶着。

在多比喻、假借处，"劲儿"宜松、不可紧，以令作者之希冀真实、可信；多梦幻、假设所在之处，"劲儿"宜紧、不可松，以利作者之意图与受众之接受于超自然时空中及时地相逢。但是真实也好、虚幻也罢，"劲儿"之使用皆应以作者极具浪漫主义的思想情怀和忠诚、坦率的文字组合形态形成共通继而共融。起始与降落这两个技术技巧手段乃为统一中之共用，降落与起始二技巧方式实为同向中的互通。这需要朗诵者以文字宗旨为依，以作者情感为据，以双方向之协调和科学使用，方可实现朗诵者、受众与作者跨越时空之互动。

屈原乃为中华文明史上最伟大的爱国诗人，浪漫主义文学的奠基人，也是"楚辞"体文学的创立者和代表作家，被誉为"楚辞之祖"。因其开辟了"香草、美人"的写作喻指手法，而成为我国浪漫主义文学的源头。这个类型作品的出现，标志着中国诗歌创作进入了一个由大雅歌唱到浪漫独创的新时代，以其最著名的篇章《离骚》为代表的《楚辞》与《诗经》中的《国风》并称为"风骚"。以至于后来"风骚"这个两字词已经延展成为中国文学的代名词，足见其对后世诗歌和文学创作产生的影响之深远。

屈原的楚辞体在表现手法层面，将赋、比、兴巧妙地糅合成一体，大量运用"香草、美人"的比兴手法，把抽象的品德、意识和复杂的现实关系生动形象地表现了出来。在语言形式层面，楚辞体作品突破了《诗经》中以四字成句为主的格局，每句中或五、或六、或七、或八、或九字不等，三字、十字成句者也不鲜见，致使其句法参差错落、灵活多变。句中、句尾多用"兮"字，以及"之""于""乎""夫""而"

等虚词以用来协调音节，造成起伏跌宕、一唱三叹的韵味。

鉴于此，《离骚》朗诵"味儿"之建设和塑造更需结合"声儿、字儿、气儿、劲儿"之方式方法和技术技巧，对"明亮和干涩、尖锐和圆润""叼准、拉开、收住""徐与疾、序与计""起与落、依和据"进行综合研判后再行立体的运用。这需要朗诵者首先在文字意思表示指向的情理之中，完成与作者历史心境的认知和感受的互通；又需要朗诵者在作者情感逻辑的分寸和尺度之中，实现"内心视像"的设计；需要朗诵者充分地使用"通感"，以便达成文字意思的转换，时刻对作者的文字情感进行"移意"处理，以利于实现意识逻辑之传递。

如此《离骚》诵读"味儿"的塑造可成。

第二节　家国情怀类

殚精竭虑　忧国为君——《谏逐客书》朗诵解析

"书"，又称"书说（shuì）"，乃为古代文体之一，可以作为公文亦可为私人间往来之信札（zhá），多用于叙事和议论。《谏逐客书》即属于前者，经常用于陈述利弊，说（shuō）服对方使其改变既有观点甚至收回成命。书说类文体通常具有理由充分、夹叙夹议、反复陈述、竭力促成的特征。

据《史记·李斯列传》记载，韩国曾派出著名水利专家郑国（即后来郑国渠的设计者和修建者）游说（shuì，有目的地强烈建议）秦王嬴政（即后来的秦始皇），倡导凿渠以溉田壤，意在耗费秦国人力而使之不能攻韩，即"疲秦计划"。后此计被秦发觉导致秦王嬴政认为凡此间来秦之客卿大抵皆为弱化秦之力，遂下令驱逐客卿。恰好李斯也在被驱逐之列，后其上书秦王以陈利弊，即诞生了此篇《谏逐客书》。

第一层次，以作者以秦穆公、秦孝公、秦惠王、秦昭王四位国君招贤纳士得以开疆拓土继而国富民强的政策为例证，强调重用客卿（原指其他诸侯国被引进到秦国做官的有才德之人，后泛指在本国做官的外国人）之必要性和重要性。

　　臣~闻\吏议逐客，窃（本人认为，谦辞）以为（字儿全）过矣。昔~穆公求士，（连）西取由余于戎，（并）东得百里奚于宛（yuān，楚国的县城，在今河南南阳），迎蹇叔（jiǎn，人名）于宋，来丕豹、公孙支于晋。（小节劲儿）此五子者，不产于秦，（转折劲儿）而穆公用之，并国二十，遂霸西戎。（分别展开详述）孝公用商鞅之法，移风易俗，民以殷盛，国以富强，百姓乐用，诸侯亲服，获楚、魏之师，举地千里，至今治强。惠王用张仪之计，拔三川之地，西并巴、蜀，北收上郡，南取汉中，包九夷，制鄢（yān，楚国别都，在今湖北宜城市东南，春秋时楚惠王曾建都于此）、（连）郢（yǐng，楚国都城，在今湖北江陵市西北纪南城。公元前279年秦将白起攻取鄢，次年又攻取郢），东据成皋之险，割膏腴之壤，遂散六国之从，使之西面事秦，功施（yì，蔓延）到今。昭王得范雎（jū，古时姓氏，字形近似"睢"suī），废穰侯（ráng，即魏冉，曾为秦王相），逐华阳，强（qiáng，加强、巩固）公室，杜（杜绝、阻止）私门，蚕食诸侯，使秦成帝业。（总述感）此四君者，皆以客之功。由此观之，客何负于秦哉！向使（假如、倘若）四君却客而不内（同"纳"，接受、接纳），疏士而不用，是使国无富利之实而秦无强大之名也。

　　第二层次，以秦王所得的许多都来自诸侯各国为正面的论据，分析引进，留住人才与拒绝，驱逐人才的利与弊。

　　今陛下致昆山之玉，有随、和之宝，垂明月之珠，服太阿（ē，即泰阿，名剑名）之剑，乘纤离（xiān，古骏马名）之马，建翠凤之旗，树灵鼍（tuó，扬子鳄）之鼓。此数宝者，秦不生一焉，而陛下说（yuè，通"悦"，喜爱）之，何也？必秦国之所生然后可，则是夜光之璧不饰朝廷，犀象之器不为玩好，郑、卫之女不充后宫，而骏良駃騠（jué tí，骏马）不实外厩（jiù，马舍），江南金锡不为用，西蜀丹青不为采。所以饰后宫，充下陈，娱心意，说耳目者，必出于秦然后可，则是宛珠之簪、傅玑之珥（ěr，耳饰）、阿（ē，细小）缟之衣、锦绣之饰不进于前，而随俗雅化佳冶窈窕（yǎo tiǎo，女子美好的样子）赵女不立于侧也。夫击瓮（wèng，盛水陶器，后成打击乐器）叩缶（fǒu，陶器，后成打击乐器），弹筝搏髀（bì，大腿骨），而歌呼呜呜快耳者，真秦之声也；郑卫桑间、韶虞武象者，异国之乐也。今弃击瓮叩缶而就郑卫，退弹筝而取韶虞，若是者何也？快意当前，适观而已矣。今取人则不然，不问可否，不论曲直，非秦者去，为客者逐。然则是所重者在乎色、乐、珠玉，而所轻者在乎人民也。此非所以跨海内、制诸侯之术也。

第三层次，从"地广者粟多"等联系到泰山不拒沙尘、河海不弃溪流的比喻，复而转到"弃黔首以资敌国"的错误，继而归结到现在"今逐客以资敌国"的危机，进一步证明驱逐客卿的政令关系到秦国统治与发展之安危，故应撤销。

臣闻地广者粟多，国大者人众，兵强则士勇。是以太山不让土壤，故能成其大；河海不择细流，故能就其深；王者不却众庶，故能明（彰显）其德。是以地无四方，民无异国，四时充美，鬼神降福，此五帝三王之所以无敌也。今乃弃黔首（通指百姓）以资敌国，却宾客以业（侍奉）诸侯，使天下之士退而不敢西向，裹足不入秦，此所谓"藉寇兵而赍（jī，送给）盗粮"者也。夫物不产于秦，可宝者多；士不产于秦，而愿忠者众。今逐客以资敌国，损民以益雠（chóu，通"仇"，仇敌），内自虚而外树怨于诸侯，求国无危，不可得也。

此文针对性极强，一事一议；实用性亦强，即劝谏秦王收回驱逐客卿之成命；且论断直接、鲜明，于全文首句便毫无遮掩地直抒胸臆——"臣闻吏议逐客，窃以为过矣"，毫无拖泥带水之感。这也可以视为作者意图愈加强烈、坚定的体现。作者在此文中善用比喻、铺陈、排比、对偶，令全文得以气势充沛，且论据充分、有力，给人以信服之感。

对朗诵者而言，"声儿"宜严格依据字、词之所指立体选择，于明亮之中切不可聒噪，于枯涩之时并不显懦弱，可多用明亮之实声。然而在动情、喻指之处则需要快速地进行虚实转换，如"夫击瓮叩缶……适观而矣已"一句即形象地说明了秦王若想得意于天下，在任人方面也应该弃用本国诸多平庸之辈，而重用其他诸侯国中贤德之人。用"泰山不让土壤……故能就其深"一句来喻指"王者不却众庶，故能明其德"的道理。用"借寇兵而赍盗粮"一句比喻来说明逐客是"资敌国""益雠"的愚蠢行为，如此既形象又具感染力。与此类表述相近或相同之处，皆可选用相对枯涩的虚声进行口语外化，更利于打动与说服受众。

"字儿"的"叼、拉、收"宜适度松紧、宽窄相称。

如"今陛下致昆山之玉，有随和之宝，垂明月之珠，服太阿之剑，乘纤离之马，建翠凤之旗，树灵鼍之鼓"此类连续排比、铺陈之句，即可使用宽窄、松紧明显变化之技术，以减缓受众由于相同句式连续带来的相同信息所导致的感知疲倦；亦可用将"字儿"全拉开抑或半全之技巧，以削减受众由于相同句式带来的统一逻辑指向所导致的接纳牵绊。这两种技术技巧之运用须打破了大众日常生活中之表达习惯，以便相同之中建立不同之口语外化转换的现实。

又如："今弃击瓮叩缶而就郑卫，退弹筝而取韶虞，若是者何也？快意当前，适观而已矣。今取人则不然。不问可否，不论曲直，非秦者去，为客者逐。然则是所重者在乎色乐珠玉，而所轻者在乎人民也。此非所以跨海内、制诸侯之术也"等论事、说理之处，则需格外关注作者意识次序之流变，有并列、有递进、有总结。如此更需要"声儿"之虚实、明暗、长短使用转换之集中或松散。过于集中则将有欠于"与时间共通"，如若过于松散则易致受者出离"与空间共融"，进而会弱化作者独自铺陈、力谏之勇气，也无益于达成"与时空相逢"。

"气儿"之"徐、疾"宜持续传递，"气儿"之"序、计"宜延伸接力。

这是"谏书"文体固有的精神气质之规定，也是发出"规劝"进而期待改变的意识逻辑之属性。应以说事之前后为"序"，应以论理之左右为"计"，宜于"徐而有序"之中层层递进，宜于"疾而有计"之中令人相信。说事、叙述之时，"徐"与"疾"应互成比例，论理辨析之时，"序"与"计"应彼此紧密关联。

以"昔穆公求士，西取由余于戎，东得百里奚于宛，迎蹇叔于宋，来邳豹、公孙支于晋。此五子者，不产于秦，而穆公用之，并国二十，遂霸西戎。孝公用商鞅之法，移风易俗，民以殷盛，国以富强，百姓乐用，诸侯亲服，获楚、魏之师，举地千里，至今治强。惠王用张仪之计，拔三川之地，西并巴、蜀，北收上郡，南取汉中，包九夷，制鄢、郢，东据成皋之险，割膏腴之壤，遂散六国之众，使之西面事秦，功施到今。昭王得范雎，废穰侯，逐华阳，强公室，杜私门，蚕食诸侯，使秦成帝业"为例，在口语外化之时，适宜以这四个长句并列之态势为徐，宜以四公王接替之代次为疾，宜以四个长句所述内容类型之相近为序，宜以四公王招贤纳士性质之相同为计。如此方可便于全篇劝谏气力之汇集，继而以达上书后可改变诉求之目的。

"劲儿"宜以螺旋式起始、飘落式停止。

此文的论据从历史中（秦穆公、秦孝公、秦惠王、秦昭王）走来，复而又于现实中（秦王嬴政）存在，作者陈以利弊、晓以利害，于正反两方面进行了严谨论述，旨在使秦王可以收回成命，进而自身亦可获得保全。纵览全篇，劝谏者于中心论述的层面不惜笔墨、竭尽全力且毫无其他方面之顾及，逻辑极为严密，全为心中的表达主旨而用。

鉴于此，朗诵者于"劲儿"之起始之时亦应毫无羁绊，进而伴随文章说事之深入和论理之展开而构成上升式螺旋。由于作者心中劝谏目的的不可撼动性，所以行文从论断之开端，到论据之结实，最后论证之结果始终毫无放纵。因此，朗诵者在口语外化之时还需要关注"劲儿"的降落，亦应做到有托举地放松，即飘落式停止，不可漫无目的地自由。

对朗诵者备稿的内心视像而言，还需建立如下心理认知，以便确定内心感受，即"学成文武艺，货与帝王家"（出自元杂剧《庞涓夜走马陵道》，作者已无考）。这两句话的今意是学好了文才和武功，最终的愿望都是贡献给帝王，都是要为朝廷出力的。这样的思想意识乃为我国儒家之道的传统观念，也是古代士人阶层精神追求之所在。

公元前 237 年，秦始皇准备统一六国之时就曾下过逐客令，当时此篇书文作者亦在被驱逐之列。这样的举措不仅打击了当时存在已久的养士之风，亦关乎作者李斯本人的去留与前途命运。于是在即将离开秦国之时，李斯勇敢地上书并最终打动和说服了秦王嬴政收回成命，后李斯也因此而得到了重用。

鉴于此，《谏逐客书》一篇口语外化之"味儿"的塑造应以焦急而有力的叙事，耿直而密集的论理为宜。

利弊直言　以为今鉴——《过秦论》上篇朗诵解析

《过秦论》乃为一篇政论文。"过秦"的意思是指出秦始皇和秦国的过失，"过"此处为动词；"论"乃为一种议论文体，重在阐明自己的观点和意见。故而"过秦论"意即指出和指责秦王和秦皇于内政、外交两方面过失的一篇史论。

西汉的汉文帝时代，即"文景之治"前期被誉为汉代的"太平盛世"。当时权贵、豪门大量侵吞农民土地，百姓被迫流离失所；地方统治严重的压迫、剥削和暴虐的刑罚，也使得社会矛盾日益激化；国内封建割据与中央集权的、统治阶级与劳动人民的，以及各民族之间的矛盾都在日益加剧，统治者的地位有动摇之可能。

时任博士、太中大夫的作者贾谊敏锐地发觉到了西汉王朝所潜伏之危机后遂作此论。文章总论了秦的兴起、灭亡及其原因，鲜明地提出了本文的中心论点，即"仁义不施而攻守之势异也"。其目的十分明确，为汉文帝进行国家政治改革提出警示和劝诫，以利西汉政权长治久安。引述作者贾谊自己所言即为"观之上古，验之当世，参以人事，察盛衰之理，审权势之宜"，主张"去就有序，变化因时"，其目的是求得"旷日长久，而社稷安矣"。

《过秦论》共有三篇，其中以此上篇为最佳，文采最佳，影响亦大，且具备了"论"文体之全部特征：排比对偶、条理清晰、立论说理、一气呵成。作者贾谊，西汉初年著名政论家、文学家，曾为梁怀王刘揖太傅（太子的老师），不料后来梁怀王坠马身亡，贾谊作为老师便深感自责和内疚，不久郁郁而终，英年早逝，殁时年仅 33 岁。贾谊为汉代名士，骚体赋之代表作家，同时代的史学家司马迁对屈原、贾谊寄予了深厚的同情，为二人写了合传——《屈原贾生列传》，收于《史记》之中，后世亦将屈原和贾谊并称为"屈贾"。

第一层次，叙述秦孝公怀着一统天下的决心，对内重用商鞅建立法制，对外施行连横策略，获得了极其强大的内政外交，一时雄霸于各诸侯。

秦孝公据崤函（xiáo hán，崤山和函谷关）之固，拥雍州之地，君臣固守以窥周室，有席卷天下，包举宇内，囊括四海之意，并吞八荒之心。当是时也（正在这时），商君佐之，内（对内）立法度，务耕织，修守战之具；外（对外）连衡而斗诸侯。于是秦人拱手而取西河之外。

孝公既没（mò，通"殁"，死），惠文、武、昭襄蒙故业，因遗策，南取汉中，西举巴、蜀，东割膏腴（gāo yú，肥沃的）之地，北收要害之郡。诸侯恐惧，会盟而谋弱秦，不爱（吝惜）珍器重宝肥饶之地，以致天下之士，合从缔交，相与为一。当此之时，齐有孟尝，赵有平原，楚有春申，魏有信陵。此四君者，皆明智而忠信，宽厚而爱人，尊贤而重士，约从离衡，兼韩、魏、燕、楚、齐、赵、宋、卫、中山之众。于是六国之士，有宁越、徐尚、苏秦、杜赫之属为之谋，齐明、周最、陈轸（zhěn）、召滑、楼缓、翟景、苏厉、乐（yuè）毅之徒通其意，吴起、孙膑、带佗、倪良、王廖、田忌、廉颇、赵奢之伦制其兵。尝以十倍之地，百万之众，叩关而攻秦。秦人开关延敌，九国之师，逡巡（qūn xún，因有所顾虑而徘徊）而不敢进。秦无亡矢遗镞（zú，箭头）之费，而天下诸侯已困矣。于是从散约败，争割地而赂秦。秦有余力而制其弊，追亡逐北，伏尸百万，流血漂橹。因利乘便，宰割天下，分裂山河。强国请服，弱国入朝。延及孝文王、庄襄王，享国之日浅，国家无事。

第二层次，论述了秦王嬴政称帝之后，据险关、施暴政、役人民、罢百家、增徭役、修长城，致使百姓不堪重负、民不聊生。

及至始皇，奋六世之余烈，振长策而御宇内，吞二周（西周、东周）而亡诸侯，履至尊而制六合，执敲扑而鞭笞（chī，抽打）天下，威振四海。南取百越之地，以为桂林、象郡；百越之君，俯（本音fǔ，此处语流音变为fú）首系（jì，脖子上系绳）颈（jǐng），委命下吏。乃使蒙恬（tián）北筑长城而守藩篱（fān lí，竹、木编织的篱笆或栅栏），却（使……退却）匈奴七百余里。胡人不敢南下而牧马，士不敢弯弓而报怨。于是废先王之道，焚百家之言，以愚（yú，使……变得愚蠢）黔首；隳（huī，毁坏）名城，杀豪杰，收天下之兵，聚之咸阳，销锋镝（dí，箭头），铸以为金人十二，以弱天下之民。然后践华为城，因河为池，据亿丈之城，临不测之渊，以为固。良将劲（jìng，强壮）弩守要害之处，信臣精卒陈利兵而谁何（hē，通"呵"，呵喝，稽查盘问）。天下已定，始皇之心，自以为关中之固，金城千里，子孙帝王万世之业也。

第三层次，讲述了陈涉虽为贫家子弟，但是勇敢地揭竿而起，天下豪杰也纷纷响应，最终推翻了秦朝统治的史实。此部分得出本篇的结论，即原本形势大好的秦国很快就灭亡了的根本原因就是没有施行仁政。

始皇既没,余威震于殊俗。然陈涉瓮牖绳枢(wèng yǒu shéng shū,瓮,瓦罐;牖,窗子;枢,门轴。破瓮做窗,绳作门轴,比喻贫穷人家)之子,氓隶(méng,农村中地位低下的人。氓,农民,隶,奴隶)之人,而迁徙之徒也;才能不及中(普通人)人,非有仲尼、墨翟之贤,陶朱、猗顿(yī dùn)之富;蹑(niè,置身于……)足行伍(háng wǔ,代指军队)之间,而倔起阡陌(qiān mò,原是田间小路,此处代指民间)之中,率疲弊之卒,将(jiàng,率领)数百之众,转而攻秦,斩木为兵,揭竿为旗,天下云集响应,赢(挑着粮食担子)粮而景(yǐng,通"影",意指如影随形地跟从)从。山东豪俊遂并起而亡秦族矣。

且夫天下非小弱也,雍州之地,崤函之固,自若也。陈涉之位,非尊于齐、楚、燕、赵、韩、魏、宋、卫、中山之君也;锄耰(yōu,农具)棘矜(qín,木棍),非铦(xiān,锋利)于钩戟长铩(shā,古兵器、大矛)也;谪戍(zhé shù,谪,贬谪;戍,守卫)之众,非抗于九国之师也;深谋远虑,行军用兵之道,非及(赶得上)向时(从前)之士也。然而成败异变,功业相反,何也?试使山东之国与陈涉度长絜(xié,衡量)大,比权量力,则不可同年而语矣。然秦以区区之地,致万乘(shèng,车马众多)之势,序八州而朝(cháo,使……来觐见)同列,百有(yòu,通"又",连接整数和零数)余年矣;然后以六合为家,崤函为宫;一夫作难(nàn)而七庙隳,身死人手,为天下笑(耻笑)者,何也?仁义不施而攻守之势异也。

对朗诵者而言,这篇"论"文的表面文字信息认知难度较前述先秦诸子之作,已经有了些许减少,文字与近代和当代相较也有了更多相似,少了许多通假字和异体字,对于阅读和理解而言,便生出许多便利。

然而朗诵的难度却依旧不小。这是由于本篇"论"文将议论融于叙事比对中的写作技巧和大量使用对偶、排比、铺陈的修辞手法而形成的大开大合之文势所致。

鉴于此，朗诵之"声儿"应以叙事中之结实、论理中之有力为宜。

于是"声儿"之明亮、圆润就成了口语外化之主角，持久和自然亦变得不可或缺：明亮易于入耳、圆润便于接受、持久能引领思考、自然可建立认同。然而以上这四方面在这篇朗诵之中还需合理地调配。

例如"有席卷天下，包举宇内，囊括四海之意，并吞八荒之心"，既有排比，也有对偶同在的句式。"声儿"之样式选择忌讳同一，嗓音色彩避免连续。"席卷、包举、囊括、并吞"四组两字词，如"席卷、囊括"之"声儿"较明亮，"包举、并吞"则需要以较枯涩为宜。反之亦然，如"席卷、包举"之"声儿"色彩相同抑或相近，则需要"囊括、并吞"两词之色彩趋同或接近为佳。

再如"约从离衡，兼韩、魏、燕、楚、齐、赵、宋、卫、中山之众。于是六国之士，有宁越、徐尚、苏秦、杜赫之属为之谋，齐明、周最、陈轸、召滑、楼缓、翟景、苏厉、乐毅之徒通其意，吴起、孙膑、带佗、倪良、王廖、田忌、廉颇、赵奢之伦制其兵"二句中，多个国名和人名连续出现，更需要于明亮与喑哑、圆润与枯涩之间寻求精细的选择，也可以在此四类"声儿"的色彩程度层面进行立体、交叉式的运用。

又如"蹑足行伍之间，而倔起阡陌之中，率疲弊之卒，将数百之众，转而攻秦；斩木为兵，揭竿为旗，天下云集响应，赢粮而景从"等由六字句起始、四五六字句掺杂，亦同时有排比、对偶手法存在之句式中，则需要关注各自短句中和一整句、全体句群之"声儿"色彩的丰富变化的彼此交替，以利于文字逻辑之运动与接续。

上述三种技术技巧可作为《过秦论》朗诵"声儿"之道也。

"字儿"应以"全与半全"相间、"延与拖长"互联、"宽发与窄发"共担为宜。

例如"秦有余力而制其弊，追亡逐北，伏尸百万，流血漂橹；因利乘便，宰割天下，分裂山河。强国请服，弱国入朝"一句，由两个以分号间隔并连续铺陈的四字句组成，"追亡逐北""伏尸百万""流血漂橹"三个短句与后续之"因利乘便""宰割天下""分裂山河"既有因果关系，又有两两相对，因为"追亡逐北"，才导致了"因利乘便"；因为拥有了"伏尸百万"的战绩，才产生了"宰割天下"的结局；因为"流血漂橹"的惨烈，才分裂了别国的山河，即"分裂山河"。因为有上述"追亡逐北""伏尸百万""流血漂橹"的行为，才产生了后面"因利乘便""宰割天下""分裂山河"的效果，进而实现了秦王最终的政治目的，即"强国请服，弱国入朝"。

鉴于此，如若"追亡逐北"之"声儿"呈现了"全、延、宽发"之态，则与其相对之"因利乘便"即应以"半全、拖长、窄发"选择为宜，如此既可避免因语言面貌临近之同一而令受众接受感知产生疲敝，亦可由于外化形态发生了明显变化而利于朗诵者建立相互因果之逻辑关系。然"追亡逐北""伏尸百万""流血漂橹"小意群的三部分之间亦应采取明显的"全与半全、延与拖长和宽窄相间"之"叼、拉、收"之吐字技巧，如此既可便于体现行为主体（秦王）实施吞并举动之次序和步骤，亦可利于协助完成文字论断中有关秦王"仁义不施"的残暴形象之塑造。

另"外连衡而斗诸侯"一句中，连衡，亦为"连横"，乃为彼时一种离间六国并使它们各自同秦国联合后从而各个击破之战争策略。然而此处的"连衡"一句为虚笔，并不是文中所述"商君佐之"的商鞅所提出的策略，实际上是公孙衍、张仪、苏秦、范雎（jū）、庞煖（nuǎn）等谋士在秦惠文王十年，即公元前328年所制定的军事、外交策略，但是此时商鞅已故十年。所以当朗诵至此时，需将"连衡"一词作虚化处理，但是这个虚化也应有别于常，适宜以"气儿实缓吐，减少声带闭合，劲儿起后便随即落下，捎带、辅助讲述之味儿"来口语虚化此两字词。

"气儿"之"徐"应以说事为"序"，以使"徐"有出处；"气儿"之"疾"应以论理为"计"，以令"疾"有轻重。

由于连续的铺陈和大段的叙述，形成了该"论"波澜壮阔之文气，又因为作者以汉赋大家的创作习惯，在通篇中多用"赋"文四字成句的写作手法，于是令全文呈现出了大开大合的盛势。如此则更需要仔细设计"气儿"之疏密，切忌一以贯之，应以大比例之疏密给付口语外化。当情感浓烈之时，气息务必团结；于气氛沉郁之时，气息力求贴切。

例如"及至始皇，奋六世之余烈，振长策而御宇内，吞二周而亡诸侯，履至尊而制六合，执敲扑而鞭笞天下，威振四海。南取百越之地，以为桂林、象郡；百越之君，俯首系颈，委命下吏"一句，文字表面叙述了秦始皇能征善战之成功，实则作者在以彼时之史实向汉文帝发出时效之提醒，即要汉文帝对西汉王朝此时社会各阶层矛盾日益加剧之现实及时引起足够的重视，并施行仁政，以利长治久安。诸行动如"振……而御、吞……而亡、履……而制、执……而鞭笞"等，皆以"奋六世之余烈"为秩"序"。

故而朗诵所用之"气儿"应以徐起为宜，以利于讲述同一主体（秦始皇）连续完成了诸行动之事。继而之"南取……以为……俯……系……委……下"皆为"奋六世之余烈"之"计"划。所以这一段的朗诵所用之"气儿"应以疾起为宜，从而便于延展表达同一主体完成诸行动之社会影响。说事之时用气相对疏松，从而便于体现臣子之忠；论理之时用气较为紧密，则利于塑造谋士之诚。在长句或大意群朗诵中，朗诵者在使用常规换气方法之时主观地运用"就气、偷气"技巧穿插，可规避语言面貌之呆板，更利于排比、对偶句式的表达。

"劲儿"应以文字意思表示之行进为起始之依，应以信息逻辑关系之建立为落下之据。

作者贾谊作为士大夫和太子太傅，为所服务之汉文帝进言献策并辅教太子，实为受人之托、忠人之事也。所以其文辞结实有力、逻辑严紧周密，意在想文帝之所想、急文帝之所急，实乃忠诚直言、坦率进谏之所为也。例如："且夫天下非小弱也，雍州之地，崤函之固，自若也。陈涉之位，非尊于齐、楚、燕、赵、韩、魏、宋、卫、中山之君也；锄耰棘矜，非铦于钩戟长铩也；谪戍之众，非抗于九国之师也；深谋远虑，行军用兵之道，非及向时之士也。然而成败异变，功业相反，何也？"这三句，将起义者陈涉鄙陋之力与九国军士之强大进行直接对比，毫无遮掩，然通篇此类之词句并非鲜见。

故而"劲儿"于表达文字意思之时，需在起始之前即关照到落下之际，以便为论理时建立逻辑关系之使用；亦应在落下之前顾及后续起始之需，以利于在论理之后即刻再行文字意思之叙述，避免本文气势之减缓。

"味儿"之塑造应侧重在说事中建立主体之行进感，于论理时追寻客体之认同感为宜。

此处的"主体"意指朗诵者本人和其所携带的口语外化信息，"客体"即为收听者和其接纳后之内心感受。鉴于文章通篇的文字样式多以大量、连续的铺陈和排比中又含着对仗为主，故而应自始至终地依据文旨而擎着一种不可阻挡之势，气息也应于饱满的基础上进行大比例之徐疾变化。声音之虚实搭配和"叼、拉、归"处理要频繁，甚或于相连的字、词、句之间都可以密集地变化。重点段落和重点词的字形在谈吐之时甚至可以打破大众常规之接受习惯，可以更多地用突出表达强烈情感之时的程度副词、形容词和数量词，以令口语外化形象愈加鲜明。此篇朗诵的声音力道可想象山羊在陡峭的岩壁上攀缘往来之感。

如此处理既可以令有声语言信号在朗诵的语言链条之中不停地闪、转、腾、挪，又可以在每次动作完成之后实现安全落地。即在朗诵需要突出重点词之时，

"劲儿"务必给得充分，而面对其他非重点字、词之时，则可以令"劲儿"保持存在即可。此处可移意、借鉴中国传统绘画技法中的浓墨重彩或者惜墨如金的意识感觉，通感或拿来使用。

以此朗诵即可塑造出《过秦论》"坦诚地忠告、强力地劝谏"之"味儿"。

托孤老臣　赤胆忠心——《前出师表》朗诵解析

据西晋史学家陈寿所著《三国志》卷三十五《诸葛亮传》记载："章武三年（即公元 223 年）春，先主于永安（白帝城，现四川奉节县东北）病笃。召亮于成都，属（通"嘱"，托付）以后事。谓亮曰：'君才十倍于曹丕，必能安国，终定大事。若嗣子（指后主刘禅"shàn"）可辅，辅之；如其不才，君可自取。'亮涕泣曰：'臣敢竭股肱之力，效忠贞之节，继之以死！'先主又为诏，敕（chì，皇帝的诏令）后主曰：'汝与丞相从事，事之如父！'"

后来刘禅便于朝堂之上和众臣面前皆以"相父"称呼丞相诸葛亮，并开启了蜀国多年"事无巨细，成决于丞相"的政治体制。四年后的公元 227 年，丞相诸葛亮经过休养民生和整饬（chì）军事后蜀国国力得以复兴，准备启动北伐以遂先帝之遗愿，以答刘备三顾草庐之信任和托孤、嘱咐之恩情。而刘禅此时已年逾弱冠，天资虽不乏仁敏，然性情懦弱、昏愚，故而蜀汉丞相诸葛亮对其治国理政之能极为担忧。

于是在决定率军北上进攻曹魏，夺取长安（今陕西西安）之前的公元 227 年，给蜀国后主刘禅上书，发出预警、提出建议。《出师表》全文以前朝老臣的口气，既以下呈上，亦谦卑有加，复而以相父的口吻几近耳提面命之训教语态，言之凿凿、寓情于理，诸葛亮忠贞不贰之情、老丞相以身许国之意充满了"表"文的字里行间。此文久为世人稔（rěn）熟并深得褒赞，南宋著名诗人陆游于其《书愤》

一诗中便有记曰："出师一表真名世，千载谁堪伯仲间。"

第一层次，分析形式、竭力劝谏、提出建议。

先帝（刘备）创业未半而中道崩殂（cú，亡故），今天下三分，益州疲弊，此诚危急存亡之秋也。然侍卫之臣不懈于内，忠志之士忘身于外者，盖（原来、都是）追（追念、感恩）先帝之殊遇，欲报（回报）之于陛下也。诚宜开张圣听，以光先帝遗德，恢弘志士之气，不宜妄自菲薄（fěi bó，轻视），引喻失义，以塞（sè，阻塞）忠谏之路也。宫中府中，俱为一体，陟（zhì，奖励）罚臧否（zāng pǐ，评判，此处为名词动用，意指评价臣子的好坏），不宜异同。若有作奸犯科及为（wéi，做）忠善者，宜付有司（管理部门）论其刑赏，以昭陛下平明之理，不宜偏私，使内外异法（赏罚的办法不同）也。侍中、侍郎郭攸（yōu）之、费祎（yī）、董允等，此皆良实，志虑忠纯，是以先帝简（通"拣"，挑选）拔（选拔）以遗（wèi，留给）陛下。愚（yú，自己的谦称）以为宫中之事，事无大小，悉以咨之，然后施行，必能裨（bì，补）补阙（quē，通"缺"，缺点）漏，有所广益。将军向宠，性行（xíng，行为）淑均，晓畅军事，试用于昔日，先帝称（chēng，称赞）之曰能，是以众议举宠为督。愚以为营中之事，悉以咨之，必能使行（háng，军队）阵和睦，优劣得所（各得其所）。亲贤臣，远小人，此先汉所以兴隆也；亲小人，远贤臣，此后汉所以倾颓（倾覆、颓败）也。先帝在时，每与臣论此事，未尝（用在否定词前，构成双重否定）不叹息痛恨于桓、灵也。侍中、尚书、长（zhǎng）史、参军，此悉（都是）贞良死节（为国而死的气节）之臣，愿陛下亲之信之，则汉室之隆，可计日而待也。

第二层次，回述自己、缅怀先帝、誓言成功。

臣本布衣，躬耕于南阳，苟全性命于乱世，不求闻（wèn，此处动词做补语，故而发去声，意指有名望）达于诸侯。先帝不以臣卑（身份低微）鄙（bǐ，所处偏远、有别于今意），猥自枉屈（wěi zì wǎng qū，降低自己的身份），三顾臣于草庐之中，咨臣以当世之事，由是感激，遂许（答应后跟随）先帝以驱驰（奔走效劳）。后值倾覆（军事失败），受任于败军之际，奉命于危难之间，尔（这）来二十有（通"又"）一年矣。先帝知臣谨慎，故临崩（临终之时）寄（托付）臣以大事也。受命以来，夙夜忧叹，恐托付不效，以伤先帝之明，故五月渡泸（金沙江），深入不毛。今南方已定，兵甲已足，当（dāng，应该）奖率三军，北定中原，庶（shù，希望、但愿）竭（竭尽）驽（nú，平庸，作者自谦）钝，攘（rǎng，铲除）除奸凶，兴复汉室，还（huán，返回）于旧都。此臣所以报先帝而忠陛下之职分（fèn，职责）也。至于斟酌损益（zhēn zhuó sǔn yì，酌情处理政务），进尽忠言，则攸之、祎、允之任也。愿陛下托（交予）臣以讨贼兴复（复兴汉室）之效，不效则治臣之罪，以告先帝之灵。若无兴德（彰显先帝恩德）之言，则责攸之、祎、允等之慢（怠慢，失责），以彰（指出）其咎（错误）；陛下亦宜自谋（自律自强），以咨诹（zōu，问询）善道（治国理政的方法），察纳（先识别再采纳）雅言，深追（缅怀）先帝遗诏，臣不胜受恩感激。今当（即将）远离，临（面对）表（此文）涕（眼泪）零（落下），不知所言。

此篇"表"文的诵读之"声儿"应以讲述时的明亮、疏朗，抒情时的圆润、厚重佳，整体需明亮与圆润并行，疏朗与厚重共用为宜。

例如开篇首段："先帝创业未半而中道崩殂，今天下三分，益州疲弊，此诚危急存亡之秋也。然侍卫之臣不懈于内，忠志之士忘身于外者，盖追先帝之殊遇，欲报之于陛下也。诚宜开张圣听，以光先帝遗德，恢弘志士之气，不宜妄自菲薄，引喻失义，以塞忠谏之路也。"

文字语言虽为以下呈上、以臣谏君，然此中之下与上、臣与君之个人关系非同一般，他们彼此多年、长久相识又紧密相伴，既有先主当面托孤之义重，且意思表示的主体诸葛相父尚在为当朝发挥股肱之大用，而其文旨又为利民、利国、齐家、平天下之所愿奉，故而诵读之韵味可以开诚布公、直言不讳。

因此，此段"声儿"的选择、使用和口语外化基本态建议如下：

（启奏感，气儿实缓吐，声儿先稍虚后实、明亮，字儿全）先帝（声儿虚，字儿拉开）创业未（声儿虚，字儿窄发，气儿暂断，遗憾感）半＼（字儿延）而～（字儿短促）中道（声儿厚重，哀伤感）崩殂，今＼（声儿先实后虚）天下（气儿足缓吐，字儿全，声儿先虚后实、中明亮）三分，（连）益州疲弊，（气儿足疾吐后暂断，声儿结实，字儿宽发、全，劲儿肯定）此＼（字儿拖长）诚危急（并列感）存亡之（声儿虚）秋也。（声儿实，气儿暂断）然＼侍卫之臣不（声儿明亮，字儿拉开，劲儿肯定）懈于内，（并列）忠志之士（气儿足疾吐，声儿浑厚，字儿拉开）忘身于（气儿实疾吐，字儿明亮、窄发）外者，（气儿足虚吐，字儿半全；声儿明亮，判断感）盖～追先帝之（声儿厚重，字儿拖长）殊遇，（连）欲报（声儿虚，字儿短促，气儿暂断）之＼于～（声儿宽发，字儿短，劲儿促）陛下也。（劲儿总结，气儿实疾吐后暂断，声儿浑厚，字儿全，综述感）诚＼（疾连）宜开（字儿全，劲儿下落）张（气儿持续，劲儿稍重）圣听，（连）以（字儿半全）光先帝（声儿明亮，字儿拉开）遗德，（并列，声儿明亮）恢（声儿厚重）弘（声儿虚，字儿宽发）志士之气，（声儿实，字儿短，劲儿促）不（字儿半全，气儿暂断）宜＼妄自菲（声儿虚）薄，（递进感）引（声儿虚，字儿拖长）喻（字儿拉开，声儿宽发、明亮）失义，（递进感）以（声儿润，不情愿感）塞忠（声儿虚，气儿暂断）谏＼之（声儿虚）路也。

这一段的意思表示即作者诸葛亮本人携着强烈的进言，以期可以实现后主刘禅精神改变的目的。此重点内心视像于诵读者的意识范畴中亦不可有片刻的中断和减弱，进而于某些重点字、词，选择使用惯常不多见之厚重加明亮、浑厚又有力的声音状态未尝不可。

"字儿"应以"短、半、全、拉开"之形态本身的科学变化为宜，以利于营建意思表示之重点，进而构成通篇忠诚进谏之逻辑基本面。

例如："侍中、侍郎郭攸之、费祎、董允等，此皆良实，志虑忠纯，是以先帝简拔以遗陛下。愚以为宫中之事，事无大小，悉以咨之，然后施行，必能裨补阙漏，有所广益。将军向宠，性行淑均，晓畅军事，试用于昔日，先帝称之曰能，是以众议举宠为督。愚以为营中之事，悉以咨之，必能使行阵和睦，优劣得所。"

这两段中，作者连续对四位当朝之文臣武将的个人性情特点和辅政能力进行了分析、褒扬，并强烈建议陛下以其四者为作者"今当"率军出征、离去后之日常倚重，复将此两段之列举说明作为接续"亲贤臣，远小人"与"亲小人，远贤臣"对比之论据，以成为君主未来选人、用人之长久指标。如此之表述，足以见得受孤老臣忠心之烈烈，亦可得见相父诸葛诚爱之耿耿。

故而，此两段"字儿"的选择、使用和口语外化基本态建议如下：

（气儿实疾吐，字儿短促，声儿虚，循循善诱感）侍（字儿全，声儿厚重）中、（字儿拉开、宽发）侍郎郭攸之、费祎、董允等，（字儿短）此（字儿拉开、宽发，劲儿先平后下落，强调感）皆（字儿半全，声儿结实、浑厚）良（劲儿轻，以避免抢夺之前"良"字的传播感受）实，（两字皆可短促）志虑（字儿半全）忠（字儿拉开，声儿厚重、圆润）纯，（连，判定感）是以（字儿全）先帝～简（并）拔以（字儿半全，劲儿有力，声儿明亮）遗（声儿虚）陛下。愚＼以为～（字儿全，声儿稍虚）宫中之事，（连）事（声儿稍明亮，字儿全）无大小，（气儿实疾吐，字儿拉开、宽发，劲儿下落，坚定感）悉（字腹拉开）以（字儿短促，声儿虚）咨之，（连）然后施行，（气儿足疾吐，字儿短，声儿虚、宽发，私密感）必能裨（字儿半全）补阙（声儿虚）漏，（递进感）有所广益。（重起感）

将军（两字皆拉开，声儿实、中明亮）向宠，性行＼淑（并）均，（连）晓畅军事，（回溯感，字儿半全、宽发）试用于（字儿拉开、宽发，声儿虚）昔日，（字儿全，声儿圆润）先帝称之曰＼（字儿全，声儿先实后稍虚）能，是以（字儿拉开，声儿厚、劲儿重）众议举（字儿拖长）宠为（声儿实，字儿半全，劲儿轻落）督。愚以为＼（字儿半全）营中之（声儿虚）事，悉以（字儿拉开、宽发，声儿实）咨之，（气儿足缓吐，字儿半全、宽发，声儿明亮）必能＼使～行阵和睦，（并列）优劣（字儿拖长，判定感）得（声儿虚）所。

　　"气儿"之"徐"应以回顾过往为"序"，之"疾"应以阐述希望为"计"，整体应以"徐"与"疾"相互补充、"疾"与"徐"同向联动为宜。

　　例如："臣本布衣，躬耕于南阳，苟全性命于乱世，不求闻达于诸侯。先帝不以臣卑鄙，猥自枉屈，三顾臣于草庐之中，咨臣以当世之事，由是感激，遂许先帝以驱驰。后值倾覆，受任于败军之际，奉命于危难之间，尔来二十有一年矣。先帝知臣谨慎，故临崩寄臣以大事也。受命以来，夙夜忧叹，恐托付不效，以伤先帝之明，故五月渡泸，深入不毛。今南方已定，兵甲已足，当奖率三军，北定中原，庶竭驽钝，攘除奸凶，兴复汉室，还于旧都。此臣所以报先帝而忠陛下之职分也。至于斟酌损益，进尽忠言，则攸之、祎、允之任也。"

　　此两段的回顾旨在追念先主之旧恩，其中的阐述皆为凝聚满朝文武之心，两方面结合便形成了一个鲜明而有力的共同指向，就是为了即将展开的前线征战之平顺，亦为了丞相离朝后家国统治之安稳。此中字字抒发了作者心中随先主"驱驰""二十一年"之忠贞，句句充满着"奉命于危难之间""恐托付不效，以伤先帝之明"，誓言"兴复汉室，还于旧都"之责任，此亦为整篇"表"文贯穿之主旨。

　　故而，诵读预备和使用之"气儿"则更需格外关注"徐"与"疾"相互交替之情理顺延逻辑，亦需小心处理"序"与"计"彼此依存之时空转换意义。

鉴于此，上述两段"气儿"的意识、调配和口语外化基本态可以如下：

（整段的回忆、叙述感，以"躬耕、苟全、不求—遂许—驱驰—倾覆—受任、奉命—二十有一"为"气儿"之"序"。）（气儿足缓吐后暂断，声儿润泽、结实，字儿半全，劲儿稍向下落）臣＼本（气儿促，字儿短）布衣，（连）躬耕于南阳，（并）苟全性命于乱世，（继）不求闻达于诸侯。（重起感，气儿实缓吐，声儿涩，字儿全）先帝不以臣卑鄙，猥自枉屈，（声儿明亮，字儿圆润、全）三顾＼臣～于（声儿虚）草庐之中，（连）咨臣以当世之事，（紧连）由是感激，（气儿促、暂断）遂＼（字儿拉开）许先帝＼以（字儿全，声儿虚）驱驰。（重起感，气儿徐虚吐、暂断，声儿虚，字儿短）后＼（稍明亮）值（声儿虚，字儿拖长）倾覆，（连）受任于败军之际，（继）奉命于危难之间，（总结感，气儿实缓吐，声儿圆润）尔（字儿全）来二十有一年矣。

（此段"气儿"之"疾"应以上一段回顾之因于本段生发出的效命之果为"序"，以"兴复汉室，还于旧都"之国家意志为"计"。然此段之"疾"切不可过分，气息不可用满，需要为承接下一段之决心表达和作者誓言"愿陛下托臣以讨贼兴复之效，不效，则治臣之罪，以告先帝之灵"预留出气息使用形态之空间。）（气儿实疾吐，声儿实、中明亮，字儿全）先帝＼知（字儿全）臣（气儿足缓吐，声儿稍虚）谨慎，（连，气儿促后暂断，字儿短）故＼临崩＼寄（气儿足疾吐，字儿拖长）臣～以（字儿全，声儿虚）大事也。（继续感，气儿足疾吐，声儿圆润、厚）受命以来，（两字拉开，并列感）夙夜（字儿拖长，声儿浑厚）忧叹，（解释感，气儿实虚吐，字儿全）恐托付不（字儿全，声儿虚，劲儿轻落）效，以伤先帝之（尊重感，声儿中明亮，字儿拉开）明，（接续感，气儿足疾吐、暂断，字儿短促）故＼五月渡（字儿半全）泸，（字儿全）深入不毛。（时间转换感，气儿实疾吐，字儿短）今＼（字儿半全）南方已（字儿拉开）定，（连）兵（字儿拉开）甲已（字儿短促、有力）足，（展开、结论感）当（气儿足缓吐，两字皆拉开）奖率三军，北定（字儿全、延，声儿浑厚）中原，（劲儿疾起，气儿实疾吐，字儿半全）庶（声儿稍明亮，字儿拉开，劲儿上扬）竭驽（并）钝，（语速提起，气儿足疾吐，字儿半全，声儿先虚后实）攘（字儿短）除奸凶，（继续提速，两字皆短促，并列感）兴复（气儿足缓吐，声儿实、浑厚，字儿拉开）汉（字儿轻，气儿暂停，劲儿落下但不完全到底）室，（终极目标达成感，气儿足缓吐，字儿拉开，声儿润泽）还（字儿半全）于（字儿短）旧都。（空间转换感，气儿实疾吐后暂断，字儿半全）此＼臣（字儿拉开，声儿稍虚）所以（三字等重）报先帝而（三字等重）忠陛下之（气儿足缓吐，字儿全）职分也。（转折感）至于斟酌（并列感）损益，进尽（继续感）忠言，（字儿延）则攸之、祎、允之任也。

"劲儿"之"起"以议论逻辑的紧密为"依"，之"落"以叙述意思的次序为"据"，"起"与"落"相互作为主体表达感恩和继续砥砺前行的核心，"依"与"据"共同构成进言忠谏，期待客体奋发图强的协力。

例如："愿陛下托臣以讨贼兴复之效，不效，则治臣之罪，以告先帝之灵。若无兴德之言，则责攸之、祎、允等之慢，以彰其咎；陛下亦宜自谋，以咨诹善道，察纳雅言，深追先帝遗诏，臣不胜受恩感激。今当远离，临表涕零，不知所言。"

此两段中，首字"愿"为首句全意"劲儿""起"之"依"，然此一句之中尚存另一个"劲儿"之变化，即第四字"托"又是"愿"之"劲儿"的接替和继续，故而此句中便出现了"劲儿"之"起—落—起"之集成变化。然而首"劲儿"—"愿"的对象和第四字"托"的预设结果，即"讨—兴复—治—告"又成了感恩和砥砺之"据"，复而构成了"依"与"据"两方面意思叙述次序之间的集成变化。

上述两个集成变化又共同成了后续全段意群中对其他官员，即"攸之、祎、允等"使用、监察以及对陛下自身的要求，即"自谋、咨诹、察纳、深追"之所"据"，继而又令上述两个"依"与"据"最后构成了"臣不胜受恩感激"之所"依"和"据"，所以意思表示主体才会感到"涕零、不知"，也就完成了全篇有关老臣之忠和前辈之诚的最终表达。

鉴于此，上述两段"劲儿"的准备、使用和口语外化基本态应该如下：

（气儿足缓吐，声儿圆润，字儿全，劲儿慢起后下落，诚恳感）愿陛下（劲儿继续、深入感）托臣以讨贼兴复之效，（劲儿转）不效，（连）则治臣之罪，（并列）以告先帝之灵。（劲儿重起）若无兴德之言，（转折）则责攸之、祎、允等之慢，（连）以彰其咎；（劲儿递进）陛下亦宜自谋，（连）以咨诹善道，（并）察纳雅言，（目的感）深追先帝遗诏，（结果感）臣不胜受恩感激。（劲儿降落，伤感）今当远离，临表涕零，（劲儿落地）不知所言。

这篇"表"文作者在 624 字的篇幅里，先后 13 次使用了"先帝"一词，又 7 次言及"陛下"，体现了诸葛丞相"报先帝""忠陛下"的思想毫无动摇且不忘初心，时刻没有忘记先帝之"遗德""遗诏"，又时时处处为后主着想的思想，更表达了他辅佐、期望后主尽早完成其父未竟之"兴复汉室"的大业的心愿。

作者虽曾辅佐先帝多年又受托孤之命，亦被今帝于朝堂之上以"相父"相称，然于言语和行为上没有丝毫之僭越踪迹可寻，此乃古代士人忠君思想内存于精神并外化于言行之品德使然。纵览全篇，作者在发出执政预警和进言献策之时有理有据、环环相扣，又强指向他娓娓道来，展望家国未来前景之时又携臣子身份，小心翼翼并谦卑有加。

所以，对这篇《前出师表》诵读"味儿"的塑造而言，"声儿、字儿、气儿、劲儿"的运用体量可重，然而切不可过猛；对轻、重、缓、急的运动还需要明显，但切不可随便；于个别重点文字和逻辑信息之处可略带长辈的隐形训教之"味儿"，然而不可流露出半点儿前辈和老臣的骄傲。

悲壮苍凉　意境深闳——《秋兴八首》朗诵解析

下面以《秋兴八首》为例，就朗诵实践中"五元"的综合运用方法，以及如何以建立和塑造出"味儿"的技巧，进行综合解析。

"对悲苦的正视与担荷（hè，承载）"，这是中国古典文学研究专家叶嘉莹先生于《杜甫秋兴八首集说》中的评述。

公元763年，原计划"青春作伴好还乡，便下襄阳向洛阳"的杜甫，由于成都局部的动乱一直滞留原地，次年写下"两个黄鹂鸣翠柳，一行白鹭上青天"后居于成都的日子还算安稳、勉强。世事难料，公元765年4月，其赖以为依且有共同语言的老友和诗友、成都府尹严武暴病而亡，使杜甫原本就拮据的生活雪上加霜。于是杜甫沿长江东下，途径五地，约一年后停在了距成都600千米的夔州（kuí zhōu，现在的重庆市奉节县），此时已是公元766年。杜甫一家在夔州都督柏茂林的关照下，得以代管公田、经营橘园，以此暂且过活。这一年，杜甫因秋之时节而感发诗兴（xìng，兴致、兴趣），所以题为《秋兴（xìng）八首》。

这八首集合构成的组诗，看似各自独立，实则逻辑关系极为紧密。前三首可被视为第一部分，是写作者此时此地身之所在的夔州的秋景，抒离情。后四首为第二部分，作者的思绪跨越了山川林野的阻隔，回忆着都城长安曾经给自己带来的一切，并对未来尚有着些许想象，是在写彼时彼地心之所寄的长安的人、景、情。第四首可视为两部分之间的过渡和承启，不仅连接了这两部分的文字意思表示，而且黏合了不同时空中或相同或各异的情感逻辑，令这八首诗构成了一个意思结实且关系致密的整体。

需稍加留意的是，唐高宗李治承贞观（zhēn guàn）遗风开创了"永徽之治"，并于公元 657 年建东都洛阳；公元 690 年，武则天改国号为"周"后东迁都城至洛阳；公元 705 年"神龙革命"后复唐，都城又迁回长安，所以此时作者文中所指和心中所寄之地应为长安。

叶嘉莹先生在《风景旧曾谙：叶嘉莹谈诗论词》第四讲"杜甫诗在写实中的象喻性"中有言："需要指出的是，杜甫不仅是用理性来安排他的结构，他是随着他感情的感发来写他对长安之思念的。从现实夔州的秋天一直写到心中往昔长安的春日，杜甫的描写既反映了现实又超脱出现实。他不被现实的一事一物所局限，就好像蜂之酿蜜，那蜜虽然采自百花，却不属于百花中的任何一朵。所以像杜甫《秋兴八首》这样的作品，乃是以一些事物的'意向'表现一种感情的'境界'，完全不可拘执字面做落实的解说。这在中国诗的意境中，尤其在七言律诗的意境中，是一种极为可贵的开创。"

纵观全诗并小心比对和仔细研判后可以发现，这组诗最突出的特色有二：一是语法使用的超越传统，二是意向变化上的超现实陈设。虽然今日的朗诵者无须从七律创作的层面来进行古诗文的认知，但是对口语外化所涉及的载体即诗作本身的状态，则非常有必要知晓和追寻最大化的感受。以晓其意，以明其理，方可为朗诵之用。

以下将展开详述：

其一

玉露凋伤枫树林，巫山巫峡气萧森。

江间波浪兼天涌，塞上风云接地阴。

丛菊两开他日泪，孤舟一系故园心。

寒衣处处催刀尺，白帝城高急暮砧。

第一首以大众习以为常的视听感受，交代了作者情感发生的时间、地点和季节，预置了整首组诗的社会氛围。

第一句的头两个字"玉露"即表明了季节，因晚秋抑或初冬时节的气温所致，露珠已成白色的凝结之态，"枫树林"业已开始凋败，夔州境内的"巫山巫峡"一派萧瑟、阴森之感。这两句是环境描写，创造了气氛。颔联的出句实写身边之景长江的"波浪"很大，已经接连到天际即"兼天涌"。对句是作者根据此地、此景即"江间"转念后在意识中的推断，然而句中的"塞上"虽非长安，但大方位皆位于此地之北。此句文字上虽未明言，但意在故乡的内心所指已然露出。

颈联亦为工整的对仗。公元765年的春天，作者即离开成都开始东行，此作之时已是公元766年的秋季，其已在路上逗留了两年，故出句曰"两开"。"他日泪"，表明看见"丛菊"的这两年都是难过的眼泪，意指生活过得很艰难。对句中将此"两开、他日"的时间承载赋予了这一路东行的水上交通工具即"孤舟"，此乃人之常情。因为此"孤舟"实为这段时间作者和家眷大部分时段的身处之地和情感诞生之陪伴。常言道"在家日日好，出门事事难"，这同为人之常情，所以这小船上盛盈着的和牵系着的是过去的家乡和曾经的都城即"故园"。这里有不可置疑的思维的客观性和行动的必然性。

尾联承接上句，作者一心想着即"一系""塞上、故园"这样安静的内心思想活动，继而展开了有声响的声画讲述，看见和听见所在地的"处处"都在催促启动刀、尺来赶制御寒的衣服，还有晚上夔州即在"白帝城"里较高的位置有许多"急"的捣衣、洗涤声。因为多个同类别的声音连续出现才能有"急"的听觉感受，所以说明城中百姓都在洗洗涮涮，重新制作冬衣。因为首句就看见"玉露"了，也说明时值深秋、冬天就要到了，自然会是一派萧瑟之态即"玉露、凋伤、萧森、地阴"，生活层面的人们则一派忙碌和准备过冬之态即"寒衣、处处、高急、暮砧（zhēn，捶或砸东西时垫在底下的器具，砧板）"。

按照通常的思维逻辑，一般的作者往往会在颈联之后递进地表达有关故园的相关内容，而杜甫却有别于常态地将笔触归结和停留于所在地的人们准备"寒衣"的生活音画之中，意在为组诗连贯的情感展开做意识铺垫和视像预置，此处不乏为一种超越现实的陈设。

鉴于此，此首的朗诵技术技巧和口语表达基本态应该如下：

（全诗声音色彩枯涩居多，劲道薄弱）玉露＼（字儿全）凋伤＼枫～树＼（声儿涩）林，（连）巫山＼巫（声儿虚）峡～气＼萧～森。江间波～浪＼（字儿全、窄发）兼～（字儿半全，劲儿下行）天涌，（声儿虚，劲儿稍重）塞上＼风～云＼接＼地～阴。（过往的回溯感，气儿实徐吐）丛菊＼两～开他～日＼泪，孤舟（字儿全、音程慢）一～系＼故～园～心。（现实的回置感）寒（字儿全，劲儿下落）衣～处＼处＼（字儿全、字尾散收，劲儿平以示持续感）催～刀（并）尺，（气儿疾吐，声儿虚，字儿短）白帝城高～急＼暮＼砧。

其二

夔府孤城落日斜，每依北斗望京华。

听猿实下三声泪，奉使虚随八月槎。

画省香炉违伏枕，山楼粉堞隐悲笳。

请看石上藤萝月，已映洲前芦荻花。

第二首作者开始比较明显地借用此地之景抒发思念故园之情。

首句，夔府怎能为"孤城"呢？没有其他人吗？当然不是！只因作者已经辗转七地，游居已逾六年之久，此时又恰逢深秋渐寒，心中才倍感孤独，所以此"孤城"之孤实为作者个人的孤单无助之意。二句首字的"每"，表示同一动作、行为有规律地反复出现，如"每逢佳节倍思亲"；"依"，根据、遵照之意。

首联将作者的日常行为伤感、直接地表达了出来，即作者经常在"落日"后的"孤城"中，按照北斗星指引的方向远望北方的"京华"即都城长安，还是身在此地、心在故园之感。从"日斜"到"北斗"出现这么长的时间里，一直持续着同一个"远望"的动作，作者的耳边是不安静的即"听猿"，心中也是不安宁的即"下……泪"。夜晚夔州城外猿猴在峡谷中的啼叫声想必是很空灵的，如此更加照应了作者漂泊、无助的心境，所以当此时作者再想念着北方的"京华"的时候，便不知不觉地潸然泪下了。

进而作者回想到自己这两年来的所见所闻之后，仿佛受命一样即"奉使"的东行经历却辜负即"虚随"了八个月来的木筏即"八月槎"（chá，木筏）。此句可以这样认识：在没有了成都严武的关照而不得不离开再觅出路之时，杜甫当时的心里仿佛有一种使命一样。当然这个使命在自己个人心理的驱使下，而开启的新征程，并非真正地获得了来自朝廷的任命或者是谁人的调遣。只是途中人却一直滞留在"夔府孤城"，感觉对不住即"虚随"了一路所乘坐的船筏即"槎"。当然此句中的"八月"亦为数量上的虚指，一是意指时间很长了，再者也可以便于照应整首诗的韵脚"a"以使音韵顺畅。

文本的逻辑果然不出所料。接续的颈联立即就说没有即"违"在尚书省即"画省"闻着香薰即"香炉"养病即"伏枕"，却只能在这山城即"山楼"的粉墙即"粉堞"（dié）里隐约地听着悲壮的笳（jiā）鸣声。笳，指胡笳，我国古代北方民族的一种形似笛子的乐器，其声悲壮，此处代指古代军中的号角。画省，指尚书省，自汉代始，中央政权机关的尚书省中的办公处所以粉彩涂墙，以素色的线条勾勒边界再画上古烈士像，故别称"画省"，或称"粉省""粉署"。

尾联的笔触没有像"其一"一样完全地收束，而是回到了眼前之景即"洲前芦荻花"，将与"京华、画省"相关的内容即"石上藤萝月"继续，但是不乏收敛地表达下去，又是一次联想、牵挂、跨越式地滞留此地与思念故园的情感抒发。

作者于这首诗中将有家回不去的难过，有才不得施的酸楚，有官不能为的苦涩以不易明了的意向化手法，极为胶着地、黏合地、超越现实地表达了出来，令读者易理解、同难过、共焦灼。

鉴于此，本首的朗诵技术技巧和口语表达基本态应该如下：

（全诗声音色彩需自然的圆润伴以无力的枯涩感，气儿虚，劲儿弱）夔府＼孤～城落～日斜（xiá）～，（声儿虚）每依＼（气儿徐吐，声儿涩）北（字儿全、字尾疾收）斗～望京华。（气儿缓吐）听猿～（声儿圆润的颗粒感）实下＼（声儿先虚再圆润，字儿全、音程稍慢）三～声（声儿涩，字儿半全）泪，（两字皆短）奉使（声儿自然的圆润，字儿全）虚（声儿涩，字儿半全）随（三字皆声儿虚，字儿短）八＼月＼槎～。画省（字儿全、音程慢）香炉＼（气儿徐吐，声儿涩，字儿全、音程较快）违～（两字皆稍虚）伏枕，（整句声儿涩）山楼＼粉堞＼（三字声儿皆涩的颗粒感）隐悲～笳。（气儿实疾吐，整句声儿圆润）请看＼石～上（三字皆劲儿轻）藤萝月～＼，（暂停，整句气儿足虚吐，声儿涩，劲儿弱）已映＼洲～前～（三字皆声儿虚）芦＼荻＼花～。

其三

千家山郭静朝晖，日日江楼坐翠微。

信宿渔人还泛泛，清秋燕子故飞飞。

匡衡抗疏功名薄，刘向传经心事违。

同学少年多不贱，五陵衣马自轻肥。

第三首作者便开诚布公地借此地之景忆故园之人。

在上一首经常夜晚遥望长安的氛围铺垫之后，也许是严重的愁郁心情令诗人一夜未眠，也许是浓厚的焦虑情绪导致其晚睡早起，此时作者看见了山城夔州即"山郭"的千家万户即"千家"迎来了早晨的朝晖，也看到了江峡环绕的楼里对面即便已经是"玉露凋伤"的时节，但依然不乏的苍翠之色即"翠微"的景象。

颔联为"朝晖"和"翠微"色彩中眼前的惯常之景，即"渔人泛泛"和"燕子飞飞"。作者看似长时间有规律地望着近处，实则心中无时无刻不在想着远方之地，盼着回到故园。此中之"想"和"盼"尚有两个层面，先以同样定都于长安的西汉宰相"匡衡"敢于上疏进谏却不常被皇帝接纳和经学家"刘向"经常传经布道却没能太多地改变社会的两件历史事件入手，从而表明与他自己的初衷即"心事"相违背的史实，带领读者将心中的视像之指回到作者的遥想之地，以便更容易生发出文字信息的传播效应。

这里还有一个很现实的联系就是作者自己曾在安史之乱爆发后冒死从凤翔（今陕西宝鸡）逆行而上，投奔、效忠唐肃宗，但不久便由于仗义搭救被贬斥的前宰相房琯而触怒肃宗亦遭贬谪。作者将自己的经历与"匡衡、刘向"的经历做了跨越时空的类比后发觉，他们都是耿耿忠心之人却同样遭受了和正在遭受着不公平的待遇。

其实，作者也是知晓为官之术的，只是由于自身性格的耿直抑或其他原因，而一直命运多舛。所以正因如此，才更容易联想到那些善于钻营或者见风使舵的曾经的"同学少年"如今都已富贵、发达，即"不贱"。他们现在都住在长安，穿着轻裘，骑着肥马，享着富贵即"五陵衣马自轻肥"。"衣"，yì，穿着，汉代五个皇帝的陵墓——长陵、安陵、阳陵、茂陵、平陵都在长安附近，当时富家豪族和外戚都住在五陵附近，所以后世的诗文中常以"五陵"代指富贵人家的聚居地。

相比之下，作者自己却经历着"茅屋为秋风所破"、辗转多地、有家不能回、现在赁田种橘等艰辛的生活经历，于是不禁悲从中来，更加的愁苦、郁闷。此时作者心中不乏羡慕、嫉妒、恨，但是又暂时束手无策，只能困居此地。在这首诗的结尾，作者的笔触并没有像前两首一样进行收束处理，而是自然而然地流淌开来，即想到了曾经的不顺，于是写出了现在的不公。

鉴于此，本首的朗诵技术技巧和口语表达基本态应该如下：

（全诗的声音色彩需较薄的浑厚伴以中度的枯涩为主，整体劲儿绵软并带着回忆和娓娓道来之感）千家～山郭＼（劲儿稍重）静～（声儿虚，劲儿轻）朝＼晖，（并）日日＼江楼～坐＼翠＼微。（连，气儿足徐吐）信宿＼渔人＼还～泛＼泛，（并）清秋燕子＼故～飞＼飞。（暂停，遥远的回忆和讲述感）匡衡抗疏～功名＼薄～，（并）刘向＼传～经＼心～事＼违。（气儿足缓吐，声儿较涩居多，劲儿软）同学＼少～＼年（字儿全、音程稍慢，声儿涩的颗粒感）多～（字儿短、音程较慢）不～（声儿虚）贱＼，（气儿实徐吐，声儿涩）五陵～（声儿稍浑厚，字儿全、音程稍快）衣＼（字儿全，声儿涩的颗粒感）马～（声儿虚，字儿半全）自＼轻～（字儿短，声儿涩，劲儿轻）肥。

其四

闻道长安似弈棋，百年世事不胜悲。

王侯第宅皆新主，文武衣冠异昔时。

直北关山金鼓振，征西车马羽书驰。

鱼龙寂寞秋江冷，故国平居有所思。

第四首作者直截了当地借此地之景忆故园之事。

但本首的文字信息的逻辑与前三首截然相反，是先闻听彼地"故园"之事后，再结合此地之景，而再寄彼地之情。足见此中诗人焦灼的心绪在延展，无尽的痛苦在加深，深情的笔触也更加认真。"闻道"，即听说；"弈棋"，对弈、下棋；"百年"，意指一生或者一代人。因此首句意指听说现在长安的局势就像下棋一样拉扯、变化不定，真是感觉这一生过得用"悲哀"都是不足以描述的。

颔联作者根据已知信息和自己曾经的朝廷经历进行了具象化地推断——王侯将相的府第、住宅都是新主人了，文武百官的衣着、帽子与过去即"昔时"也不一样了，所以的确是"不胜悲"啊！

颈联又以所闻即"金鼓振"和所见即"羽书驰"记录了叛乱整体被平定但局部零星的战乱依旧存在的战斗场面。北方进军时擂鼓和收兵时鸣金的声音在振动着，向西边征战的车马带着加急的、贴着羽毛的书信还在往来奔驰。

尾联又从宽敞和嘈杂的战场回到了眼前和静谧的思绪当中。已是深秋时节了，江水已冰凉，曾经龙摆状态的游鱼也显出少动之态。此时再结合刚刚对远方的推断，就更加怀念曾经的平静生活了。但是作者内心思索的苦涩远远大于暂时的平静，同时这一句也开启了接续四首的意识逻辑所指。所以文字写作的结构次序依然是由此及彼、由近及远、写此诉彼、诉此忆彼。

鉴于此，其四的朗诵技术技巧和口语表达基本态应该如下：

（全诗声音色彩应以自然的圆润兼以中度的枯涩为主，劲儿的力道在结实与松软中变化）闻道 \ （音程稍慢）长 ~ （字儿全但音程稍快、字尾疾收）安 ~ \ （气儿徐吐，字儿半全，劲儿稍促）似 \ 弈 \ 棋 ~ ，（连，声儿虚）百年 \ 世 \ 事 \ 不 ~ 胜 \ （声儿涩，字儿全，劲儿轻）悲。（具象的描述感，气儿足缓吐）王侯 \ 第宅 \ （字儿拉开、字尾缓收，声儿稍明亮）皆 ~ （字儿全，劲儿缓起）新（声儿涩，字儿短）主，（并）文武衣（劲儿下行、稍重，字儿半全）冠 \ 异 ~ 昔 ~ 时。（远处空间的转换感）直北关山 \ 金 \ 鼓 \ 振 ~ ，（远处空间的方向变化感，语速稍提，气儿足疾吐，劲儿稍重）征西 \ 车 ~ （字儿全、字尾疾收，劲儿下行，声儿涩的颗粒感）马 \ （气儿徐吐，语速恢复，字儿短）羽 \ （字儿半全，声儿稍浑厚）书 ~ （声儿涩，字儿全，劲儿轻）驰 ~ 。（语速再提起，气儿足疾吐，声儿稍浑厚的圆润）鱼龙寂寞 \ （气儿徐吐，语速恢复，字儿全、音程稍慢）秋～江＼（声儿虚，字儿半全、字尾上扬后停在高处不落下）冷，（疾连，语速稍慢的思虑感，气儿足虚吐，整句声儿圆润的颗粒感）故国＼（字儿全、音程较慢）平～（字儿半全）居～（三字皆字态独立，劲儿轻）有＼所＼思。

其五

蓬莱宫阙对南山，承露金茎霄汉间。

西望瑶池降王母，东来紫气满函关。

云移雉尾开宫扇，日绕龙鳞识圣颜。

一卧沧江惊岁晚，几回青琐点朝班。

第五首作者假借仙境，毫不避讳地先忆长安再思自己。

首联回忆大明宫即"蓬莱宫"的地理位置即"对南山"的巍峨、壮观即"霄汉间"。大明宫是大唐帝国的朝廷正宫、唐朝的政治中心和国家政权的象征，位于都城长安即今陕西西安。

大明宫有多好呢？颔联便假托仙境之景加以描述——向西边的瑶池望去可以看见王母娘娘下到凡界来，自东方而来的祥瑞紫气充满了函谷关。函谷关位于豫陕晋三省交界处的河南省西大门灵宝市境内，曾是战马嘶鸣的古战场。与作者的七律《闻官军收河南河北》中的"剑外忽传收蓟北"中的"剑外"，即有"一夫当关，万夫莫开"之谓的四川剑门关同为古代的重要关口。这里不仅是伟大的思想家、哲学家老子著述道家学派开山巨著《道德经》的灵谷圣地和道家文化的发祥地，也是古代从中原西去长安和从长安东往洛阳的咽喉之地，更是千百年来兵家必争的战略要塞。紫气东来、鸡鸣函关等历史故事与传说皆由此函谷关而来。

颈联是回忆自己当年在朝为官，出入"蓬莱宫"时的所见所闻——那时候，像雉（zhì，一种鸟，外形像鸡，雄性尾巴长，羽毛美丽）鸡尾羽那么美丽的宫扇每天随着云彩的移动而缓缓打开，太阳光围绕着皇帝龙袍上的鳞片可以看见圣上的容颜。

尾联的出句作者的思绪又迅疾回到了现在的自己。病卧在秋天苍凉的江畔，惊讶地感叹自己年岁已经老了，但是对句的笔触又在此时此地与彼时彼地之间跌宕往复，回想着自己当年也曾几度为官，如今却是这般境遇。"青琐"，汉未央宫的门名，门饰上镂刻着青色的连环花纹，后代指宫门。"点朝班"，指官员依次在朝班上点名，准备觐见皇上的举动。客居异乡又抱病于身的作者在"玉露凋伤"的时节和环境中，对"故园"愈加思念之心痛和情绪之凝重于此表露得更加清晰和深刻了。

鉴于此，本首的朗诵技术技巧和口语表达基本态应该如下：

（全诗的声音色彩应以较明亮的圆润为宜，并伴有在艰难中回忆和想念着曾经的美好之感，劲儿以较集中的稳健为宜）蓬莱～（字儿半全、音程稍慢，声儿浑厚，劲儿轻）宫～阙（què，古代皇宫大门前两边供瞭望的楼，泛指帝王的住所）＼（字儿全、音程稍快，劲儿稍重）对＼（字儿全、音程较慢以示动作的持续感）南～（字儿短，声儿涩，劲儿软）山，（疾连，具象的解释感）承露金茎（jīng，形容长条形的东西）～（声儿圆润的颗粒感，字儿全、音程较快）霄～（声儿虚，字儿半全）汉＼间。（气儿足徐吐）西～望＼瑶～（字儿全、音程较快，劲儿稍促）池＼（字儿短，声儿涩）降＼（两字皆声儿虚，字儿半全，劲儿轻以示尊敬感）王母，（整句声儿圆润的颗粒感）东来紫气＼（声儿稍虚，字儿半全）满～函～关。（整句气儿实缓吐，劲儿轻）云移～雉＼（字儿全、音程快）尾＼（声儿虚，字儿全、音程稍慢）开～（两字声儿稍涩）宫扇＼，（并，气儿足徐吐，劲儿稳）日绕龙～（字儿全、字尾疾收，劲儿疾落）鳞＼（三字皆声儿圆润，劲儿绵）识～圣＼颜。（劲儿稍扬起，气儿实徐吐）一卧＼沧～江惊～（声儿虚，字儿半全）岁＼（声儿涩，字儿全、音程较快）晚，（整句劲儿稍重，气儿实缓吐，字儿全、音程慢）几～（声儿虚）回（气儿徐吐，字儿半全、弹出）青～（声儿涩）琐～（三字皆声儿浑厚的圆润）点＼朝＼班。

其六

瞿塘峡口曲江头，万里风烟接素秋。

花萼夹城通御气，芙蓉小苑入边愁。

珠帘绣柱围黄鹄，锦缆牙墙起白鸥。

回首可怜歌舞地，秦中自古帝王州。

第六首作者穿插地描写了两地之景，借以回忆往昔长安之繁华，同时表达了作者对帝王沉湎于游宴从而断送了家国的基业的愤怒。这里不仅反衬着作者对故园的思念之情在持续地加深，而且借此吐露了作者此时身处异地的心中之苦。

首联，作者的思绪依然身与心系的两地之间穿行，从夔州之地的"瞿塘峡"口想到了唐肃宗流连游乐的大唐芙蓉园即"曲江"头。公元583年，因隋文帝杨坚忌讳"曲"字，当朝宰相高颖觉得曲江池中的莲花盛开极美，而莲花又雅称芙蓉，遂更名为"芙蓉园"。"万里"为虚指的两地距离。因为离别的太久又在异地窘困，故而作者才会觉得曾经生活过的长安有万里之遥。"风烟"，指远路上的自然生态。"素秋"，古代五行之说，秋属金在西方，其色白，故称素秋。

颔联、颈联是较为明显的意向所指。"花萼夹（jiā，两旁有物限制住，在两者之间）城"，是指花萼相辉楼，这里路、门相通，可直至曲江芙蓉园。"芙蓉小苑"，是指芙蓉园的南小苑。颔联的意思是花萼夹城这里有皇帝即"御"经常走过，临行入蜀之前，玄宗还曾在芙蓉小苑一边宴饮，一边接收着边城战乱令人愁烦的消息即"入边愁"。"珠帘绣柱"，是描写歌台舞榭的奢华之态，代指皇宫的建筑。"锦缆"，锦彩丝绳做的船的缆绳。牙樯，是指用象牙装饰的桅杆。此联是说曲江之地豪华的宫廷建筑中，有天鹅即"黄鹄"（hú，天鹅）围绕着飞翔，经常游弋在曲江中装饰华美的皇家游船在行动时会惊起水鸟即"白鸥"。

此两联意指当年作者经历的豪华之景，结合六年多来的流离生活，同时想着曾经的点点滴滴，表达了作者对故园长安平静和舒适生活的怀念。

尾联的出句便直言不讳地从动作即"回首"出发，表达了内心对曾经的"歌舞地"的惋惜即"可怜"之情。对句的末尾将文字意思落在了"帝王州"，意指可怜曾经歌舞升平的地方现在还回不去，那里即"秦中"原本即"自古"就是皇家之地即"帝王州"啊！字里行间皆是叹惋和伤感。当然此联也表达了作者对玄宗于统治后期的荒淫而导致战乱的批评，即那里自古就是帝王之州，可是看看现在，已经是不堪回首又可怜的歌舞之地了。

鉴于此，本首的朗诵技术技巧和口语表达基本态应该如下：

（哀愁的诉说感，全诗的声音色彩以枯涩的圆润为主，劲儿绵）瞿塘峡（字儿全、音程较慢，声儿涩的颗粒感）口～（字儿拖长，涩的圆润）曲＼江＼头，万里～风＼烟＼（气儿虚吐，字儿拖长，声儿虚）接～（声儿稍浑厚，劲儿紧）素＼秋。（语速稍提）花萼＼夹～城＼通～御＼气，（并，气儿缓吐，劲儿轻）芙蓉小苑～入＼边～愁。（语速恢复，字态独立）珠帘～绣＼柱＼围（字儿全、音程慢，劲儿稍扬起）黄～鹄～，（继续，气儿足徐吐）锦缆＼（字儿全、音程慢，劲儿轻）牙～墙＼（声儿涩，字儿全、字尾疾收，劲儿稍重）起～白～鸥。（语速稍提，气儿疾吐）回首＼可怜＼（字儿延迟、半全）歌（两字皆短）舞＼地，（语速恢复，气儿实徐吐，劲儿稳）秦中～（字儿半全、宽发，劲儿稍促）自＼（字儿全、音程快）古＼（三字皆声儿涩的颗粒感）帝王～州。

其七

昆明池水汉时功，武帝旌旗在眼中。

织女机丝虚夜月，石鲸鳞甲动秋风。

波漂菰米沉云黑，露冷莲房坠粉红。

关塞极天惟鸟道，江湖满地一渔翁。

第七首作者跨越时间，将长安的历史风貌与现实的萧条做了对比后，又将笔触落回到自己身上，表明了个人的前途命运与国家的兴衰是密不可分的。

"昆明池"是指公元前119年汉武帝刘彻兴建的，原本用于习练水军的，位于现在西安市长安区的一片水域，唐代之后干涸弃用。首联意指修建昆明池是汉代的功绩，当时建设工地上汉武帝的旗帜仿佛还能看见即"在眼中"。据载，昆明池旧址附近曾建有一对石雕，东边的是牵牛，西边的为织女，这对石雕便为牵牛星和织女星的象征。

颔联的意思是在月光下，仿佛能看见织女纺车的机丝，在秋风中的昆明池中，似乎有石鲸在游动，一派宁静、祥和之态。

颈联一方面说了那里出品的物产丰富，即"菰"（gū，茭白）的果实多得在秋天的时候都在池水上飘着，一眼望去像黑压压的乌云一样密集；另一方面意指安史之乱前夕，唐朝呈现渐衰之势时的凄凉和萧瑟，即"露冷莲房坠粉红"，白露节气之时莲蓬成熟后，粉红的花瓣片片飘落下来。出句中的"沉云黑"，"黑"的发音应为"hè"，方可与对句的尾字"红"形成合辙。

尾联表达了那些繁华、热闹和喧嚣都已是久远的事情了，可是眼前的现实情况究竟怎样呢？夔州和长安之间的山塞即"关塞"既远又高即"极天"，只有飞鸟往来的路径即"鸟道"，意指由于六年多的战乱，导致百姓大量伤亡、人烟稀少，社会生活凋敝不堪。此时"每依北斗望京华"的作者联想到了自己的情况——多年漂泊于江湖各处即"满地",最后就像是一个以打鱼为生的老翁一样。

鉴于此,本首的朗诵技术技巧和口语表达基本态应该如下:

(无奈的追忆和自诉感,全诗的声音色彩以浑厚的枯涩配合偶尔的圆润为主,劲儿持续着的紧)昆明池(气儿实徐吐,字儿全、音程较慢、字尾疾收)水～(气儿疾吐,字儿拖长缓入、字形短,劲儿稍重)汉\时(声儿圆润,字儿全,劲儿平)功～,(疾连,气儿足徐吐)武帝\旌旗\(字儿全、音程短)在\(字儿全、音程较慢,声儿圆润的颗粒感)眼～(声儿涩,劲儿轻)中。(具象的描述感,两句皆劲儿轻)织女机丝～虚～夜\月,石鲸\鳞(声儿虚,字儿全)甲～(声儿浑厚,字儿半全)动\秋～风。(气儿实缓吐)波漂～菰\米沉～云黑,(并)露冷莲～(字儿半全、音程快)房\(三字劲儿下落)坠\粉～红。(劲儿稍扬起,语速稍提)关塞极天\惟～(字儿全、音程稍慢)鸟～道,(语速恢复,气儿徐吐,声儿稍涩的颗粒感,劲儿稳)江湖\满～地\一\渔～(字儿半全、劲儿轻落)翁。

其八

昆吾御宿自逶迤,紫阁峰阴入渼陂。

香稻啄馀鹦鹉粒,碧梧栖老凤凰枝。

佳人拾翠春相问,仙侣同舟晚更移。

彩笔昔曾干气象,白头吟望苦低垂。

第八首作者回忆和再诉了当年长安和平、富足的盛况,彻底地表述了自己现在年老多病之时的苦楚和无助,心中再次盛满了对战乱的怨恨和对故园的思念之情。

"昆吾(wú)",指汉武帝刘彻于公元前138年在秦代的一个旧址上扩建而成的宫苑建筑群,即上林苑当时的所在地。"紫阁峰",终南山山峰之一;

"渼陂"（měi bēi），湖水名。首联是说当年皇上住宿的皇家园林即"昆吾"多么广大，里面道路蜿蜒、曲折即"逶迤"，终南山北面的倒影即"阴"都可以映入渼陂的水中。

此中的具体景物、生态如何呢？额联和颈联有所详述——这里有鹦鹉啄食不完且已经剩下即"余"的香稻米，这里有凤凰栖息过而且还想于此终老的梧桐树枝。佳丽曾经在春游之时，拾起翠鸟的羽毛相互赠送，彼此问候、叙谈，天上的神仙、眷侣乘着同一条船在这里流连忘返，一直到天色已晚还要即"更"（gèng，还要）去往别处，不肯回去。

两联所言极尽唐朝御宿之地上林苑即"昆吾"的平静、和美，只为接续再言自身年老体病之对比铺垫。

其中额联的语法有特别之处，后续再述。

尾联的出句为开始表达自我的过渡和转换——一位久读诗书之人昔日也曾以多彩的画笔即"彩笔"写天绘地即"干气象"。"干"，gān，牵连、涉及。

组诗最后一首末尾的对句，落在了自身的有声语言即"吟"和肢体语言即"望、垂"的状态上，而且是一位老者即"白头"先"苦"吟着望再"低"垂下眼神。此刻，一位欲言又止，仅能在病中痛苦地呻吟，并努力望着北方的故园后来都不得不垂下头的白发苍苍的老者伤感又无助的形象跃然于纸上。

鉴于此，最后这一首的朗诵技术技巧和口语表达基本态应该如下：

（高高的美好回忆和低低的痛苦现实之间的比对感，全诗的声音色彩以较薄的浑厚转为无力的枯涩为宜）昆吾～（气儿实缓吐，字儿半全，劲儿稍促）御＼（声儿涩，字儿全）宿～自＼（两字形态趋同，声儿稍浑厚）逶～迤～，（移步换景感，气儿足徐吐，整句声儿浑厚）紫阁峰阴～（字儿半全，劲儿轻）入＼（两字声儿皆稍虚，字儿半全、音程稍慢）渼＼陂。（语速提起，曾经的欣喜感，气儿疾吐）

香稻啄馀~（气儿徐吐，语速恢复，两字皆全、音程较慢）鹦鹉~粒，碧梧~栖\（字儿全、字尾缓收、音程较慢）老~（三字皆劲儿轻，字儿全、音程慢，声儿圆润）凤凰~枝。（气儿实徐吐预备语速变化，前字儿皆短、窄发）佳人拾翠~（语速提起，三字形态独立、半全）春\相\问~，（疾连，语速保持）仙侣（字儿全、音程较慢）同~（声儿涩，字儿短）舟\（语速恢复，声儿虚，字儿全、音程稍慢）晚~（两字皆短，劲儿轻）更移。（暂停，气儿实缓吐，劲儿稍紧）彩（字儿半全、音程稍慢、字尾疾收）笔~（声儿先虚再稍浑厚）昔\曾~（三字皆半全，声儿虚）干\气\象，（声儿涩的颗粒感）白头~吟~（声儿先虚再浑厚）望\（气儿徐吐，三字皆声儿涩的颗粒感，字儿全、音程较慢）苦~低\（声儿靠后的涩，字儿半全，劲儿紧）垂。

组诗《秋兴八首》是杜甫七律的代表作，其中有一个巨大和突出的文学特色就是语法使用得超越传统。这以其八的颔联"香稻啄馀鹦鹉粒，碧梧栖老凤凰枝"两句最为明显。

以下援引叶嘉莹先生在《风景旧曾谙——叶嘉莹谈诗论词》中的讲述来学习和分享这个特色："我们看他的《秋兴八首》，在那一组诗里，他不但用的是非常典雅的语言，而且在文法上有颠倒错综之处。他可以写出'香稻啄馀鹦鹉粒，碧梧栖老凤凰枝'那样的句子，这是杜甫在七律语言上的发展和突破。可是胡适的《白话文学史》批评杜甫的《秋兴》，说这两句就是不通。因为你想，'啄'是用嘴去啄，香稻没有嘴，怎么可以啄呢？碧梧是树，它又不是一只鸟，怎么可以'栖'呢？应该倒过去，是'鹦鹉啄余香稻粒，凤凰栖老碧梧枝'，这样文法才通。不过你要知道，这样一来文法虽然通了，但意思上有了微妙的变化，变成了完全的写实。而杜甫本意要写的却是香稻之多，多到不但人吃不了，连鹦鹉都吃不了；碧梧之美，不但引得凤凰来栖落，而且凤凰还要终老在这碧绿的梧桐枝上再也不离开。由此可见，这两句本意不是要写鹦鹉和凤凰，而是要写香稻和碧梧。其实也不是要写香稻和梧桐，而是要写开元天宝年间那太平的'盛世'。由此可见，杜甫在写实中把握的，并不仅仅是一种对现实描写的'真实'。"

叶嘉莹先生的上述观点可以归纳为："杜甫写实的一个特色，就是真正把他内心的情意投注进去。他以表现他内心的情意为主，而不是很死板地刻画描写外物。"这类诗句在语法使用层面来看，属于一种有别于传统的突破，即可视为杜甫诗的文字信息在写实中的象喻性特征。

《秋兴八首》中还有一个从意识逻辑层面认知的明显特色，就是结构设置的意向性假设。组诗的八首皆为先说此地此时之所见所闻，继而跨越时空与彼地彼时的所感所思，建立起同一个认知主体即作者本人的同向感受，从而在作者完成同一质量和数量的信息集束之后，也便于受众感同身受。

当然，这种意向性假设并非无稽之谈，乃为作者在切身经历后的思考和反刍，是一种自然而然的情感运动，是表达主体于近七年的颠沛流离之后，又与之前那些安定祥和的客观经历做了自然比对之后，生成的两种巨大反差。然而，不论文字信息传递还是意识逻辑转化，之所以有这组七律组诗的设计，皆为最大化地开掘、建立和表达作者的内心视像，以利于第一时间同时也是最大化地被受众接纳。

虽然对朗诵的习练者和从业者而言，并不必要做古诗文写作层面的要求，更无必要沿用和借鉴这部组诗的写作手法，但是要想达到将这组作品"朗诵得对"的基本目标，就需要对作者相对独特的写作手法做基本的，以文学分析为基础的了解和感悟，方能先解其意，再明其理。如此才可达到"朗诵得好"的高级目标，继而能入得其境界，塑成其韵味，最后才能达到"朗诵得美"的终极目标。

那么，像"香稻啄馀鹦鹉粒，碧梧栖老凤凰枝"这样比较特别的诗句究竟该如何进行口语外化呢？对于如此有别于常规的字词组合，朗诵"五元"的状态又该如何进行认知和感悟呢？即应该建立、使用和掌握"搁置文字信息顺序、重建语言逻辑意识"的口语外化原则。

既然是在回忆着当年都城的繁华，那么"声儿"的选择和使用就应该以易于表现客观美好的，更可以为大众所接受的，较多圆润的声音色彩为宜；"字儿"的谈吐应该以较多的全和音程较慢的形态为宜；"气儿"的预备和使用就应该依据叙述式的记录来呈现和调控出"徐、疾"之态；这两句的"劲儿"之"起"应先以低处即"香稻"相对于地面的，不是很高大的海拔物理量和视线由"香稻"向"碧梧"转换的高度变化过程为"依"，"落"应以"啄馀"后的丰富和"栖老"后的长久为"据"。如此方可建立和塑造当年的盛世繁华之"味儿"。

这两句的朗诵"五元"的技术技巧和口语外化基本态应该如下：

（美好的回忆感，气儿实缓吐，声儿自然的浑厚，字儿半全、音程稍慢）香稻 \ （气儿徐吐，字儿半全、音程较慢、字尾散收）啄（字儿全、音程较慢、字尾缓收，声儿涩的颗粒感）余～（重点词，气儿足缓吐，声儿清晰的圆润，劲儿从容）鹦鹉（字儿短，声儿稍虚，劲儿轻）粒，（连、并，气儿实疾吐，整体声儿圆润）碧梧 \ 栖 \ （虽为"终老"之意，但也是因为"碧梧"的美好，"凤凰"才在此长久栖息直到终老，所以"声儿"应该是圆润的颗粒感，字儿全、音程较慢，但字尾疾收）老～（重点词，气儿徐吐，两字形态全、音程慢，劲儿稳健）凤 \ 凰 \ （字儿半全、字尾自然收束、音程较慢，劲儿也轻）枝。

如此，朗诵者才能够与诗人杜甫一同跨越时空，继而感受作者"对悲苦的正视与担荷"。

第三节 人文风情类

似梦非梦 情在梦中——《桃花源记》朗诵解析

《桃花源记》作于陶渊明辞官归隐 15 年后的公元 420 年。此时正直东晋与南北朝时期的政权更迭之际，当时统治集团生活荒淫、内部互相倾轧、军阀连年混战、赋税徭役繁重、百姓不堪其苦。如此状况更加令原本还心怀抱负、性格耿直的作者倍感壮志难酬，遂作此文以寄托心中美好的家国理想和清逸的生活情趣。

此文虽名字为"记"，却实为《桃花源诗》的序言，更为作者陶渊明关于心目中最理想人生境遇的一场美丽的剧目。文中假设了一位"渔人"的角色，用以代指自己，讲述了"自己"外出渔猎却误入世外仙境——桃花源，然而发现在这里生活了多年的男女老幼皆丰衣足食，亦亲和、友善。他们既不晓得外面的世界有改朝换代之事，更不知道当时社会生活之混沌。作者以这样的故事来表达对黑暗社会现实的极度不满和对苦难人民的怜悯、叹惋。

第一层次，假借角色，设计场景。

晋太元（东晋孝武帝的年号，公元 376～397 年）中，武陵（郡名）人捕鱼
为业。缘（沿着）溪行，忘路之远近（偏正词组，偏指远）。忽逢桃花林，夹（jiā，
在两者之间）岸数百步，中无杂树，芳草鲜美，落英缤纷，渔人甚异（形容词作
动词用，以……为惊异）之，复（再、继续）前行，欲穷（形容词作动词用，走
到……的尽头）其林。

第二层次，世外桃源，令人艳羡。

林尽（在有水源的地方没有了）水源，便（于是）得（得到、看见）一山，
山有小口，仿佛若有光。便舍（shě，舍弃，这里之下船）船，从口入。初极狭，
才通人。复行数十步，豁然开朗。土地平旷，屋舍俨（yǎn，整齐）然，有良田
美池桑竹之属（类型的）。阡陌（田间小路）交通（交汇通达），鸡犬相闻（互
相可以听得见）。其中往来种作（耕种、劳作），男女衣着，悉（都）如（好像）
外人。黄发（代指长寿的老人）垂髫（小孩子刚刚长出来可以垂下来的头发，代
指小孩），并（一起）怡然（高兴的）自乐。见渔人，乃（于是、居然）大惊，
问所从（从哪里来）来。具（通"俱"，一一地）答之。便要（yāo，邀请）还（回、
到）家，设酒杀鸡作食。村中闻有此人，咸（全部）来问讯。自云先世避秦时乱，
率妻子（妻子和子女）邑人（同乡的人）来此绝境，不复出焉（文言兼词，从这里），
遂（于是）与外人间（jiàn）隔。问今是何世，乃（居然）不知有汉，无论魏晋。
此人一一为（wèi，对……讲）具言（具体地说出）所闻（所知道的），皆叹惋。
余（其他的）人各复延（邀请）至其家，皆出酒食。停数日，辞去。此中（这里
的）人语（yù，告诉）云："不足为（wèi，对、向）外人道（讲述）也。"

第三层次，再行寻觅，无法复得。

既（……之后）出，得（找到）其船，便扶（沿着）向（先前的）路，处处
志（名词动用，做标记）之。及郡下，诣（yì，到长官处）太守，说如此。太守

即遣人随其往，寻向所志，（寻找之前所做的标记）遂（最后、终于）迷，不复（再）得（找到）路。南阳刘子骥，高尚士也，闻之，欣然规（规划、计划）往。未果，寻（不久）病终，后遂无问津（原指问路，此处意指探访）者。

　　本文诵读"声儿"之选择和使用应在通感的自然中寻求相对较多的"虚"，以协奏文字信息中的桃花春曲，应在惯常的平和中建立相对的润泽，以获得文旨逻辑中理想世界的假设。

　　例如"晋太元中，武陵人捕鱼为业。缘溪行，忘路之远近。忽逢桃花林，夹岸数百步，中无杂树，芳草鲜美，落英缤纷，渔人甚异之，复前行，欲穷其林"的表述，主人公移步易景，寻路而行，进入故事的主要发生地，文字表述直接，结构、逻辑清晰。"武陵人"因为"捕鱼为业"，所以才有"溪行"，因为捕鱼人风里来、雨里去的职业特点，所以才有"忘路之远"的行为习惯。然而未曾料到今天的外出劳作非同寻常，即"忽逢"，纯属不可复得的偶然事件，不是如约而至的。继而"桃花林"的"长度"即"百步"，其"夹岸"中所承载之景物便一一映入眼帘，即"无杂树"，意指皆为"鲜美、缤纷"的"桃花林"，别无他物。因为眼前之所见令"渔人"感到"甚异之"，亦为人之常感，所以产生了还要"前行、欲穷"，继续走到"数百步"的林子尽头的愿望便是理所当然的，如此的表述次序令接下来的景色描写和感受愈加为人所期待。

　　这一段作者借用捕鱼人的主观视角一气呵成地向受众展示出一幅出人意料的世外桃源的美景，文字直白简洁，逻辑一以贯之，令人心旷神怡。

　　故而，上述三句诵读"声儿"之技术技巧和口语外化基本态应该如下：

　　（通常的讲述感，气儿实缓吐、暂断，声儿自然的浑厚，字儿半全，劲儿稍重、略促）晋＼（两字的声儿需自然的明亮，字儿全，劲儿先虚后实）太元（"中"，期间，意指太元年号二十一年中的某个时段，而非某一具体时刻，所以字儿的音程极短、一带而过，声儿虚、涩，）中，（气儿足疾吐，声儿浑厚的圆润，劲儿结实）武（声儿突出后鼻音"ing"的明亮）陵人＼（声儿虚，劲儿缓，侧重"捕"与"鱼"之间的动作关系）捕（字儿稍延）鱼～为业。（声儿圆润，字儿拉开，字尾疾收，劲儿由进至远、平移的方向感）缘溪行，（连，气儿足宽吐后暂断，以令声儿虚，字儿短，劲儿散）忘＼（声儿涩，字儿稍拖长）路～之（偏正词组，意思侧重在"远"，声儿需圆润的颗粒感，以示此"远"非长途跋涉的艰难之路，而是令人期待和即将展开追寻的）远近。（劲儿稍疾起后暂断，声儿稍浑厚，字儿短）忽逢（声儿虚）桃花林，（开阔感，劲儿继续，字儿短）夹（声儿涩，字儿全，劲儿下行）岸数（气儿虚吐，声儿虚，字儿半全）百（劲儿轻，声儿涩）步，（视线继续展开，声儿圆润，字儿短）中无（声儿稍明亮，字儿全）杂（声儿虚，无须突出以避免与之前"步"的相同）树，（视角转至侧旁，声儿虚，字儿短）芳（字儿全，声儿虚着的颗粒感）草鲜美，（视线自上而下的运动感）落（声儿浑厚的颗粒感，劲儿平移后缓慢地下行、稍重）英（声儿虚，字儿的音程短）缤纷，（内心视像转移至主人公的感受，声儿稍明亮，字儿短）渔（声儿圆润的颗粒感，字儿全、稍延）人～（声儿涩，字儿短，劲儿促、疾收）甚＼（气儿虚吐，声儿虚，字儿短）异之，（声儿虚）复（声儿中度明亮的圆润，字儿拉开，劲儿缓）前（坚定感，声儿稍浑厚，字儿半全、音程短，劲儿疾落）行，欲（声儿圆润的颗粒感，字儿拉开、字尾疾收，劲儿平移后疾落）穷（声儿虚）其（声儿涩）林。

　　"字儿"应以灵便的谈吐开启心中的美感，以精巧的颗粒感找寻美好的希冀，以主观的内心设计慰藉作者理想的情感预期。

　　例如"林尽水源，便得一山，山有小口，仿佛若有光。便舍船，从口入。初极狭，才通人。复行数十步，豁然开朗。土地平旷，屋舍俨然，有良田美池桑竹之属。阡陌交通，鸡犬相闻。其中往来种作，男女衣着，悉如外人。黄发垂髫，并怡然自乐"这一部分，这一段承接了首段中主人公已经出现过的"甚异之"的情感承载，作者的笔触继续以"渔人"的视角由远及近地突破了美丽路途中的些许艰难，终于来到了精神世界中的世外桃源，并向读者反馈了出人意料的所见、所感。

首句四字成句，简洁、直接地记录和发现了理想之地的入口，于是此处亦成为美丽卷轴展开的起始。然而需要注意的是，"林尽水源"应为两个两字词构成的并列关系的联合词组，意指到了桃花林的尽头，也看到了溪水的源头。由于"近"与"尽"二字同音，此处于口语外化之时则需要小心地精细化处理，以避免给受众造成"林子是接近或挨着水源地"之感，从而带来位置信息的误传。

第二至第四句欲扬先抑，"便舍"一词表现出动作的灵便和快捷，极为鲜明地突出了主人公"渔人"之于这个"小口"毫不犹豫和忌惮的主观亲近感，此中"初"与"复"相对、"极狭"与"豁然"悬殊，如此之程度比对用词便令后续之"平旷""俨然"（整齐）又与首句之"小口""若有光"形成了反差期待，以获得更加凸显的出人意料的效果。

第五句中正因为有了之前"平旷、俨然"的土地空间，才为"良田、美池、桑竹"的存在和生长创造了自然物质条件，继而才使第六句中出现"交通、相闻"的生活气息变为可能。此时又回到"渔人"的视角于第七、第八句中才出今人之动态——"往来种作"和人的形态——"衣着，悉如外人"，如此逻辑才使得这里的"黄发"与"垂髫"的"怡然自乐"有了人气和生机。

此间不仅文字灵巧、清新，逻辑更极为严密、流畅。

故而，上述八句诵读"字儿"之技术技巧和口语外化基本态应该如下：

（并列的发现感，气儿实缓吐，声儿自然、稍明亮的圆润，字儿半全、音程快）林尽＼（润泽的颗粒感）水（声儿稍虚，字儿全、音程快）源，便（字儿短，劲儿稍缓地扬起后疾落，声儿较浑厚的颗粒感）得一（声儿稍明亮，字儿短，位置靠前窄发）山，（递进地仔细观察感，字儿的音程更短，声儿虚，劲儿下落，此处需以较大的差异区分开连续的两个"山"）山有（字儿快速地拉开，声儿虚）小（声儿虚，字儿短，劲儿轻）口，（劲儿疾连，字儿短、字尾可省略）仿（字儿半全，劲儿扬起后下落）佛若有光。（"渔人"此时有一个迅速的内心活动，即自问进还是不进？稍微迟疑后快速地决定感，气儿疾吐、暂断，字儿短、窄发，劲儿轻快）便＼（声儿润泽的颗粒感，字儿半全）舍船，从口（声儿涩，字儿全、音程短，一人通过的灵巧劲儿）入。（空间的逼仄感，字儿短，声儿润，劲儿稍促）初＼（字儿半全、宽发、音程快）极（声儿虚，字儿短，劲儿轻）狭，（勉强感，气儿足虚吐，字儿半全，声儿稍虚）才通（字儿短，声儿涩）人。（字儿短，声儿虚）复（字儿半全、音程快，声儿圆润的颗粒感，劲儿平移后缓落）行（声儿涩，字儿短，劲儿稍促）数（声儿虚）十步，（视线在短时间内大面积的开阔感，气儿足徐吐，字儿缓慢拉开，声儿自然的润泽，劲儿平移）豁（字儿半全，劲儿疾落）然（字儿拉开，声儿稍明亮）开（字儿短，声儿虚，劲儿软）朗。（移步换景之感，劲儿平移向远处，字儿短、音程极快）土（气儿实缓吐，字儿全、宽发、延长，声儿自然、圆润的颗粒感）地（字儿全、字尾疾收，声儿圆润）平（字儿短、弹出，声儿涩）旷，（视线转移到近前感，字儿短）屋（并列感，字儿半全，声儿自然的颗粒感）舍（字儿拉开，声儿稍明亮、润泽的颗粒感）俨然，（递进的环顾感，劲儿轻松愉悦）有（字儿半全）良（字儿短）田＼美（字儿全，劲儿平移后缓落）池＼（声儿浑厚，字儿半全、字尾疾收）桑（字儿半全，声儿圆润）竹之属。（视线转移到附近的中度开阔感，字儿短，声儿润，劲儿并）男（字儿拖长）女（字儿全、宽发，声儿自然的圆润）衣着，（连）悉（字儿全，声儿浑厚，气儿徐吐）如～（字儿短，声儿先虚后实、稍明亮）外（声儿虚）人。（视线最后落到身边的亲切感，字儿全、字尾疾收，声儿圆润）黄（字儿短，声儿稍虚，劲儿轻）发（并）垂（字儿半全、音程稍慢，劲儿轻）髻，（与身边当地人的同质感受，字儿短）并（字儿拉开、宽发，声儿圆润的颗粒感）怡（字儿半全，劲儿平移后缓落）然（字儿短、宽发、音程快）自（字儿短，劲儿轻）乐。

　　"气儿"的预备和调配中，"徐"应以找寻过程中的美丽发现为"序"，"疾"以应精神设计的虚幻存在为"计"，进而让气息的"送"有利于虚景在现实中真实地存在，也令气息的"动"有助于写实意识可被信赖地展开。

　　例如第三段"见渔人，乃大惊，问所从来。具答之。便要还家，设酒杀鸡作食。村中闻有此人，咸来问讯。自云先世避秦时乱，率妻子邑人来此绝境，不复出焉，遂与外人间隔。问今是何世，乃不知有汉，无论魏晋。此人一一为具言所闻，皆叹惋。余人各复延至其家，皆出酒食。停数日，辞去。此中人语云：'不足为外人道也'"中，将上述由远及近的动态发现过程停留在近距离接触此中人、了解此中事、感知此中情的，暂停的、仔细的、连续的立体式和全方位感受之中。

　　首句中的"乃大惊"便可获悉此地之人很少抑或没有见过非此地之人，所以见到一位习以为常的"渔人"居然还会"大吃一惊"，亦有所询问。

　　次句的简单三字即表现了来者并没有任何掩盖或隐瞒，故而"具答之"。

　　三句中"要、设、杀、食"表面在写此地人的热情，实则在讲述桃花源此地的质朴民风和对外来人毫不设防的欢迎。

　　四句中因为"此"，所以才会"咸"来问询，貌似描写了一个热闹围观的场景，实则从侧面印证了此中人都长时间生活于此地，没有人来亦无外出，更为五句中"避秦、率……来、不复、遂……间隔"做了时间和事件铺垫。

　　七句通过对话，方知此时亦非彼时，即"不知有汉，无论魏晋"，只是因长久的身在其中，而以此地作为世外。此句看似为桃花源场景中主客之间的言语来往，实则为此时共处此地的"内人"与"外人"之间一场信息交流的对手戏。所以主人一方有"不知、叹惋",客人一边有"一一"和"为具言所闻",于是令这场信息交流的对手戏既合情合理又亲切、自然。也正因为生熟之间如此的妥帖、舒适,所以才有了第八和第九句中继续并有次序地与多个家庭之间深入的、多日的交流,即"余人、各、复延、至其家、皆出、酒食"和"停数日"。

于是,此时此刻在文字信息中体现出来的,是此地的主客一家亲和世俗与世外共接近中,然而实则体现的是作者此时内心中最真实的情感流露和最理想的人生希冀。第十句起始的"此中人",完全可以理解为甚至就是作者本人,"不足为外人道也",实为作者久违的愿望得以实现后,一点儿质朴、可爱的小私心。因为作者的意识中已经不愿意让其他人知道这里还有一个如此美好的生活居所和生命空间,更不愿意让如此美妙之仙境被世俗的污浊玷污和破坏。

故而,上述十句诵读"气儿"之技术技巧和口语外化基本态应该如下:

(诧异感,气儿实疾吐后暂断,字儿半全,声儿先虚后实,劲儿促)见 \ 渔人,(疾连,就气儿、缓吐,字儿拉开,声儿自然的中度明亮)乃(气儿虚吐,字儿半全、字尾缓收,声儿先虚后实再虚)大惊,(疾、浅吸气后暂断,字儿短,声儿浑厚)问 \ (字儿拉开,声儿圆润的颗粒感)所(气儿疾送,声儿虚)从来。(字儿全、宽发,声儿中明亮,劲儿紧、下行)具(声儿润泽,字儿半全)答之。(气儿重新起缓吐)便(气儿继续缓吐,声儿先虚后实,字儿半全)要(声儿浑厚,字儿拉开,劲儿从容地展开)还(气儿虚,字儿短)家,(连,此半句为具象的步骤感,气儿足缓吐,声儿自然的圆润,字儿完整、轻巧)设酒 \ 杀鸡 \ 作食。(此句为意象的宽泛感,气儿重新起、徐吐,声儿润泽的浑厚,字儿半全)村中 \ 闻有(气儿继续徐吐,字儿半全)此人,(疾连,气儿实疾吐,声儿先虚后实)咸来(声儿虚,并非质疑地讯问,可理解为关切地询问、打听,声儿涩)问(声儿虚)讯。(言谈的方向转折感,气儿实疾吐,声儿颗粒感,字儿短、宽发，劲儿促）自云＼（气儿缓吐，字儿全，声儿实）先世＼（气儿疾吐，字儿半全、宽发，劲儿平稳）避＼（气儿徐吐，字儿半全，声儿涩）秦时（声儿虚）乱，（疾连，气儿缓吐、疾送，声儿虚）率妻＼子＼邑人＼来（字儿全，声儿自然的颗粒感）此（声儿虚）绝境，（疾连，劲儿疾起，字儿短，声儿浑厚）不复＼（字儿全、拖长）出（字儿半全）焉，遂＼与外人间（声儿先虚后实，字儿全）隔。（交流对象的镜头切换感，气儿足疾吐、暂断，声儿浑厚，字儿半全）问今＼（字儿短，劲儿轻）是（声儿圆润的颗粒感，字儿拉开）何（气儿全送，声儿虚）世，（缓连，就气儿缓吐，字儿全）乃（字儿音程短，劲儿紧）不知＼有汉，（疾连，四字皆短，声儿浑厚）无论魏晋。（气儿重新起、足缓吐，声儿圆润，字儿半全）此（字儿拉开，声儿浑厚的颗粒感）人（声儿稍明亮，字儿短）一一＼（气儿疾吐，字儿半全）为（就气儿，字儿拉开，声儿稍明亮）具（字儿短）言＼所（声儿圆润，字儿半全）闻，（疾连，字儿短）皆（两字声儿虚、半全）叹惋。（全景展开的具象感，气儿足徐吐）余（字儿全、字尾缓收，劲儿平移后缓落）人各＼（声儿涩，字儿短）复（气儿徐吐，声儿圆润的颗粒感，字儿全）延（气儿送，字儿短，声儿实）至（气儿动、虚吐使两字变虚）其家，（就气儿，字儿音程短，声儿稍明亮，劲儿紧）皆＼（声儿实、宽发）出（声儿圆润，字儿全）酒＼（字儿短，声儿润）食。（空间的转换感，气儿实缓吐，字儿全，劲儿平移后下行）停～（字儿短，声儿涩）数日，辞＼去。（些许的神秘感，气儿足徐吐，字儿灵动、自然的颗粒感）此中人（声儿稍明亮，字儿短）语（虚）云：（气儿虚吐）"不＼足～为（声儿虚）外人（气儿全送，声儿涩）道也。"

　　"劲儿"之"起"应以景致、人物、语言的接续出现为"依"，"落"应以发现、惊诧、感叹的同时存在为"据"，应将眼中所见和心中所感与情中所盼的意识交替作为"依、据"的支撑，进而完成"劲儿"之"控、纵"的顺畅运动。

例如末尾的"既出，得其船，便扶向路，处处志之。及郡下，诣太守，说如此。太守即遣人随其往，寻向所志，遂迷，不复得路。南阳刘子骥，高尚士也，闻之，欣然规往。未果，寻病终，后遂无问津者"五句中，虽然文字信息中的笔触还停留在假定的人物视角中，但实际上表达主体的内心意思表示已经在从虚拟的情感世界中走出，回归到曾经的、已知的和熟悉的，也是自己厌恶的现实社会当中，继而在简单的再举一例后，即进入了短暂的满足感之后，又回到由虚无萦绕着的自然的失落当中。

首句情绪承前，在看似只有一句话的、极为简单的劝告式话别后，就找到了来时的交通工具，实则为作者此间对此地方、此人群、此美感的恋恋不舍，所以才会"处处志之"，意欲一定要择机再来，否则"志之"何用。

二句"及、诣、说"三字，虽然说明作者很快就违背了自己与桃花源中人的约定，并已经"为外人道也"，实则流露了美丽世界的设计者心中质朴的分享意愿和希望争取到官方支持的意愿，继而可以将"怡然自乐"的生活境遇推而广之并试图改变彼时社会风貌的士人理想，可以理解为作者在离开之前给自己，也给桃花源中人留下了一个美丽的，暂且认为是善意的谎言。

三句说明真相大白了——设计的就是设计的，理想中的就是理想中的，虚构的也只能是虚构的，即"遣、随、寻志、迷"之后却"不复得路"，以一句时下流行语可喻之为"理想很丰满，现实很骨感"。

四句、五句中，作者虽然回到了生活的现实中，但仍然心有不甘地虚构了一个继续寻找"桃花源"的事例：用他的远房亲戚刘子骥再次前往寻找的实际行动，即"欣然规往"，却依然失败，即"未果"的故事，彻底地告诉了人们美丽的生活和美好的世界是需要切身去创造的，不是主观设计和希望就可以获得的。

直至末句"寻病终，后遂无问津者"，意指不久感兴趣的人士已经故去，再没有人打听此事了。至此一场美丽的又极为引人入胜的剧目完全落幕。

故而，上述五句诵读"劲儿"之技术技巧和口语外化基本态应该如下：

（暂时离开，将记忆搁置于此，迅速再返回来的内心视像感，气儿实疾吐，字儿短小，声儿自然的圆润，便捷、灵巧劲儿）既出，得其船，便扶向路，（字儿全，声儿涩，劲儿灵动）处处 \（字儿短、宽发，声儿涩、拖长）志之。（动作连贯的流畅感，劲儿次第顺序的短暂转换，字儿半全、宽发，声儿自然的颗粒感，劲儿平移后疾落）及（字儿短）郡（声儿虚）下，（字儿音程快，声儿稍虚，劲儿紧急）诣太守，（字儿延）说～（两字儿皆短，声儿润泽，新奇劲儿）如此。（新的寻找者动作开始的转换感，气儿实疾吐，声儿浑厚，劲儿略加严肃）太（字儿半全）守 \ 即 \（字儿半全）遣（字儿拖长，劲儿下落）人（字儿短，劲儿迅捷）随其（声儿圆润的颗粒感，字儿半全、字尾疾收）往，（继续劲儿）寻向～所（声儿虚，轻巧劲儿）志，（声儿涩，字儿短）遂（字儿全、宽发）迷，（疾连，字儿短，声儿涩，劲儿散）不复 \（声儿虚）得（劲儿轻）路。（最后的努力感，气儿实缓吐，字儿半全、字尾疾收）南（字儿拉开，声儿浑厚，劲儿下落）阳刘子骥，（连）高尚士也，（声儿浑厚，字儿半全）闻之，（疾连）欣然规往。（内心的遗憾感，气儿足虚吐，字儿短，声儿圆润）未（字儿半全、弹出，圆润的颗粒感）果，寻 \ 病（声儿浑厚，字儿全，劲儿轻）终，后～遂 \ 无～问津（终结感，劲儿轻落）者。

"味儿"的建设和塑造，应以偶遇发现的新鲜和寻找过程中不断看见的明媚为"行"时之"顺遂"，应以明知的主观设计中于最后虽然不可复得，但是心中无怨无悔的释然为"止"后之"回味"，建设一个只能在心中短暂出现的理想之地，达成一个无法与世俗对抗但可以在精神领域触及的心愿。

此篇"记"文作于陶渊明辞官卸任、归乡隐居后的第15年，前者是由于对官场腐败的厌倦所致，后者是作者自身的性情、禀赋使然。纵观全篇，厌倦之感是隐线，在文中并没有直接写明和体现，更大的篇幅和主要的笔墨在于讲述"渔人"对美丽景物的捕获和美丽心情的诉说，如此便将前者的厌倦反衬得更加明显。

可以发觉的是，如此的笔触安排和写作计划也是作者内心一种雅致情怀的无声再现。换言之，正是由于"我"已经极度的厌倦，反而能对那些经历过的污浊保持寂静和不加理会。也就是作者以表达主体内心假定场景的清澈和洁净，来完成15年前断然离去的证明，以15年后书写下的不可复得的绝美，来说明心中长久的念念不忘和一直持着的情怀。

正因为如此，作者有意将原本自己内心很明白的、不存在的虚景进行逼真的和完美的实写，也表明了其实作者于写作伊始就已经在心中直面和规避了很快就会到来的，并于文尾一定会出现的且再也找不着的失望。此时文字信息表面上的失望亦可被视为逻辑关系内里的希望。

故而，《桃花源记》一文诵读"味儿"的建设和塑造，应将"声儿"的色彩纳入大自然的疏朗、清丽之中，而不宜有任何浑浊、沉重。例如"复行数十步，豁然开朗。土地平旷，屋舍俨然，有良田美池桑竹之属。阡陌交通，鸡犬相闻。其中往来种作，男女衣着，悉如外人。黄发垂髫，并怡然自乐"等句。

应将"字儿"的形态，放置在主人公视角的移动和每一次的新颖之中，而不宜有丝毫的板滞和陈旧。例如"忽逢桃花林，夹岸数百步，中无杂树，芳草鲜美，落英缤纷，渔人甚异之，复前行，欲穷其林"等句。

应将"气儿"的"送、动"运用，建设在读者的认知节奏、感受过程与历史时间的共通之中，而不宜有任何的迟滞或割裂。例如"自云先世避秦时乱，率妻子邑人来此绝境，不复出焉，遂与外人间隔。问今是何世，乃不知有汉，无论魏晋。此人一一为具言所闻，皆叹惋"等句。

应将"劲儿"的"控、纵"分寸，掌握在作者的意识引领与受众思绪跟随的空间共融之中，而不宜有丝毫的遗落或者松动。例如"既出，得其船，便扶向路，处处志之。及郡下，诣太守，说如此。太守即遣人随其往，寻向所志，遂迷，不复得路"等句。

知其来路　晓其归途——《兰亭集序》朗诵解析

"序""跋"是古代的文体之一，乃为一部书或一篇文章的序言或后记。序（叙）一般是常见的序言，放在书、文之前；跋则放在书、文之后，亦称后记。序跋类文体普遍具有介绍推荐、夹叙夹议、褒扬鼓励、情谊满满的特征。

古时人们习惯于每年初春时节的阴历三月初三，邀约好友、知己或者亲戚，来到户外戏水、玩乐，以洗去、消除上一年不祥的晦气，拥抱大自然并求得一年之初的福祉。这是古人一种游春祈福的习俗活动，类似于现今人们的早春郊游、踏青，古时称"修禊"。

东晋穆帝永和九年，即公元 353 年的农历三月三日，时任会稽内史、领右将军的本文作者王羲之，与东晋政治家、辞官隐居于会稽的谢安，以及太学博士、尚书郎孙绰等 41 位军政高官和社会名流相约在山阴一处兰亭行"修禊"事。聚会、欢饮、谈笑间，各人饮酒、赋诗多首、欢愉有加。作为此次活动召集人的王羲之集结了诸位所作诗词并撰写了一篇序文。文字书法简洁俊朗、洒脱非常，不仅记录了兰亭环顾之山水美色和相逢聚会之文人雅乐，更抒发了作者对生死无常和珍惜生命的感慨之情，被命名为《兰亭集序》。

第一层次，记景色，酝感情。

永和九年，岁在癸丑，暮春之初，会于会稽（kuài jī，今浙江绍兴）山阴（今绍兴越城区的古称）之兰亭，修禊（xì，古时一种游春祈福的户外活动）事也。

群贤毕至，少长咸（xián，全、都）集。此地有崇山峻岭，茂林修竹，又有清流激湍（tuān，水流急），映带左右，引以为流觞（shāng，酒杯）曲（qū）水（意指酒杯在弯曲的水流中漂移），列坐其次。虽无丝竹管弦之盛，一觞一咏，亦足以畅叙幽情。是日也（这一天），天朗气清，惠风和畅。仰观宇宙之大，俯察品类之盛，所以游目骋（chěng，放开）怀，足以极视听之娱，信（实在）可乐也。

第二层次，慨世事，叹人生。

夫（fú，发语词，无实义）人之相与，俯仰一世。或取诸怀抱（从每个人的胸怀中得知），悟言（相互交流时迅疾就可以彼此理解的言语）一室之内；或因寄所托，放浪形骸之外。虽趣（qǔ，通"取"）舍（留下的和要摒弃的）万殊（差异巨大），静躁不同，当其欣于所遇，暂得于己，快（yàng，原意是自大，此处意指惬意、舒适）然自足，不知老之将至；及其所（已经得到的）之既倦，情随事迁（变化），感慨系（xì，关联着）之矣。向之所欣，俯仰之间，已为陈迹（过去的旧的事物），犹不能不以之兴（xīng，引发）怀，况修（生命）短随化（造化），终期于尽！古人云："死生亦大矣。"岂不痛哉！

第三层次，说缘由，发议论。

每览昔人兴（xīng，引发）感之由，若合一契（qì，约定），未尝不临文嗟（jiē，叹息）悼（悲伤），不能喻（明白）之于怀。固知一（语流音变音为yì，将死生相等看待）死生为虚诞（不真实的存在），齐彭殇（shāng，指人未成年即亡故。）为妄作（胡说的理论）。后人视今亦犹今之视昔，悲夫（fú，文言助词，用在句尾表示感叹，类于"呀"）！故列叙（一个一个地记录）时人（当时参加活动的人），录其所述，虽世殊事异（事情随着时代的不同而变化），所以兴（xīng）怀，其致（情致）一（是相同的）也。后之览者，亦将有感于斯（这）文。

《兰亭集序》作者王羲之出身东晋名门，是丹阳太守、书法家王旷次子，丞相王导的堂侄。王羲之自幼习练书法，由其父王旷、叔父王廙（yì，西晋荆州刺史）启蒙，后跟随有"楷书鼻祖"之称的三国时期政治家、书法家钟繇（yáo）的弟子，也是我国历史上第一位女书法家卫夫人（卫铄 shuò）系统地习练并得钟法之妙传。他既幼承庭训又系出宗师且常年临池不辍，故而造诣超凡。

《兰亭集序》文章与书作虽为一体，然文以书名、书以文盛，彼此共誉于世，后被北宋书法家、画家、书画理论家米芾（fú）称之为"天下第一行书"，王羲之也被后世誉为"书圣"。

我国当代草书大家、书法理论家，与沈尹默合称"北大书法史两巨匠"、有当代草书"南林北李"（林散之、李志敏）之誉的李志敏评价说："王羲之的书法，既表现以老庄哲学为基础的简淡玄远，又表现以儒家的中庸之道为基础的冲和（chōng hé，淡泊平和）。"后人常用建安文学的代表人物与集大成者，即三国时期著名文学家曹植《洛神赋》中"翩若惊鸿，婉若游龙，荣曜（yào）秋菊，华茂春松。仿佛兮若轻云之蔽月，飘飖（yáo）兮若流风之回雪"二句词来赞颂王羲之的书法之美。

鉴于此，此篇"序"文诵读之"声儿"应以明亮与圆润相混，浑厚与自然相伴，灵便与持久相就为宜。

例如"永和九年，岁在癸丑，暮春之初，会于会稽山阴之兰亭，修禊事也。群贤毕至，少长咸集。此地有崇山峻岭，茂林修竹；又有清流激湍，映带左右，引以为流觞曲水，列坐其次。虽无丝竹管弦之盛，一觞一咏，亦足以畅叙幽情"四句，此中写春景之轻盈，记心境之愉悦，"叙幽情"之畅达，这些感受皆极易为今人所熟知、了悟。

虽然时间不同、空间殊异，然文字呈现于眼前的"兰亭、崇山、茂林"之安静、"清流、映带、流、曲"之灵动，"会稽山阴、峻岭、修竹"之开阔，"毕至、咸集、列坐"之亲密，构成了一幅旧友新朋欢聚、畅谈、祈福的全景式画图，且此景以及由此景所生发的心情更容易为今人所经历和明晰。如此则更需要以熟悉但是规范的自然声线，并携着将久远拉回至身边的大众亲切感进行诵读。

所以，这四句诵读"声儿"的技术技巧和口语外化基本态应该如下：

（气儿足疾吐，字儿半全，韵母"ong"浑厚）永（劲儿扬起后疾落下，声儿颗粒感）和（字儿全，声儿稍虚）九（字儿短，声儿虚，劲儿轻）年，岁（气儿是缓吐，声儿自然的颗粒感）在（声儿圆润的小颗粒，字儿半全）癸（声儿虚）丑，（连）暮（字儿全，声儿润）春之（字儿短）初，会（声儿圆润着拉开后缓落）于（四字相连后气儿暂断）会稽山阴＼（字儿半全）之（圆润着拉开）兰亭，（疾连，四字皆短，声儿灵动的小颗粒）修禊事也。（递进，声儿浑厚）群（字儿拉开）贤（声儿稍明亮，字儿短，劲儿促）毕至，少（并）长（字儿拉开，声儿稍明亮）咸集。此地＼有崇山（并）峻岭，（连）茂林（并）修竹；（声儿稍虚）又有～清流＼激（字儿半全、字尾急收）湍，（递进）映（声儿虚，字儿半全）带（颗粒感）左（并，轻落）右，（劲儿稍扬起后暂停）引～＼以（字儿全）为流（声儿浑厚，劲儿平后缓落）觞（字儿半全）曲（字儿短）水，（连）列坐其次。虽无＼丝竹（并，声儿虚）管弦之（劲儿疾落）盛，（转折，声儿圆润，字儿宽发）一（字儿短，声儿虚）觞（并）一（声儿虚，字儿全）咏，亦（劲儿疾起，声儿浑厚，字儿拉开）足以＼（气儿足缓吐，声儿先虚后变浑厚，字儿全）畅（字儿半全，声儿小颗粒）叙（声儿浑厚、圆润，字儿拖长）幽（声儿虚，劲儿轻）情。

"字儿"之选择、使用，应以"叼准字头"以为字形展开之筹谋，"拉开字腹"以供意义铺陈之记录，"收住字尾"以期成全字词存在之意味为原则。

例如"是日也，天朗气清，惠风和畅，仰观宇宙之大，俯察品类之盛，所以游目骋怀，足以极视听之娱，信可乐也"为写景与抒情的过渡，既呈上段之疏朗和惬意，又启下段之感慨和隐痛，可视为整篇序文意思表示的枢纽。此时，眼前的静止即"朗、清"和动态即"和畅"，被放逐至广阔又辽远的地带即"仰观宇宙"，复而短暂进入现实世界即"俯察"，以协助构建情绪抒发之铺垫。

此时，身边的声音即"激湍、流、曲、列坐"和色彩即"山、岭、林、竹"，瞬时游离出世俗的怀抱即"游、骋"，又迅疾返回到日常生命的体验之中即"视听之娱"，继而作为情感意识的先导以便完成后续人生感叹之预告。

所以，这一句诵读"字儿"的技术技巧和口语外化基本态应该如下：

（气儿实缓吐，声儿中明亮，字儿全、宽发，还需注意卷舌音声母"sh"在舌尖卷起时与上颚的接触点面积要稍大、解除力度要稍大，否则容易出现嘯叫声儿，劲儿结实）是（又一个卷舌音，务必注意两个接近或相同的声母于唇、齿、舌、颚的运动力度和位置的微变，以避免不需要的杂音，字儿半全）日也，天（字儿拉开，需后鼻音"ng"的完整，声儿要圆润的颗粒感，劲儿稍扬起厚缓落）朗（声儿虚）气（声儿稍实，字儿全，但后鼻音"ng"无须突出）清，（连）惠风（气儿疾吐，以避免字腹拉开时舌根音"h"的迟滞，从而导致软腭振动时由于软组织虚动出现不必要的杂音，声儿浑厚）和（气儿足缓吐，声儿稍虚，字儿全，至后鼻音"ng"时变实，字尾疾收）畅，（视线突破眼前的崇山峻岭和茂林修竹的阻挡，将内心视像的空间感转换至更大、更远之处）（字儿短，虽然韵母"ang"是后鼻音又是上声调，但需将字头"y"叼住后快速完成字腹、字尾的运动）仰（字儿半全，字腹行程速度快而字尾收束极紧，声儿稍虚、圆润的颗粒感）观（劲儿稍扬起，声儿稍明亮，字儿半全）宇（声儿虚）宙之（气儿缓吐，声儿虚，字儿全，字尾自然式开放后随气儿落即收住）大，（声儿润，字儿短）俯（声儿中明亮，字儿拉开后疾落）察（两字拉开，类的去声调劲儿稍重，两字声儿先实后虚）

257

品类之（字儿短，劲儿促）盛，（气儿足疾吐，字儿拉开、声调语流音变为阳平，声儿圆润）所（字儿半全，声儿稍虚）以游目＼骋（字儿拉开，字头轻、字腹缓慢拉开、字尾宽收）怀，（字儿短）足（字儿拉开、宽发，声儿稍圆润的颗粒感）以（气儿疾吐，字儿半全、字尾疾收，劲儿促）极（字儿半全、宽发）视（字儿半全，声儿浑厚，劲儿促疾落）听之（字儿半全）娱，（字儿全、宽发、字头轻叼，声儿润）信（声儿虚）可（字儿半全，声儿浑厚）乐（字儿全，声儿虚）也。

"气儿"之预备和调（diào）配，应首先以景色记录之洒脱为"徐"，继而以情绪生发之变化为"疾"，然而此"徐、疾"还需要遵照意思表示将行进当中变化之"序、计"再行协调、对应使用。

例如"夫人之相与，俯仰一世。或取诸怀抱，悟言一室之内；或因寄所托，放浪形骸之外。虽趣舍万殊，静躁不同，当其欣于所遇，暂得于己，快然自足，不知老之将至。及其所之既倦，情随事迁，感慨系之矣。"此四句中，已不再继续回忆刚才发生的"畅叙幽情"的"极视听之娱"，而是鲜明地转向，对日常生活状态的思考和长久生命价值判断的研讨。

首句和次句直白地列出了两种生活状态，即"取诸怀抱"之一静与"因寄所托"之一动，以及将两种生活行为之所以可以产生的依据，即"悟言一室之内"之紧致与"放浪形骸之外"之松弛进行了毫无隐讳的比较。因为由此承接了上一段过渡和衔接之逻辑关系，所以此时的气息状态为"有准备地接住"。

三句的意思表示虽然表面读起来是情感预置内容，即"趣舍、静躁；万殊、不同"四者的回撤，然而实际上成了意识继续，即"欣于、暂得；快然、不知"这些正在和将来时态的发力，所以此句的气息状态则为"回旋中的前进"。

末句字面意思讲述生活感受会随着事物之变而变，即"所之既倦，情随事迁"，如此人的感慨也就随之而产生了，即"感慨系之矣"。然则字和词内里的意识逻辑其实是作者已经开始了由乐转忧、因喜变伤的慨叹，所以此句的气息状态则应为"缓慢中的收敛和暂时还不能在此言明给宾朋们的伤感"。

所以，这四句诵读"气儿"的技术技巧和口语外化基本态应该如下：

（收纳起前述的轻松、喜乐之感，明显地转折为相对恭肃、严正之态，气儿足缓吐）夫（声儿圆润，字儿拖长）人～之＼（声儿浑厚，字儿拉开，气儿缓送）相（字儿短），（连，字儿短，声儿稍虚）俯（气儿疾吐，字儿全，声儿圆润的颗粒感）仰一（声儿虚）世。（前进至"动、静，紧、松"的比较思考中，于是气儿开始变结实并疾吐后暂断，声儿厚，字儿短，劲儿促）或＼取诸（气儿徐吐，字儿半全，声儿虚、窄发）怀抱，（连）悟言（声儿稍明亮，字儿短、宽发）一室之（声儿虚，字儿短）内；（气儿缓吐，劲儿继续，声儿虚，字儿全）或＼因（声儿中明亮，字儿全宽发）寄（劲儿连贯）所（声儿先实后虚，字儿半全）托，（气儿足疾吐，声儿浑厚，字儿半全）放（声儿虚）浪（字儿短）形（气儿足虚吐，字儿全、窄发，声儿圆润）骸之（字儿半全，声儿稍虚）外。（进入有关"不同、不知"的发觉和思索当中，气儿实虚吐，字儿宽发，但稍拉开后疾收，声儿稍明亮）虽趣（并列）（字儿全，声儿润）舍（字儿半全，声儿虚）万殊，（连）静（声儿虚，字儿延）躁（字儿短）不同，（递进感）当（气儿足疾吐，字儿拉开后缓落）其（气儿疾吐，劲儿扬起，字儿宽发，声儿短促中的明亮）欣于所（字儿半全）遇，（气儿虚，声儿虚）暂＼得于（字儿半全，声儿润、宽发）己，（结果感，气儿疾吐，字儿半全，声儿中明亮，劲儿轻灵）快然～（声儿虚，字儿宽发）自（劲儿轻）足，（转折式递进）不知（气儿缓吐，字儿拉开，声儿圆润、疾收）老之（声儿虚，字儿全）将至。（缓慢地收敛感，气儿足但是无力地缓吐，声儿稍明亮，字儿短、宽发）及（字儿全，声儿润）其所之既（气儿缓吐，声儿虚，字儿全）倦，（连，气儿疾吐，字儿半全）情＼随事（声儿中明亮，字儿拉开）

迁，（结论感，声儿虚）感（气儿缓吐，声儿圆润，字儿拉开）慨（字儿短，劲儿促）系之矣。

"劲儿"之"起"首先应以景物的主观评点为"依"，继而之"落"应以心路的客观转变为"据"，整体应以观点的总结展现为"起、落"运动转换之"控、纵"使用方式。

例如："每览昔人兴感之由，若合一契，未尝不临文嗟悼，不能喻之于怀。固知一死生为虚诞，齐彭殇为妄作。后之视今，亦犹今之视昔。悲夫！故列叙时人，录其所述，虽世殊事异，所以兴怀，其致一也。后之览者，亦将有感于斯文。"

首句说明见景生情、寓情于景、由物兴志、有感而发这样的情感运动总像"若合一契"那样如约而至，如此"临文嗟悼"并"喻之于怀"实为由来已久又合情合理之感，所以此句的劲道要"关注历史的回顾和总述"。

次句短暂地行使了社会意识的往复，即直言了"虚诞、妄作"，然这里只是于文字表面的短暂搁置却并没有进行思想意识层面的批判，但实则是作者留与读者各自展开的研断，所以此句的劲道要实现"在貌似清淡中留意观看"之感。

三句以回环的句式，在时空转换的往复中再次进行了有关"嗟悼、于怀"的说明，为"列叙、录其、兴怀、一也"有了更加易于被读者认同的基础，所以此句的劲道要以"在旁观中准备从而可以随时参与进来"的状态出现。

四句、五句梳理了写作此篇序文的目的和意义，及时地回望到全体社会成员之于"死生亦大矣！"的情感认同，即"将有感于斯文"，所以此两句的劲道要呈现出"敞开怀抱携手前行"之态。

故而，末段五句诵读"劲儿"之技术技巧和口语外化基本态应该如下：

（最后的评议、讨论感，气儿足缓吐，总起劲儿，声儿圆润，字儿短）每（字儿拉开，浑厚的颗粒感，声儿先实后虚，劲儿轻落）览昔人（劲儿稍扬）兴感之

（劲儿平，字儿全，声儿润）由，若（字儿半全）合（肯定、结实劲儿，字儿全、宽发，声儿稍明亮）一契，（坚定劲儿，字儿半全，声儿先虚后实）未＼（声儿虚，字儿稍延）尝～不临（字儿全）文嗟（声儿虚）悼，（连，递进劲儿，字儿短）不能＼喻之于（字儿拉开，声儿中明亮、润泽）怀。（往事回溯感）固（劲儿平后疾落，声儿先实后虚）知（劲儿稍重、肯定、疾落，字儿拉开、宽发，气儿足疾吐，声儿实、明亮）一（声儿虚）死（字儿半全）生为（劲儿稍扬）虚诞，（连，劲儿稍扬后疾落，字儿拉开，声儿自然结实中的明亮）齐（两字劲儿并，声儿皆虚）彭殇为妄作。（转折的递进感）后＼之视（劲儿轻巧，声儿自然润泽，字儿半全、宽发）今，（连，字儿短，劲儿促）亦（字儿半全，劲儿疾起疾落）犹～今＼之～视（字儿全、宽发，声儿自然明亮，劲儿在字腹拉开、字尾收束后落底）昔。（在固有的认知存在中携带着改变不了的无奈感）（气儿足徐吐，声儿自然中的涩，字儿全，劲儿平移、历史感）悲～夫！（字儿短）故＼（气儿足虚吐，字儿全、宽发，声儿中明亮）列（声儿涩、拖长）叙时人，（字儿短）录其所（声儿涩，字儿宽发）述，虽（字儿全，声儿宽发）世殊（转折劲儿，字儿短）事（气儿虚吐，声儿圆润、宽发）异，（劲儿扬起，声儿涩，字儿拉开）所（劲儿缓落，字儿半全）以（劲儿落至平移状，字儿全，声儿自然润泽）兴（声儿虚）怀，其致（确定劲儿，声儿稍虚，字儿拉开、宽发）一也。后＼之（字儿全，声儿自然的颗粒感）览者，（字儿短，肯定劲儿）亦将＼（气儿足疾吐，字儿拉开，声儿浑厚）有感于～（声儿涩，字儿全，劲儿收束到底）斯文。

　　"味儿"之建设和塑造的"行"，应以初始时聚会的欢愉通感为顺遂，"止"则应以回归到久远的历史提问为回味，最终完成由"行"之时的美好、轻巧，转至"止"之后文人、雅士内心的深沉。

　　本篇序文中作者的文字意思表示并不是仅仅停留在"毕至、咸集、清流、列坐、殇咏、畅叙"之"修褉事"中，也没有只是陶醉于"朗、清、和畅、仰观、俯察、游目骋怀"之"信可乐也"之中，而是有，向之所欣，俯仰之间，已为陈迹，犹不能不以之兴怀，况修短随化，终期于尽"古人云：'死生亦大矣！'岂不痛哉！"这样关于生命、生死大问题的感慨。换言之，今天"群贤、少长"等41人来到兰亭不是光来玩耍和祈福的，而是触景生情、有感及思后要进行一次精神层面的自省和提升。

再言之，诸位在"流殇曲水"中吟诗作赋也不仅仅是因为在"清流急湍"中洗濯了身体、迎纳了春天的福气而感到"怡然自足"那么简单，而是因为诗书辞赋的道理和信息于饱读书之人的情感世界中发生了意识结构的裂变，继而由此次貌似轻松、惬意的户外游春活动，而生发出了一场深沉、久远的思想洗礼。

故而，之于诵读者进行意识准备和技术调配而言，首先需做到"与时间共通"以协助建立"真感"，即需回忆每个人少年时或成年时，于每年春风和煦之时与儿时的玩伴抑或家人、朋友户外散步及踏青时候身体之放逐和心情之舒适。

还要做到"与空间共融"以辅佐进入"准识"，诸如唐代贺知章的"碧玉妆成一树高，万条垂下绿丝绦。不知细叶谁裁出，二月春风似剪刀"。又或唐代杜甫的"迟日江山丽，春风花草香。泥融飞燕子，沙暖睡鸳鸯"。再如清代高鼎的"草长莺飞二月天，拂堤杨柳醉春烟。儿童散学归来早，忙趁东风放纸鸢。"等许多由文字记录展现出的，有关于"春"的声、形、味、温等所有生理感受，早已为人熟知和易于感受进入。

更要做到"与时空相逢"，即回溯生活中当自己矗立于山巅时张开双臂大声呼喊，或者他人在面朝大海时向视线终点的海平线发出引吭召唤的场景，并于内心视像中进行重复性假设，以寻找并建立起可以"移意"之"通感"。

另外需要增加一点的意识感受是，现在的人们早已经习惯于将即时触景生情后所萌发的内容，更多地放置在衣食住行、吃喝拉撒等浅层面的生活需求范畴；而历史上的文人、士大夫则相对更侧重于对"生命、死亡"等精神层面的大问题、全指向的思考。

当然这个关于"生命"的意识也是社会大众一般性的、通识性的情理认知，所以也是非常容易理解的。如我国藏传佛教的第六世达赖喇嘛、西藏历史上著名诗人仓央嘉措于《地空》一诗中所说："世间事，除了生死，哪一件事不是闲事！"

纵横捭阖　品格独特——《滕王阁序》朗诵解析

《滕王阁序》为"初唐四杰"之首、文学家王勃最具代表性的骈文作品，久为世人所赞。

史载王勃自幼才情极高，六岁即可作诗文，16岁未及弱冠（guān，20岁以下的男子）之年便科举及第后任沛王府修撰，并深得沛王即唐高宗李治第六子、女皇武则天次子李贤的欢心。

然而其成因才情，衰亦固才情。王勃原本为沛王助兴所作之《斗鸡赋》却为他引来了祸端——此文传到了唐高宗手中，高宗阅后龙颜大怒地认为其作文主旨在于挑拨离间，钦命将他逐出长安，王勃仕途暂断。

后来王勃于虢（guó）州，今河南省三门峡市卢氏县的参军任上，因杀死了自己所匿藏的官奴，即皇家聘用的没有编制的佣人而犯罪，但不久幸遇大赦而免死。然而其父王福畤亦因遭受官奴案件连累被贬为交趾县令，工作地点位于今越南北部红河三角洲地区一带，彼时乃极为偏狭、蛮夷之地。

公元675年，王勃从洛阳出发辗转前往交趾探望其父，途经洪都即今天的江西南昌时，恰逢都督阎伯屿因重修的滕王阁落成，并定于9月9日重阳节于新址宴请文人雅士和宾朋。王勃乃当时有名的文士，亦在被邀之列。

宴会之上，阎伯屿故作姿态，请来宾为修葺一新的滕王阁作序，诸位来宾皆因事先无筹故而托词不作。然此时的王勃并无推让，当场命笔挥毫、一气呵成，于是就诞生了这篇流传后世的、著名的骈文佳作《滕王阁序》。

第一层次，写地理、致谢意。

豫章故郡，洪都新府。星分翼轸（zhěn，翼、轸，皆为星宿所在的区域名），地接衡庐（湖南的衡山、江西的庐山）。襟（衣襟）三江（赣江向鄱阳湖分出的三个小支流）而带（腰带）五湖（指滕王阁附近的五个小湖泊），控蛮荆（今湖北、湖南一带）而引瓯（ōu）越（今浙江永嘉一带）。物华天宝，龙光射牛斗之墟；人杰地灵，徐孺下（下，名词使动用法，使……放下）陈蕃之榻。雄州雾列（气象宏大、繁华富庶），俊采星驰（形容人才济济）。台隍（huáng，台隍即南昌城）枕夷夏之交，宾主尽东南之美（精英人物）。都督阎公之雅望，棨戟（qǐ jǐ，有套的戟，此处代指仪仗用品）遥临；宇文新州之懿（yì，美德）范，襜帷（chān wéi，车的帷幔，此处借指车马）暂驻。十旬休假（jià），胜友如云；千里逢迎，高朋满座。腾蛟（jiāo，蛟龙，形容笔墨灵动）起凤（借用凤凰身上的五色羽毛赞扬人的文采），孟学士之词宗；紫电青霜，王将军之武库（对武将非常高的赞扬）。家君作宰（zǎi，官名，县令），路出名区；童子（未冠之年，20岁以下）何知，躬逢胜饯（jiàn，宴会）。

第二层次，记秋景、酝感情。

时维九月，序属三秋。潦（lǎo，雨后的积水）水尽而寒潭清，烟光凝而暮山紫。俨（yǎn）骖騑（cān fēi，泛指车马）于上路（很高的路），访风景于崇阿（ē，丘陵）；临帝子之长洲，得天人之旧馆。层峦耸翠，上出重（chóng）霄；飞阁流丹，下临无地。鹤汀（tīng，有鹤栖息的沙洲）凫渚（fú zhǔ，野鸭栖息的水中小块儿陆地），穷岛屿之萦回；桂殿兰宫，即冈峦之体势。披绣闼（tà，小门），俯雕甍（méng，屋脊），山原旷其盈视，川泽纡（yū，曲折）其骇瞩。闾阎（lú yán，里面的门，此处代指房屋）扑地，钟鸣鼎食之家；舸（gě）舰（大船）弥津（塞满了渡口），青雀黄龙之舳（zhú，船）。云销雨霁（jì，雨停止），彩彻区明（区"ōu"，润泽明净的玉明"míng"，天空）。落霞与孤鹜齐飞，秋水共长天一色。渔舟唱晚，响穷彭蠡（lǐ，今鄱阳湖）之滨；雁阵惊寒，声断（停止）衡阳之浦（pǔ，水边）。

第三层次，慨兴衰、叹命运。

遥襟甫（fǔ，刚才）畅，逸兴遄（chuán，急速）飞。爽籁（排箫）发而清风生，纤（悠扬的）歌凝而白云遏（静止不动）。睢（suī）园绿竹，气凌彭泽（县名）之樽（zūn）；邺（yè）水朱华（已经开放的荷花），光照临川（代指谢灵运）之笔。四美具，二难并。穷睇眄（dì miǎn，远望）于中天，极娱游于暇日。天高地迥，觉宇宙之无穷；兴（xìng，兴致）尽悲来，识盈虚之有数（气数）。望长安于日下，目吴会（kuài，古会稽郡地名，今绍兴）于云间。地势极而南溟（míng，海）深，天柱高而北辰（北极星）远。关山难越，谁悲失路之人？萍水相逢，尽是他乡之客。怀帝阍（hūn，门卫，此处代指宫门）而不见，奉宣室以何年？ 嗟乎！时运不齐（jì，通"济"，成功的、美好的），命途多舛（chuǎn，不顺利）。冯唐易老，李广难封。屈（qū，使动用法，使……委屈，此处指疏远）贾谊于长沙，非无圣主；窜（cuàn，使动用法，使…逃离）梁鸿于海曲（qū，海边），岂乏明（政治清明）时？所赖君子见（jiàn，察觉）机，达人知命。老当益壮，宁（nìng，情愿）移白首之心？穷且益坚，不坠青云之志。酌（zhuó）贪泉而觉爽，处涸（hé，积水无存）辙以犹欢。北海虽赊（shē，遥远），扶摇可接；东隅已逝，桑榆非晚。孟尝高洁，空余报国之情；阮籍（jí）猖狂，岂效穷途之哭！

第四层次，表励志、诉谦逊。

勃，三尺（年纪小）微命（童子），一介书生（没有官职）。无路请缨（yīng，代指从军），等（向……看齐）终军（汉朝外交家）之弱冠；有怀投笔（班超投笔从戎的典故），慕宗悫（què，南朝名将）之长风。舍簪笏（zān hù，代指做官）于百龄，奉晨昏于万里。非谢家之宝树，接孟氏之芳邻。他日趋（快速的小碎步儿）庭，叨陪（叨，tāo，谦词，惭愧地承受陪同）鲤对（指接受父亲教诲 huì）；今兹捧袂（mèi，裙角、袖子，代指作揖），喜托龙门（鲤鱼在此越过便可成龙）。杨意（汉朝的太监、大文学家司马相如的推荐人）不逢，抚凌云（代指司马相如的《大人赋》）而自惜；钟期（春秋时人物）既遇，奏流水以何惭？呜乎！胜地不常，盛筵（yán，泛指宴席）难再（重复）；兰亭（会稽山阴修禊事之地）已矣，梓泽（东晋富豪石崇收纳宝物的金谷园）丘墟。临别赠言，幸承恩于伟饯；登高作赋，是所望于群公。敢竭鄙（bǐ，自谦词）怀，恭疏短引；一言均赋，四韵俱成。请洒潘江，各倾陆海云尔。

滕王高阁临江渚，佩玉鸣鸾罢歌舞。

画栋朝（zhāo，早晨）飞南浦云，珠帘暮卷西山雨。

闲云潭影日悠悠，物换星移几度秋。

阁中帝子今何在？槛（jiàn，栏杆）外长江空自流。

王勃于宴会上创作《滕王阁序》之后，便辞别众人继续南下省（xǐng）望父亲，不料次年即公元676年于返回的海路途中不慎溺水而亡，一代初唐才俊英年早逝，年仅26岁。关于王勃作此篇序文时的年龄，历来颇多争议，然以"14岁论"居多。

众所周知，《滕王阁序》是王勃于交趾省父的去程中，路过南昌恰遇聚会所作，即便路途遥远艰险，他于公元675年从洛阳出发直至南昌暂停、聚会、写作，重新启程后继续南下，再到达交趾逗留，这些全过程发生在一年之内也是合情合理的。此外，更为人所广泛接受的史实是他享年26岁。如此推断，笔者认为，这篇经典的骈文作品的诞生时间应该在公元 675 年，即王勃亡故的前一年的深秋之际，也就是他 25 岁左右。

有关这类考证在此不做过多探究，朗诵者只需知道一些基本的相关信息即可，更多的应将精力投入如何最大限度、最好地将书面文字转换到有声语言表达的范畴，继而才能够做到朗诵得美。

这篇文章多以四六字、四七字句为主，间或三字、二字句，偶有一字句出现，节奏的行进感极为强烈。其句式对仗且工整、严谨，辞藻甚为华美、瑰丽，阅之眼前粲然若光。773 个字的全文中使用和首次出现了诸如"物华天宝、人杰地灵、俊彩星驰、胜友如云、高朋满座、腾蛟起凤、逸兴遄飞、钟鸣鼎食、云销雨霁、响遏行云、天高地迥、兴尽悲来、萍水相逢、命途多舛、时运不济、达人知命、冯唐易老、李广难封、老当益壮、穷且益坚、青云之志、白首之心、涸辙之鲋（fù，鲫鱼）、失之东隅、收之桑榆、一介书生、叨陪鲤对、喜托龙门、投笔从戎、高山流水、盛筵难再、陆海潘江" 等成语，皆成为后世广泛沿用至今的并高频率地出现在汉语书面语和口语当中的词组或短句，如"落霞与孤鹜齐飞，秋水共长天一色"这样几乎尽人皆知的名句、佳对。

更令人感到快意的是，诸多句子里裹挟着的大量成语又对应着一个个历史典故，使得全文整体的文字面貌呈现出了几乎通篇用典之态，读之倍感深沉、厚重，有张力，有密度。

如此的行文特点，虽然流露了青年才俊饱读诗书之功，展现了作者遣词造句之能，亦成全了王勃的表意达情之美，但同时着实也给《滕王阁序》的朗诵带来了不小的难度。

鉴于此，本文朗诵"声儿"之选择和使用，应以俊朗的明亮为主，间或用少许的虚实变化协助文字意思的建立；应以自然的圆润为多，偶尔夹杂稀疏的枯涩以辅佐感情逻辑的行进。

例如首段："豫章故郡，洪都新府。星分翼轸，地接衡庐。襟三江而带五湖，控蛮荆而引瓯越。物华天宝，龙光射牛斗之墟；人杰地灵，徐孺下陈蕃之榻。雄州雾列，俊采星驰。台隍枕夷夏之交，宾主尽东南之美。都督阎公之雅望，棨戟遥临；宇文新州之懿范，襜帷暂驻。十旬休假，胜友如云；千里逢迎，高朋满座。腾蛟起凤，孟学士之词宗；紫电青霜，王将军之武库。家君作宰，路出名区；童子何知，躬逢胜饯。"此十句描写了当年的洪都，即现在江西南昌的地势、方位、物产、人才，并没有讲述刚刚重建的滕王阁的境况和宴会上菜品等日常作文的习惯性落笔指向，所以文章开篇即不落俗套、不同凡响。

前三句以古今称谓之变为经线、以天地分接之别作纬线，给出了作文所在地的地理坐标即"故、新、翼轸、衡庐"，并以此时的"三江、五湖、蛮荆、瓯越"的相互关系，交代了城市的具体地点。

四句、五句说明了这里物产丰富即"物华天宝"，人才济济即"俊采星驰"。

六句至九句介绍了今天宴会的主人即"都督阎公"和主要嘉宾即在赴任途中在此停留的"宇文新州"，并借用"词宗、武库"喻指今天汇集的众多文武英才，正所谓"胜友如云、高朋满座"，又一次以地理位置的便利即此地"枕夷夏之交"为原因，总括了今天的结果即"宾主尽东南之美"。

第十句顺便交代了今天的机缘即"路出"，同探望"作宰"的父亲即"家君"路过此地，并谦恭地表达了谢忱即"何知、躬逢"。简言之，人家当地的最高行政长官请客，作为一个路过此地的年轻小友，作者有幸和那么多社会名流一同参加宴请，怎能不赞美一下当地的景物？怎能不向主人表达一下谢忱？如何不向同宴的老友新朋诉说一下情意？这是基本的礼数和人之常情。

故而，上述十句诵读"声儿"之技术技巧和口语外化基本态应该如下：

　　（年轻人面对多位官长和宾客时自然、礼貌性地汇报起始感，气儿实缓吐，声儿居中的浑厚、明亮，字儿短）豫（字儿半全）章（字儿短，劲儿稍促）故郡，洪都～（字儿全，劲儿稍紧）新府。星＼分（字儿半全、宽发）翼（并，字儿全）轸，（稍停）地＼（字儿全，声儿稍涩）接（字儿短）衡（并，字儿全，声儿浑厚的颗粒感）庐。襟三（字儿全、窄发、字尾疾收，后鼻音"ng"不宜过全，声儿稍明亮）江而（字儿短，劲儿轻）带（字儿半全、窄发，声儿浑厚）五（声儿先实后虚）湖，（疾连）控蛮（字儿全，声儿稍虚）荆而引～（字儿半全，声儿涩）瓯（字儿短，声儿稍虚）越。（转折到现场感，对联上联的起始感）物华～（字儿拉开，声儿自然的明亮，劲儿稍紧）天宝，（疾连）龙光＼（字儿短、卷舌音声母"sh"需舌尖卷起后结实地接触到上颚以避免送气时的啸叫，劲儿促，声儿涩）射（字儿全，声儿中浑厚）牛（字儿音程快，声儿涩）斗之墟；（下联的承接感）人（字儿全、宽发、字尾缓收，劲儿平移后疾落）杰（字儿短，声儿稍明亮，劲儿紧）地（声儿明亮的颗粒感，字儿全、字尾缓收，劲儿软）灵，徐（声儿涩的颗粒感，字儿全，劲儿随阳平调稍上扬后疾落下）孺（字尾短，声儿虚，劲儿散）下（声儿圆润，两字皆半全）陈蕃之（声儿虚，字儿音程快、窄发）榻。

　　（由写景到写人中间的过渡感）雄州～＼雾列，俊（字儿全，声儿圆润的颗粒感）采（字儿短，劲儿实，声儿中明亮）星～（字儿短，声儿涩）驰。（再言感，以对仗的形式总述此地、此人）台（声儿浑厚，字儿全、字尾疾收）隍～（声儿涩，字儿音程快）枕（字儿半全）夷（字儿短，声儿虚）夏之（字儿全，声儿圆润）交，（疾连）宾（字儿全，声儿浑厚的颗粒感）主＼（气儿疾吐，声儿自然的明亮，字儿拉开、宽发，劲儿稍重）尽（声儿稍浑厚，字儿短）东南之（字儿半全，声儿虚）美。（复句长对联的阅读起始感，声儿浑厚，两字皆短）都督＼（气儿缓吐，声儿圆润的明亮）阎（声儿浑厚，字儿短，劲儿疾下行）公之（声儿先虚后圆润的颗粒感，字儿拉开）雅（短，涩，稍促）望，（疾连，两字皆声儿涩）棨戟～（字儿全，声儿圆润的颗粒感）遥（字儿半全，声儿涩，劲儿稳）临；（明显的停顿感）宇（声儿浑厚，字儿全，韵母"en"归字尾疾收，劲儿疾落下）文（气儿疾吐，声儿结实的明亮，字儿拉开、宽发）新州之（字儿短，声儿稍明亮，劲儿促）懿范，（疾连）襜帷～（声儿虚，劲儿散）暂驻。（递进式的分述感）十旬＼休（声儿虚，字儿半全）假，（连）胜（字儿全，声儿涩的颗粒感，劲儿在韵母"ou"的字尾疾收住）友如（声儿圆润的颗粒感，字儿半全）云；（声儿先虚后实，字儿半全，劲儿前促后散）千里＼逢（声儿圆润的颗粒感，字儿全、后鼻音"ng"归全，劲儿平移后疾下落）迎，（声儿虚，字儿短）高（声儿虚，字儿半全）朋（气儿缓吐，声儿圆润的颗粒感，字儿拉开）满（字儿短，声儿涩）座。（主客人员构成的总结感，气儿足徐吐，声儿浑厚，字儿半全）腾蛟＼（声儿涩，字儿半全，劲儿紧）起凤，（疾连，语速稍提起，三字皆短）孟学士之＼词～（声儿浑厚，字儿半全）宗；（保持语速，气儿疾吐，声儿自然的颗粒感，字儿半全，劲儿平）紫（声儿稍虚，字儿全）电（声儿先虚后浑厚，字儿半全，劲儿重、急促）青（声儿虚，字儿全）霜，（恢复原速，气儿足缓吐，三字形态趋同，字儿全，声儿圆润）王～将＼军之＼（声儿涩，字儿短，劲儿紧）武（声儿浑厚的颗粒感，字儿全、弹出、音程较长）库。（谦恭感，气儿实虚吐，声儿稍浑厚，字儿半全）家君＼作（字儿全，声儿虚）宰，路（声儿涩，字儿半全，劲儿平移后疾下行）出（气儿缓吐，声儿圆润的明亮，字儿半全）名区；（连）童子（气儿徐吐，声儿稍虚以示谦逊，字儿半全）何知，（声儿浑厚，字儿全，劲儿平）躬（字儿短，声儿涩）逢（声儿先虚后实，字儿短，劲儿促）胜饯。

　　"字儿"的形态和使用，应以相对多的"短"和"半全"将滕王阁的景物展现在众人的眼前，以偶尔掺杂其间的"全"和"拉开"，以妆点起作者本人命途多舛的流年，让字形根据文旨的意愿可以跳出文字瑰丽的表面，以成全那个年代士族、雅儒们斑驳却也丰满的心愿。

例如次段："时维九月，序属三秋。潦水尽而寒潭清，烟光凝而暮山紫。俨骖騑于上路，访风景于崇阿；临帝子之长洲，得天人之旧馆。层峦耸翠，上出重霄；飞阁流丹，下临无地。鹤汀凫渚，穷岛屿之萦回；桂殿兰宫，即冈峦之体势。"此段仿佛一组快速切换的纪录片画面，里面容纳了各在其间的"水、阁、山、楼、屿、殿"，阅后将受众心中对历史上宴会地点陌生的模糊感一点点驱散。

一句、二句以时间即"九月"和季节即"三秋"开始，就给出了大众非常熟悉的秋凉之感。那么如果此时人们置身于地处长江之滨的洪都城又会是一幅什么样的景象呢？即"潦水尽、寒潭清"，又以"凝、紫"二字来白描清凉。

三句、四句假借，即"俨"，恰如一个在现实世界中的特技镜头，让马车即"骖騑"在高远之地即"上路"和崇山峻岭即"崇阿"中神游，去到了天宫即"帝子"和仙侣即"天人"之所。故而才能将视线置于高处俯瞰大地之景即"耸翠、重霄"，也正因为高远和"骖騑"的迅即，才仿佛看到了红色的楼阁在流动着即"流丹"，所以也几乎看不到地面即"无地"。

五句又以一组复句对联将视线拉回至宴会的现实场景中，有生命的灵动即"鹤汀凫渚"，也有宫殿的巍峨即"桂殿兰宫"，以及弱小的生灵和高大的建筑二者各自的动态之美"穷……萦回"与静态之巍"冈峦之体势"。此段景物的描写起伏跌宕，视觉运动范围的空间比例极大，阅之令人心旷神怡、豪情顿生。

故而，上述五句诵读"字儿"之技术技巧和口语外化基本态应该如下：

（承接上段末句的谦逊味儿，继而建立主观的赞美感，气儿实徐吐，声儿浑厚的明亮，字儿半全）时（字儿拉开、字尾缓落疾收）维~（字儿半全，声儿圆润的颗粒感）九月，（疾连，不换气）序属~（气儿疾吐，字儿全、稍迟延、弹

271

出，声儿稍明亮）三秋。（时间到空间的转换感，气儿足缓吐，声儿稍虚，字儿音程较快，劲儿轻）潦水（声儿涩，字儿短，劲儿稍促）尽＼而～（两字形态趋同，声儿稍虚，字儿半全）寒潭（声儿涩，字儿短，劲儿轻）清，（并）烟光（气儿疾吐后暂断，声儿浑厚，字儿拉开，字尾韵母"ng"疾收、稍入鼻）凝＼而～暮山（声儿涩的颗粒感，字儿短）紫。（空间由低到高的转换感，两组并列关系的对联诵读感，气儿足缓吐，字儿全，声儿稍浑厚）俨（两字皆声儿虚以示辽阔感）骖騑＼于（气儿疾吐，声儿先虚后实，字儿半全，劲儿促）上路，（疾连）访风（字儿拉开、字尾疾收）景于（两字皆虚、短）崇阿；（稍舒展感）临＼（声儿圆润，字儿短，劲儿平）帝子之～（气儿缓吐，字儿拉开，声儿圆润的颗粒感，劲儿稳）长洲，得（气儿疾吐，声儿稍明亮，字儿半全，劲儿稍紧）天（声儿涩）人＼之～（声儿虚，字儿半全，劲儿轻）旧馆。（视角居高临下的俯视感，重点突出由四字词组成的短句中两个两字词之间的逻辑）层峦（气儿徐吐，声儿浑厚，字儿半全，突出"耸"的谓语运动感）耸翠，（疾连）上（气儿疾吐后暂断，字儿延，声儿涩）出＼（声儿稍浑厚，字儿半全）重霄；（同结构的下联感，就气儿，字儿音程快，声儿稍明亮，劲儿紧）飞（声儿圆润的颗粒感，字儿全，劲儿下行缓收）阁（突出"流"的谓语运动感，字儿全、音程稍慢）流（劲儿稍促，声儿涩）丹，（就着一小口儿气儿，声儿虚）下临～（趁"临"字延长过程的结束之际吸进一点点气儿，声儿稍浑厚，字儿半全，劲儿轻）无地。（动与静的同一空间存在和前后的转换感）鹤汀＼凫渚，穷～（气儿缓吐，声儿虚，字儿半全）岛屿之（声儿涩）萦（劲儿弱）回；（缓连）桂殿＼兰（劲儿下行，字儿全、字尾疾收）宫，即冈（劲儿随阳平调扬起后疾下落，字儿拉开，字尾韵母"an"归至前鼻音"n"）峦～之＼（字儿短，声儿涩，劲儿紧）体（虚）势。

"气儿"之预备和调配，应将"气儿"之"徐"以文字外在的景色描写为"序"，应将"气儿"之"疾"以作者经历的成败和内心对个人境遇的感慨为"计",进而于"送"之时将夹叙夹议的写景与抒情延展至全面,同时于"动"之中将曾为官吏的士人心中期盼再次得到朝廷重用的心愿引向无限。

例如第四段:"遥襟甫畅,逸兴遄飞。爽籁发而清风生,纤歌凝而白云遏。睢园绿竹,气凌彭泽之樽;邺水朱华,光照临川之笔。四美具,二难并。穷睇眄于中天,极娱游于暇日。天高地迥,觉宇宙之无穷;兴尽悲来,识盈虚之有数。望长安于日下,目吴会于云间。地势极而南溟深,天柱高而北辰远。关山难越,谁悲失路之人?萍水相逢,尽是他乡之客。怀帝阍而不见,奉宣室以何年?"此段以往复的手法继续记录着视线所及之景,一步步地将在外为官者与作者本人这位过路的旅行者的情感联结起来,继而慢慢地吐露了表达主体尚未及而立之年而再欲求重赴仕途的心境。

前三句由写景及至忆人,先远望即"遥……甫畅",又远感即"爽籁发、清风生、纤歌凝、白云遏",后再行远想至"睢园、彭泽"(喻指陶渊明)更远的"邺水、临川"(喻指曹植、谢灵运)。这是作者的比兴(xīng,开始、发动、创立)的开始。

继而的四句至六句记录了近景的音乐、美味、文章、语言这四种美好的感受都已经在身边,而且当地阎公的地主之谊与各路嘉宾的欢聚之娱亦属千载难逢即"四美具,二难并",作者转而由此时此景的视觉感受即"睇眄、娱游"和对所经历和即将前行路途之漫长即"天高地迥"显出的个人体量之微小,生发出,内心的由喜转悲之感即"兴尽悲来"。这是作者比兴的继续。

后续的五句作者开始禁不住遥想故地即"望长安"并东视辽阔即"目吴会",又有感于天地之高远和宇宙之博大即"地势极、南溟深、天柱高、北辰远"后,就直白地给出了远行人路途之艰险即"关山难越",才生发出了自怜的询问即"谁悲失路之人"。然而这个问题是注定不需要也不必回答的。因为表达主体真正"悲"的不是"失路",而是将自己处于人生低谷并离家在外的客观现实,即将"失路之人、他乡之客",渐渐地转换为对个人命运之慨叹式的期盼即"怀帝阍、以何年"。意指我还想继续为朝廷效力,却不知道何时才能再被皇上召见。这也是作者比兴的完成。

故而,上述十一句诵读"气儿"之技术技巧和口语外化基本态应该如下:

(开阔感,气儿始"送"、实徐吐,声儿浑厚,字儿半全)遥襟(字儿短,声儿涩)甫畅,(气儿继续"送"、疾吐,声儿稍明亮,字儿音程快,劲儿促)逸兴(气儿终"送"到底、缓吐,声儿圆润,字儿拉开,劲儿稍结实)遄飞。(近处的收敛感,气儿结束"送",开始"回动"、疾吐,声儿圆润的颗粒感,字儿半全,劲儿稳)爽籁(字儿短,声儿稍明亮,劲儿稍促)发\而~(气儿疾吐,声儿浑厚,字儿全)清风(声儿虚)生,(疾连,气儿继续"回动")纤歌凝\而~(气儿缓吐,声儿圆润的颗粒感)白云(字儿短,声儿涩)遏。睢(字儿稍延)园(声儿虚)绿(声儿浑厚,字儿半全,劲儿平)竹,(连)气(气儿疾吐后暂断,声儿稍明亮,字儿全、字尾疾收,劲儿稍扬起后缓落)凌\(两字皆短,声儿浑厚,劲儿轻)彭泽之樽;(气儿"回动"到底、虚吐,声儿虚,字儿半全,劲儿紧)邺水~朱(声儿圆润的颗粒感,字儿拉开、字尾缓收,劲儿下行)华,(气儿疾吐,声儿虚,字儿音程较快,劲儿轻)光(疾吐,劲儿稍促、下行到底)照~(两字皆全,声儿圆润)临川之笔。(气息重新组织,"气儿"继续"送"、疾吐,两组三字词组成的短句形态趋同,声儿较浑厚,字儿短,劲儿灵巧)四美具,二难并。(气儿徐吐,字儿半全,声儿圆润)穷\(字儿短,劲儿紧)睇眄于(声儿浑厚,字儿全,劲儿结实)中天,(并列感)(字儿短,声儿涩)极娱(声儿圆润,字儿拉开、字尾缓收)游于暇日。(气儿开始向近旁处"动"、徐吐,声儿虚，字儿短）天高地（字儿全，声儿浑厚）迥，（疾连）觉宇（字儿半全，字尾疾收，声儿涩的颗粒感）宙～之＼无～（声儿浑厚）穷；（并列感）兴尽（气儿缓吐，声儿稍明亮，字儿拉开，劲儿实）悲（声儿涩）来，识盈（气儿徐吐，字儿拉开、字尾疾收，声儿涩，劲儿缓落）虚（声儿虚，劲儿轻）之有（声儿虚）数。（大跨度的运动感，气儿先"送"至远处随即"动"至近旁、疾吐，声儿浑厚中稍涩，字儿半全，劲儿稍促）望～长（声儿稍明亮，字儿音程较快）安于～（字儿短，声儿稍明亮，劲儿紧）日下，（字儿短，声儿涩，劲儿平）目吴（声儿虚，字儿全，劲儿轻）会～于＼（气儿实缓吐，字儿拉开，声儿圆润中的浑厚）云（声儿虚，劲儿轻）间。（气儿实疾吐，声儿明亮，字儿半全，劲儿扬起）地（声儿虚）势（声儿稍明亮，字儿音程较快，劲儿紧、上行）极而～（气儿缓吐，声儿自然的浑厚，字儿全）南溟（字儿短）深，（并）天（字儿半全，声儿涩）柱（气儿缓吐，字儿拉开、字尾缓收，劲儿软）高（气息准备继续"动"、徐吐，声儿圆润的颗粒感，字儿半全）而（字儿半全，声儿涩，劲儿紧）北（声儿浑厚）辰（声儿虚，劲儿轻）远。（前一句气息准备继续"动"的目的地、徐吐）关山＼难越，谁（声儿稍明亮，字儿半全，劲儿结实）悲＼（气儿缓吐，声儿自然的圆润，字儿全）失（声儿虚）路之人？（气息"动"到完全展开、徐吐，字儿短）萍＼（字儿全，劲儿紧）水＼相逢，（声儿浑厚、稍明亮，字儿全，劲儿促）尽～（声儿涩）是（气儿疾吐，声儿虚，字儿拉开，劲儿绵）他乡之（声儿虚）客。（气息"送"至终点，声儿涩，劲儿下行）怀＼帝（字儿全，声儿浑厚）阍＼而＼（气儿足徐吐，字儿拉开、字尾散收，声儿圆润）不见，（连）奉宣（声儿涩）室～以＼（气儿缓吐，声儿圆润，字儿拉开）何（字儿半全，声儿稍虚）年？

　　"劲儿"之"起"应以各处所、各类别、各状态景物描写的文采展现为"依"，应以讲身世、诉抱负、表心愿的情怀慨叹为"据"，于"控"之中不丢失节奏的转换，于"纵"的同时不掩盖逻辑的连贯。

例如："嗟乎！时运不齐，命途多舛。冯唐易老，李广难封。屈贾谊于长沙，非无圣主；窜梁鸿于海曲，岂乏明时？所赖君子见机，达人知命。老当益壮，宁移白首之心？穷且益坚，不坠青云之志。酌贪泉而觉爽，处涸辙以犹欢。北海虽赊，扶摇可接；东隅已逝，桑榆非晚。孟尝高洁，空余报国之情；阮籍猖狂，岂效穷途之哭！"

这是全篇的第五段。作者此时假借贾谊、梁鸿、冯唐、李广四人的历史典故来比拟自己的境遇，既引领读者的思绪，又协助认知自己在经过了两次重大的人生变故（其中一次几乎失了性命）后，于此时此地、此情此景下的内心独白。

这一段也是本文表达主体由景到情最明显和最重要的思想逻辑转换。起始就以一个文言感叹词"嗟乎"先声夺人，继而以两个四字对仗句给自己未及而立之年的人生经历做了小结，即"不齐、多舛"，并就用这两个形态感受统领着后续的三句——冯唐、李广怎样？贾谊、梁鸿又如何？并用否定之否定的句式给出了这四位贤者之所以会有这样境遇的原因，即"非无圣主、岂乏明时"。继而将其归结为明者之自知，即"君子见机、达人知命"。

五句至七句，作者直接表达了虽处困境但意志永远坚定的决心和信心，即"老当、白首、穷且、不坠"，随即又以一组假借的对仗句去到假设的、将来的、预置的困境中，即"酌贪泉、处涸辙"，继续表达意志之坚、心境之定即"而觉爽、以犹欢"，以困境中的淡然和乐观来完成作者情志的意思表示。

段末两句作者又将个人气度与历史时间、地理空间结合并延展开来，用路途的遥远和时光的流逝即"虽赊、已逝"，来代指自己内心理想的远大和曾经中断的为官履历和消逝掉的仕途时间。但是由于"我"的志向依然，所以那些生活经历中被迫中断了和消逝掉的就还有目标和希望，即"可接、非晚"。继而又将两个典故即"孟尝、阮籍"的性情特点蕴于两组对仗句中，完成了表达主体情感转换的逻辑闭环——我不会效仿他们，我要实现报国之志，即"报国之情、穷途之哭"。

故而，上述九句诵读"劲儿"之技术技巧和口语外化基本态应该如下：

（初始的、略带悲戚慨叹感，气儿足徐吐，声儿浑厚中稍明亮，字儿半全、弹出、字尾散收）嗟（声儿涩，字儿短，劲儿轻）乎！（继续的展开感，气儿实缓吐，声儿圆润，字儿半全）时（声儿涩）运不（声儿浑厚，字儿半全、劲儿悬停）济，（疾连）命途～（字儿拉开、字尾缓收，声儿浑厚）多（声儿虚，字儿短）舛。（继续的解释感）冯唐（气儿疾吐，声儿稍明亮，字儿短，劲儿紧）易（声儿涩的颗粒感，字儿拉开，劲儿轻）老，（并列劲儿）李（字儿半全）广（声儿自然的颗粒感，字儿拉开）难（声儿浑厚，字儿短，劲儿平实）封。（结论的说明感，气儿疾吐，声儿涩，字儿短）屈～（声儿稍虚）贾谊＼（声儿圆润，字儿全）于（声儿稍虚）长沙，（疾连，声儿稍明亮，字儿半全、宽发，劲儿稍促）非＼无～（气儿疾吐，声儿浑厚，字儿短，劲儿稍重）圣主；（并列感，气儿缓吐，声儿先虚后实，字儿全）窜＼梁（声儿浑厚，字儿全，劲儿平移后缓落归全后鼻音ng）鸿于＼（声儿虚，字儿半全、窄发）海（就气儿，声儿涩，字儿半全，劲儿紧）曲，（疾连）岂（声儿虚）乏（声儿圆润的颗粒感，字儿全，劲儿稳）明（声儿涩）时？（坚定又不乏褒扬的结论感，气儿实徐吐，声儿先虚后实，字儿半全）所（声儿圆润的颗粒感，字儿全、字尾散收）赖～（声儿自然的浑厚，字儿短、音程快，劲儿轻）君子＼（声儿自然的明亮，字儿全、字尾缓收）见（声儿涩，字儿短）机，（声儿圆润的颗粒感，字儿拉开，劲儿轻、稳）达（声儿涩，字儿半全、字尾疾收）人＼（气儿缓吐，声儿圆润，字儿半全，劲儿稳）知（声儿虚）命。（坦诚的情怀抒发感，气儿足徐吐，两字皆半全，声儿圆润，劲儿稳）老当＼（气儿疾吐，声儿稍涩，字儿音程快，劲儿促以示决心的坚定感）益（声儿先虚后实，字儿半全, 劲儿顿) 壮, (劲儿松散开来, 气儿疾吐, 声儿浑厚, 字儿短, 劲儿稳) 宁 (字儿全, 声儿稍明亮, 劲儿结实) 移 (声儿虚) 白 (声儿涩) 首之 (声儿虚) 心? (气儿徐吐, 声儿浑厚, 字儿全、稍拖长) 穷~ (气儿缓吐, 声儿圆润的颗粒感, 字儿拉开, 劲儿紧) 且益\ (声儿稍明亮, 字儿全、字尾稍上扬, 假设的条件感) 坚, (疾连, 气儿足疾吐, 声儿浑厚、不明亮的颗粒感, 字儿全、音程稍慢, 但劲儿却是紧的、毫不动摇的) 不 (声儿涩, 劲儿轻) 坠\ (气儿徐吐, 两字形态趋同, 声儿圆润的明亮, 字儿全) 青云\ (声儿涩, 字儿短, 劲儿软) 之 (声儿涩) 志。(日常生活的近旁感, 气儿缓吐, 声儿浑厚, 字儿半全) 酌 (字儿拉开, 声儿自然的圆润, 劲儿平) 贪 (声儿虚, 字儿短) 泉\而~ (两字形态趋同, 字儿全, 声儿虚) 觉爽, 处涸 (字儿拉开、字尾上扬后缓收, 声儿浑厚的颗粒感, 劲儿缓落) 辙~以\ (声儿涩, 字儿半全) 犹欢。(时空的大开大合感, 气儿实徐吐, 声儿虚, 字儿半全) 北 (声儿圆润, 字儿全, 劲儿轻) 海 (字儿音程快, 声儿稍明亮) 虽赊, (连) 扶 (字儿半全, 声儿较大的颗粒感) 摇\可接; 东隅已 (气儿疾吐, 声儿自然的明亮, 字儿全, 劲儿紧) 逝, 桑榆~ (字儿拉开、字尾散收, 声儿稍明亮) 非晚。(先陈述再反问感, 气儿实虚吐, 声儿浑厚) 孟尝 (声儿虚, 字儿全) 高 (字儿短, 声儿涩) 洁, (字儿半全、弹出, 声儿稍明亮, 劲儿紧) 空余~报 (声儿圆润的颗粒感, 字儿全, 劲儿稳) 国之情; (气儿徐吐) 阮 (声儿涩, 字儿全, 劲儿下行) 籍 (声儿虚, 字儿半全、弹出) 猖狂, (气儿疾吐, 声儿浑厚, 字儿拉开, 劲儿平) 岂 (声儿虚, 劲儿散) 效 (字儿拉开, 声儿浑厚, 劲儿平移后缓收) 穷 (声儿涩) 途之 (声儿自然的浑厚, 字儿半全、宽发, 劲儿上扬起, 疑问感) 哭!

"味儿" 之 "行" 应以景物描写的纵横交错为 "顺遂", "止" 应以情怀意蕴的从容不迫为 "回味"。

　　在口语外化之时还需注意弱化通篇辞藻的骈俪整齐和异常华美，以规避整体语言面貌的趋同甚或板滞，也应精细、协调地运用朗诵"五元"之技术技巧，跨越时间并融于空间后，着重地将修身、齐家、治国、平天下的士人理想表达得贴切和舒适。

　　例如最后两段和结尾七律："勃，三尺微命，一介书生。无路请缨，等终军之弱冠；有怀投笔，慕宗悫之长风。舍簪笏于百龄，奉晨昏于万里。非谢家之宝树，接孟氏之芳邻。他日趋庭，叨陪鲤对；今兹捧袂，喜托龙门。杨意不逢，抚凌云而自惜；钟期既遇，奏流水以何惭？呜乎！胜地不常，盛筵难再；兰亭已矣，梓泽丘墟。临别赠言，幸承恩于伟饯；登高作赋，是所望于群公。敢竭鄙怀，恭疏短引；一言均赋，四韵俱成。请洒潘江，各倾陆海云尔。

　　滕王高阁临江渚，佩玉鸣鸾罢歌舞。

　　画栋朝飞南浦云，珠帘暮卷西山雨。

　　闲云潭影日悠悠，物换星移几度秋。

　　阁中帝子今何在？槛外长江空自流。

　　这一部分在全文中的作用很重要。首先这里作者不仅在文章接近尾声之时汇报了自己即将继续省亲之途，还表达了等待再效国家的企盼；其次以晚辈的身份向列位热情的宾主和家父的同僚们致以谦恭的谢意，还明确地向"都督阎公"报告——您交给的任务已经完成了，即"一言均赋，四韵俱成"；最后又请诸位继续各展文采即"洒潘江，倾陆海"，以便相互学习、共同进步，体现了文人士性情中的潇洒和收敛。

　　其中一句、二句以"微命、书生、弱冠"在说自己目前的个人情况，即我还很年轻，还有时间，并再诉情志——虽然暂且"无路"，但是"有怀"班超投笔从戎的抱负，更仰慕"宗悫"长风破浪的气魄。

第三至第五句如实地汇报了未来的行程，即不仅要"奉晨昏"，而且见到父亲以后会"趋庭、鲤对"地有礼教。前句以谦虚之词即"非……宝树"表述，下接有幸结实了"芳邻"，所以会"捧袂"致以深谢，表达了作者今天参加宴会的温暖、幸福之感好像鲤鱼腾跃成龙的心情一样，即"喜托龙门"。

第六句又以两个历史典故即"杨意不逢"（如果没有西汉太监杨意向汉武帝的推荐，就不会产生大文学家司马相如）来说明机遇的必要性，又用"钟期既遇"（如果没有春秋时钟子期这位知音懂得欣赏，那么就不会诞生俞伯牙演奏的经典乐曲《高山流水》）来证明机遇的重要性。

接续的两句先以感叹词"呜乎！"预告了即将分别时刻的感伤色彩，又并用两个典故即"兰亭、梓泽"说明再美好的事物也终将会消散即"不常、难再"，言明了大千世界中相聚与离别的客观属性。

最后又以三句表达了临别时的感谢即"幸承恩"，诉说了谦恭即"鄙怀"，所以写的都是小文即"短引"，并正式向主人阎公汇报——您给我列出的四个韵脚即"四韵俱成"都被我用完且写成了赋文即"一言均赋"。继而又用了两个典故即"洒潘江、倾陆海"，恭请在座的诸位即"所望于群公"可以像晋朝的大文人潘岳、陆机一样抛洒如江海一样的才华。

末尾又以一首七律《滕王阁诗》作结，回扣主题。

故而，上述两段和一首七律诵读"味儿"之技术技巧和口语外化基本态应该如下：

（哀叹感，气儿实缓吐，声儿浑厚，字儿半全，劲儿平）勃，（字儿拖长、半全，声儿自然的明亮）三尺（声儿涩，劲儿轻）微命，一介（字儿全，声儿圆润）书生。（连，劲儿稍扬起，字儿的音程较快，声儿浑厚）无路＼（声儿稍虚）请缨，（疾连，字儿全，声儿浑厚的颗粒感）等（声儿虚）终军之（劲儿轻）弱冠；

（并列感）有怀～投（字儿全，声儿自然的颗粒感，劲儿紧）笔，（疾连）慕（声儿虚）宗悫之（字儿拉开，声儿浑厚，劲儿软）长风。（回到现实感，声儿涩，字儿半全）舍（声儿圆润）簪笏＼于（声儿虚，字儿全）百龄，（声儿浑厚，字儿短，劲儿稍促）奉＼（两字形态趋同，声儿圆润，字儿全，劲儿轻）晨昏于（声儿虚，字儿全）万里。（真诚表达自己的转折感，气儿疾吐后暂断，字儿音程较快，声儿稍明亮，劲儿绵）非＼（声儿圆润的颗粒感，字儿全，劲儿轻）谢家之（气儿徐吐，声儿浑厚的颗粒感）宝树，（连）接孟氏～之＼（声儿圆润，字儿全）芳邻。（时间的转折感，气儿缓吐，声儿虚，字儿半全）他日＼（气儿疾吐，字儿拉开意识动态，声儿自然的明亮，劲儿紧）趋（声儿涩）庭，（疾连，四字皆声儿虚，字儿短，劲儿轻）叨陪鲤对；（现实当中的继续感，声儿涩，字儿半全）今兹～（声儿浑厚，字儿全）捧（声儿虚，字儿半全）袂，（声儿涩，字儿短）喜（声儿浑厚的颗粒感，字儿半全）托＼（字儿全，声儿圆润的颗粒感）龙门。（历史空间的假设感，声儿虚，劲儿轻）杨意（字儿短，劲儿稍促）不（声儿浑厚，字儿全、字尾疾收，劲儿上扬以示假设）逢，（结果的惋惜感，声儿浑厚，字儿半全）抚凌云＼而～（声儿涩，字儿半全，劲儿紧）自惜；（例证的加强感，气儿疾吐，声儿浑厚，字儿半全）钟期～（字儿半全，声儿圆润的颗粒感）既（声儿虚）遇，奏流（声儿圆润，字儿全，劲儿轻）水～（声儿涩）以＼（字儿拉开、字尾缓收，声儿稍浑厚）何（声儿虚，字儿短）惭?

　　（气儿足徐吐，声儿浑厚，字儿全，劲儿稍促）呜乎！（历史空间的回溯感，字儿短）胜地＼不（声儿圆润的颗粒感，字儿全）常，（声儿虚）盛（字儿全、字尾缓收，劲儿下行）筵～（气儿疾吐，声儿圆润，字儿拉开）难（声儿虚）再；（并，语速稍提起，字儿半全，声儿圆润，气儿足缓吐）兰亭（字儿半全，声儿涩）已（较大的颗粒感）矣，梓（声儿浑厚的颗粒感，字儿全）泽＼（气儿缓吐，声儿稍浑厚，字儿半全，劲儿紧）丘墟。（现实时间的存在感，气儿实疾吐，字儿短）临（声儿稍明亮的颗粒感，字儿全、字尾缓收）别（字儿半全，声儿先实后虚，劲儿稍促）赠（声儿虚）言，（声儿浑厚，字儿半全，劲儿稍重）幸＼承恩＼于～（声儿涩，字儿半全）伟（声儿稍虚）饯；（语速稍提起，四字皆短，声儿自然的明亮，劲儿灵动）登＼高＼作赋，是所望～于＼（声儿浑厚，字儿拉开、字尾散收）群公。（于年长者面前的谦卑感，四字皆短，声儿圆润，劲儿轻快）敢竭鄙怀，恭疏～（声儿虚，字儿全）短引；（气儿疾吐，字儿短，劲儿稍重）一言＼（声儿自然的明亮，字儿全，劲儿平）均（字儿短，声儿浑厚）赋，四韵～（气儿疾吐，声儿稍明亮，字儿拉开，劲儿结实）俱成。（气儿徐吐，声儿圆润，字儿半全）请～（三字皆半全，声儿继续着圆润）洒潘江，（字儿短，声儿稍虚）各＼（前两字皆短，声儿稍浑厚）倾陆（字儿全，声儿稍虚）海（声儿涩）云尔。

（气息重新组织，全诗整体声音相对浑厚、圆润，劲儿稳健）滕王高阁～临江渚，佩玉＼鸣鸾罢＼歌舞。画栋～朝飞南浦云，珠帘暮卷～西山雨。闲云＼潭影～日＼悠悠，物换星移～几＼度秋。阁中帝子＼今何～在？槛外＼长江空～自流。

潇洒放肆　直抒胸臆——《将进酒》朗诵解析

君不见黄河之水天上来，奔流到海不复回。

君不见高堂明镜悲白发，朝如青丝暮成雪。

人生得意须尽欢，莫使金樽空对月。

天生我材必有用，千金散尽还复来。

烹羊宰牛且为乐，会须一饮三百杯。

岑夫子，丹丘生，将进酒，杯莫停。

与君歌一曲，请君为我倾耳听。

钟鼓馔玉不足贵，但愿长醉不复醒。

古来圣贤皆寂寞，惟有饮者留其名。

陈王昔时宴平乐，斗酒十千恣欢谑。

主人何为言少钱，径须沽取对君酌。

五花马、千金裘，呼儿将出换美酒，与尔同销万古愁。

这是一首著名的劝人喝酒的杂言诗。作者李白出了洛阳的都城，别了东鲁的亲朋，继而开始了在全国各地的游历，向着心中自由的理想继续前行。

公元 752 年的某一天，李白与好友岑勋即岑夫子受邀到两人共同的另一位好友元丹丘位于今天河南嵩山的颍阳山居会面，畅叙友情。席间，原本性情就桀骜不驯、傲视权贵的李白酒过三巡之后便诗情大发，遂生此作。作品貌似是在极力地劝导在座的诸位朋友多喝酒、快喝酒，实则是在借酒抒心中之感怀，借酒泄胸中之郁愤。"将"（jiāng，此为叶嘉莹先生发音观点），请、希望之意；"进"，喝。

全诗的意思表示和逻辑关系可一分为二：第一个层次为前六句，阐述了为什么要喝酒。前两句说明了空间客体的位移之变，即"天上来——奔流——不复回"和时间本体的流逝之快，即"白发——朝青丝——暮成雪"，这两句从空间和时间这两个客观存续且无法改变的已知哲理角度延展成人生苦短的现实认知，为喝酒的理由阐述奠定了巨大的、不可更改的意识基础。

前两句开头连续两个完全相同的"君不见……"是重复的设问以示无须证明和回答的定理之感，朗诵之时用疑问语气为佳。

三句、四句从群体和个体的范畴对几乎可以涵盖所有人的人生境遇即"得意"和失意这仅有的两方面提出了建议，即"得意须尽欢，莫使金樽空……"四句为反写，没有出现直接的、有关"不得意"的时间点位，就以精神层面的"必有用"，来简洁地给出了当人生遭遇失意之时的心态指导和在物质层面的即"千金散尽"

后的无所谓的等待状态即"还复来",理想的坚定和情怀的浪漫莫过于此。"还",
（hái），表示现象继续存在或动作还在进行，有仍旧之意。

　　五句和六句承接了上述四句的意旨铺垫。所以作者才直言既然人生苦短，那
就及时行乐吧！即"烹羊宰牛"和"一饮三百杯"，并开始招呼，甚至具体点名
即"岑夫子，丹丘生"，让他们执行即"将进酒"并一直延续下去即"杯莫停"。
须知，古时候当众对人直呼其名是有欠礼仪的，但此处作者可以用如此直白的称
谓，足见朋友间熟络之程度已非同寻常了。此外，点名之后亦更无客套，直接进
行了几乎是强制性的要求，即"将进酒"而且还要不停地"将进酒"，即后半句
紧跟着的"杯莫停"。此处在口语外化之时可以有变化地重复一次，以壮作者竭
力劝导之声色。

　　第二个层次，论述了酒得（děi，需要、应该）怎么喝。

　　七句、八句围绕着劝酒的中心思想进行了承上启下的过渡。"歌一曲"，是
不是李白在酒酣耳热之际带着激情的、有旋律的、像唱歌一样的讲述现在已无法
得知，但一定是酒席间热烈情感的继续，一定是郁闷心情在酒水催化之下的生发
和倾泻的酝酿，否则就不会将生活中的所有物质内容都视为不重要即"不足贵"，
那么什么才是需要的和重要的呢？即"长醉、不复醒"。

　　接续的第九、第十句又以一个宽泛的久远认知即"古来、寂寞、饮者、其名"
和一个具体的历史故事即"陈王、宴平乐、十千、恣欢谑"进行了引证和诠释，
尽全力地建议在座的诸位，特别是岑、丹丘二人不必在乎那么多，只有尽情地饮
酒才会青史留名，过去即"昔时"的大才子陈思王曹植都可以将价值一万钱即
"十千"一斗的好酒拿出来宴请即"宴平乐"，何况现在的你我呢？

　　末尾的两句紧接上述史实列举之逻辑，强烈地建议甚至就是要求今天做东的
主人不要吝惜金钱，即"何为（wèi，为什么）、言少（shǎo）"，痛痛快快地即"径

须"把买来即"沽取"的酒全部拿出来给大家喝吧！如果这样还没喝好的话，那么就将家里贵重值钱的生活物资即"五花马、千金裘"拿去卖掉再换成美酒。"五花马"，指主人因为马的名贵而将马的鬃毛编成辫子以五种颜色的丝绦束结，以示经常地打理、装饰和爱惜。"换美酒"也可紧致地重复一次以示迫切的需求。末句，只有这样才能一起即"与尔"消解烦忧、自由千古。

故而，这首杂言诗朗诵之"声儿"应以较多的喉腔和头腔共鸣所生之明亮抑或结实、华丽的金属声为宜；"字儿"的形态需要短、半全、全和拉开的协同运用以避免逻辑之松动；"气儿"之"徐"应以喝酒的理由为"序"，"疾"应以喝酒的方法为"计"；"劲儿"之"起"应以劝导的原因为"依"，"落"应以预设的结果为"据"，以建立和塑造文字的夸张和情感的惆怅之"味儿"。

鉴于此，《将进酒》朗诵之技术技巧和口语外化基本态应该如下：

（毫不客气地直抒胸臆感，气儿实疾吐，声儿圆润的明亮，字儿全但音程较快，劲儿下行以示不容置疑）君不见＼（气儿徐吐，声儿自然的浑厚，字儿半全）黄河之（声儿稍虚）水（字儿拖长的拉开，声儿头腔共鸣较多的明亮，劲儿逼仄）天上（字儿短，声儿涩，劲儿轻）来，（疾连，气儿徐吐供一此句使用，声儿浑厚，字儿半全，劲儿结实）奔流到（声儿虚，字儿全、窄发）海（两字皆声儿涩，字儿短）不复（声儿圆润，字儿半全，劲儿缓扬起以示设问感）回。（换半口气的继续感，气儿疾吐，声儿偏浑厚、略涩的颗粒感，三字皆短，劲儿软）君不见＼（四字皆声儿圆润，字儿半全，劲儿轻）高堂＼明镜＼（气儿徐吐，声儿先浑厚再明亮，字儿全）悲（声儿虚，字儿半全）白（声儿涩的颗粒感，字儿半全，劲儿轻）发，（疾连，气儿疾吐，声儿先虚再浑厚，字儿半全，劲儿较促）朝如（两字声儿皆涩）青丝＼（气儿徐吐，声儿浑厚，字儿拉开以示时间的过程感）暮（声儿涩）成（声儿虚，字儿短，劲儿轻以示雪花的飘落感）雪。（换气，气儿实徐吐，声儿圆润、较明亮的颗粒感，字儿半全）人（声儿涩）生得（字儿延）意～\（气儿疾吐，声儿自然的明亮，字儿短、宽发，劲儿稍重）须（声儿紧致的明亮，字儿全拉开、字尾下行，劲儿重）尽（声儿圆润，字儿半全，劲儿轻）欢，（气儿疾吐，声儿浑厚，字儿半全，劲儿促）莫（声儿涩，字儿短，劲儿紧）使（声儿浑厚，字儿全但音程快，劲儿重）金樽（气儿徐吐，声儿浑厚，字儿拉开）空对（声儿虚，字儿半全）月。（并，气儿足缓吐，四字皆声儿圆润，字儿半全）天生我材\（气儿疾吐，声儿需头腔共鸣较多、结实的明亮，字儿拉开、宽发、字尾疾落以示肯定，劲儿重）必有用，（疾连，气儿足疾吐，四字皆声儿虚，字儿半全）千\金\散\尽\（hái，气儿缓吐，声儿虚，字儿半全、窄发、字尾疾收）还（声儿涩，字儿全，劲儿稍促）复（声儿虚）来。（气儿实徐吐，两字声儿皆浑厚的颗粒感，字儿半全）烹（字儿全、字尾疾收归至"ng"，劲儿下落以突显与"宰牛"的形态变化）羊\（声儿先虚再圆润，字儿全、字尾缓收以示动作的过程）宰（声儿较浑厚，字儿全、字尾疾收至"u"）牛\（声儿结实的明亮，字儿拉开，劲儿紧）且（声儿涩的颗粒感）为（声儿稍虚）乐，（四字声儿皆圆润的明亮，字儿半全，劲儿轻巧）会\须\一\饮\（字儿拉开，声儿浑厚的明亮，劲儿下行、较重）三（两字皆声儿涩、短、弹出）百杯。（疾连，声儿较浑厚，字儿半全、音程快）岑夫子，（指向在小范围的转移感，三字皆短，声儿稍明亮，劲儿促）丹丘生，（气儿疾吐，三字声儿先虚再过渡到浑厚的明亮）将进（字儿全、字尾疾收，劲儿重、促、紧）酒，（声儿涩的颗粒感，字儿半全，劲儿轻）杯（声儿先虚再浑厚，字儿拉开、字尾散收）莫（字儿全，劲儿平）停。（"杯莫停"可以逐字加重并重复一次以示强调）

　　（情绪抒发的接力、继续感，气儿实缓吐，声儿圆润的明亮，字儿全、音程稍快；劲儿较重以示"我"来说唱，你们诸位一定得认真听）与君～（气儿徐吐，声儿自然的浑厚，字儿全、音程稍慢，劲儿轻）歌（两字皆圆润，字儿半全）一曲，（疾连，总括感，整句声儿虚、涩，字儿短，劲儿先平后稍促）请＼君＼为我＼倾＼耳＼听~。（暂停，换气、足徐吐，劲儿疾扬起，整句声儿持续着浑厚的明亮，字形相对独立，劲儿持续的紧、促）钟＼鼓＼馔＼玉＼不~足贵＼（劲儿继续扬起，声儿先涩的颗粒感，字儿半全，劲儿稍重），但＼愿＼（气儿足徐吐，声儿稍浑厚少明亮，字儿拉开，劲儿绵）长（字儿短，声儿涩）醉＼（声儿较浑厚少明亮，字儿拉开，劲儿促）不（两字皆声儿涩，字儿短，劲儿轻）复＼醒。（直接展开的解释感，气儿足徐吐，整句声儿自然的明亮，前四字字形相对独立，劲儿轻巧）古来＼圣＼贤＼（声儿结实的明亮，字儿拉开，劲儿平实以示全面涵盖）皆~寂＼寞，（疾连，就气儿疾吐，声儿明亮，字儿短）惟有＼（字儿拉开，声儿更明亮，劲儿稍重）饮者＼（声儿先虚再明亮）留（声儿涩）其（声儿虚）名。（继续援引史实，娓娓道来的递进感，整句声儿较涩的浑厚，字儿半全）陈王＼昔时＼宴＼平＼（声儿涩）乐，（声儿浑厚，字儿短，劲儿轻巧）斗酒（字儿全，劲儿稍重）十千（气儿疾吐，声儿结实的明亮，字儿全、音程稍慢）恣~（声儿涩，劲儿软）欢＼谑。（回到现实的转折感，气儿实徐吐，整句声儿较浑厚，字儿短）主人（字儿拉开，劲儿疾扬起）何为＼（声儿涩，字儿短）言（声儿虚，字儿全、字尾缓收）少钱，（疾连，劲儿加重、有力，整句声儿浑厚，字儿半全、音程较快）径＼须＼沽＼（字儿全、音程稍快）取（字儿全，声儿明亮，劲儿持续的较重）对（两字皆声儿浑厚，字儿短）君（字儿拉开、字尾散收，劲儿持续的紧、促）酌。（换气疾吐，整句声儿需较浑厚中的圆润）五＼花＼马＼（字儿全，劲儿促）千~＼金＼裘，（疾连，整句声儿较虚，字儿半全，劲儿稍重）呼＼儿＼将＼出＼（气儿疾吐，声儿明亮，字儿全；劲儿促）换＼（声儿稍明亮，字儿全、音程稍快）美（声儿先虚再涩，字儿半全、字尾疾收、音程快以示坚决）

酒，（暂停、声儿断意连，气儿徐吐，声儿涩，字儿半全）与（声儿浑厚，字儿全、字尾疾收、字尾劲儿下行）尔（声儿浑厚，字儿全、字尾疾收）同（声儿靠前的稍明亮，字儿短）销（气儿徐吐，声儿先虚再浑厚，字儿拉开、字尾散收）万古（声儿浑厚，字儿半全、弹出）愁。

第四节　山水自然类

干干净净　真真正正——《山中》朗诵解析

长江悲已滞，万里念将归。

况属高风晚，山山黄叶飞。

这是一首自述心情的五绝。作者王勃被唐高宗逐出沛王府后，于公元 669 年从长安入蜀地游历，并长时间客居于此。在外时间久了自然思念家乡，这首诗作于公元 672 年作者旅居川蜀生活的后期，表达了其深切的思乡、念归之情。

全诗字里行间的景物描写颇多凄清、萧瑟之态，反衬着作者内心情绪的悲凉和落寞之感。

首句记景并抒情。人们习惯认识中，滚滚东流的长江水仿佛就像"我"的悲伤一样居然停滞不前、原地不动了。一个"已"字说明作者旅居在外时间已经太久，同时思乡已然太重，两种情态处于建立和存在的完成时。

二句自述而感怀。文字表面的"万里"与"长江"相称，貌似在接续修饰长江之源远流长，实则在借此反映旅居地与家乡之间的距离，借他物之远而言己情之遥，手法高妙。一个"将"字说明了动作发生的将来时态，意指"我"即将在"念"的力量驱使下展开"归"的动作，实施回老家的行为。

三句假托以回旋。"高风"，即天高气爽的秋风，以一句"何况这夜晚吹着凉爽的秋风"作为归乡行动前的预告和启程的号角。

四句写景复伤怀。有"高风"劲吹的晚上，众多山上即"山山"由于季节的影响而失去了生机的枯败"黄叶"，在纷纷扬扬地"飞"落，一派萧瑟之态。此句描写令受众非常易于体会作者彼时所处的被驱逐、在游历的心境，即进入恰如这"黄叶"一样漂泊不定的流浪状态之中，此句可谓是笔笔感伤、字字凄凉。

与此同时，这样的一个开放式结尾并没有言明"归"的具体时间，不仅给读者以诸多遐思，更令"悲已滞"和"念将归"两者之间的逻辑关系被模糊地渲染，于是令此"悲"更觉得伤悲也更让人心碎。

故而，这首五绝朗诵之"声儿"应以浑厚中的枯涩并带着较大的嗓音颗粒感；"字儿"应带有字形态的舒展和字间距的蹒跚感；"气儿"应以有力的"徐"和散漫的"疾"为宜；"劲儿"应以"控"中有灵动、"纵"时不放松为宜，以建设和塑造不可言说的漂泊和一言难尽的苦涩之"味儿"。

鉴于此，《山中》一诗朗诵之技术技巧和口语外化基本态应该如下：

（眼前的江水和心中伤悲的共存感，气儿足虚吐，声儿浑厚、不明亮的颗粒感，字儿全）长（字儿半全，声儿先实后虚）江（声儿先稍圆润后虚，字儿半全，劲儿稍紧）悲（字儿短）已（气儿疾吐，声儿涩，字儿拖长，劲儿软）滞，（气儿足疾吐，声儿浑厚、无颗粒感，字儿拉开，劲儿绵）万（声儿涩，字儿短、音程稍长，劲儿紧）里（气儿疾吐，声儿先虚后实，字儿全）念（字儿半全，声儿枯涩以示暂时还回不去之感）将（声儿先实后虚，字儿半全、弹出，劲儿稍紧、软）归。（气息重新组织，气儿实徐吐，声儿稍虚的浑厚，字儿半全）况（声儿干涩的颗粒感，字儿拉开、字尾缓收，劲儿缓慢的下行）属（声儿先虚后实，字儿半全，劲儿轻）高（声儿稍浑厚，字儿短，劲儿平）风（声儿虚，字儿拉开、字尾散收）晚，（连，气儿足虚吐，声儿先虚后实，字儿短，劲儿稍促）山（气儿疾吐，声儿先虚后浑厚，劲儿较促）山＼（气儿徐吐，声儿圆润颗粒感，字儿全，劲儿平）黄（字儿短，声儿稍圆润）叶（声儿虚，字儿半全，劲儿稍促）飞。

孤篇全唐　令人神往——《春江花月夜》朗诵解析

春江潮水连海平，海上明月共潮生。

滟滟（yàn，水波荡漾）随波千万里，何处春江无月明！

江流宛转绕芳甸（郊野的草地），月照花林皆似霰（xiàn，似雪非雪、不透明的小冰粒）。

空里流霜不觉飞，汀（tīng，小洲）上白沙看不见。

江天一色无纤尘，皎皎空中孤月轮。

江畔何人初见月？江月何年初照人？

人生代代无穷已，江月年年望相似。

不知江月待何人，但见长江送流水。

白云一片去悠悠，青枫浦上不胜愁。

谁家今夜扁（piān，小）舟子？何处相思明月楼？

可怜楼上月徘徊，应（yīng，应该）照离人妆镜台。

玉户帘中卷不去，捣衣砧（zhēn，垫具、砧板）上拂还来。

此时相望不相闻，愿逐月华流照君。

鸿雁长（cháng，不停地）飞光不度，鱼龙潜跃水成文（同"纹"）。

昨夜闲潭梦落花，可怜春半不还家。

江水流春去欲尽，江潭落月复西斜（xiá，押韵所需）。

斜（xié，此处无押韵之需）月沉沉藏海雾，碣石潇湘无限路。

不知乘（chéng，趁、就着）月几人归，落月摇情满江树。

这是唐朝诗人张若虚的代表作。这首三十六句的歌行体长律中记江景、怜离人、思哲理，并因其意境美、哲理强、情景融而久为世人所称道，也是歌行体古诗的形成标志之一。

歌行体古诗是初唐时期在汉魏六朝乐府诗的基础上发展起来的，由南朝时期宋的文学家鲍照所创立，其文字音节和格律比较自由，形式采用五言、七言、杂言并富于变化，但是这首诗通篇仍是七言，工整、规范。

有"吴中四士"之誉的张若虚虽然存世之诗作仅有两首，另一首乃为十二句的五言长律《代答闺梦还》，但是其以"上承齐梁、下开盛唐"的诗作特色，在南北朝至盛唐乃至宋朝的诗歌历史中起到了承上启下的作用。

这首脍炙人口的《春江花月夜》更因作者将文笔清丽的审美价值最终归结于人生思考的哲学意义而极具分量，被赞誉为"孤篇盖全唐"。又因其通篇结构有序、逻辑严密且意识贯通，虽为长律，但四句一换韵之手法并无阅读板滞之感，所以此三十六句的排列组合甚至可以拆分为九首独立存在的七绝而各自成诗。

此诗第一层次为前六行的十二句，描写春天江边的月夜美景。"春江连海、明月潮生、滟滟随波、何处春江、江流宛转、月照花林、空里流霜、白沙不见、江天一色、皎皎月轮、江畔何人、江月何年。"如此，"春、江、花、月、夜"一一展现，五个时间、景物彼此你中有我又我中有你，既清晰、准确，又明丽、互联，写得足、画得满。

第二层次为中间六行的十二句，记录于此如此良辰美景中生发出的人生感悟。"代代无穷、年年相似、不知江月、但见流水、云去悠悠、浦不胜愁、今夜扁舟、相思月楼、怜月徘徊、照妆镜台、帘卷不去、砧拂还来"。此时作者将"人生的短暂与时间的绵长、江水的东流与相思的离愁、存在的有心与去留的无意"顺序又交织地提出来，却并没有进行任何回答，哪怕是只言片语也没有，只为给受众以思考的空间，以便将后续的哲学命题推展向前。

第三层次为接续之六行的十二句写景致、叹别离、说哲理。"望不相闻、月华照君、鸿雁长飞、鱼龙潜跃、潭梦落花、春不还家、春去欲尽、月复西斜、沉藏海雾、碣石潇湘、不知几归、情满江树。"此时作者用日常生活中月缺与月圆的更替、游子和离人的愁绪、生长与消亡的轮回，构建起了一个亘古未变的哲学命题，先并置在春、江、花、月、夜的美丽之中，继而解释出了对时光的靡费与珍惜、人生的相聚与别离的宽泛内涵和致密意义。

全诗通篇文字简洁有力、直白易懂。上述从七字一句的律诗格式中依段落摘录出的四字短语中不仅可以很明显地读出作者的写作意识次序，而且能够发觉和捕捉到表达主体内心情感的结构、逻辑。

故而，这首长律朗诵之"声儿"应有圆润、明亮中的温和感；"字儿"应以记录中的短、全交错为宜；"气儿"应以"徐、疾"的相互作用与"序、计"起承转合为宜；"劲儿"应以"依、据"共存的强弱起落为宜，以建设和塑造先提出隽永的问号再开启深刻的思考之"味儿"。

鉴于此，长律《春江花月夜》朗诵之技术技巧和口语外化基本态应该如下：

（开阔地与近旁处的观察、记录感，气儿实徐吐，声音整体选择圆润、个别字词由于韵母的明亮而自然明亮即可）春江（字儿半全）潮（声儿涩，字儿拉开、字尾缓收，劲儿弱）水（劲儿轻）连（字儿半全、不必窄发）海（声儿虚）平，（视线向上、远的空间转移感，声儿虚，四字形态皆灵便、字儿的音程较快）海上＼明月（声儿温和的浑厚，劲儿稍重）共（声儿圆润）潮生。（视线转回眼前并远望的辽阔感,声儿圆润)滟滟随波~(气儿虚吐以示烟波浩渺的无垠之态,字儿全发、拖长、声母"q"虚,声儿稍明亮,劲儿轻)千(字儿短、音程快,声儿稍浑厚,劲儿稍促)万(声儿涩)里,(温和的不容置疑感,气儿疾吐,声儿浑厚,字儿因阳平声调而有一个很明显的由低到高的过程,劲儿稍扬起)何(字儿短,声儿稍虚)处\(字儿半全、稍拖长,声儿浑厚以示春江水之宏大,劲儿不可重)春江(气儿疾吐,三字声儿皆圆润,字儿半全,劲儿一直自然的下行以现稳健的肯定感)无月明!(近旁景物的详述感,气儿实缓吐,声儿圆润,字儿半全)江流\(声儿虚,字儿全)宛转~(声儿稍浑厚,字儿短,劲儿绵)绕(劲儿轻)芳甸,(并)月照花林~(气儿缓吐,声儿圆润中稍明亮,字儿全、音程较慢,劲儿较结实)皆似(气儿疾吐,声儿先虚后实,字儿半全、稍拖长、音程稍快)霰;(楹联对仗的继续感,气儿足徐吐,由于韵母为"ong",此处避免将浑厚加重,声儿选择自然的浑厚即可,字儿半全、窄发)空里流(字儿拉开,声儿稍涩的颗粒感)霜~不觉(声儿稍明亮,字儿半全,劲儿平)飞,(声儿浑厚以示泥土的厚重感,字儿半全,劲儿稍扬起)汀上\(声儿虚,字儿拉开)白~(声儿虚,字儿短)沙\(字儿短、弹出,声儿先虚后圆润)看不(字儿全,声儿先虚后涩)见。江天一色\无~纤尘,皎皎空\中~孤月轮。江畔\何~人初~见月?江月\何~年初~照(劲儿上扬起以示疑问感)人?

　　(临江之时借景寓情的抒怀感,气儿足徐吐,声儿整体选择在浑厚中的适度变化,字儿半全)人生(两字拉开、形态趋同,声儿自然的浑厚)代(稍虚的浑厚)代~无(字儿全,声儿圆润的颗粒感)穷(声儿涩)已,(相对感,声儿浑厚,字儿短,劲儿轻)江月\(字儿全,声儿涩的颗粒感)年年~(声儿浑厚,字儿半全)望\(字儿拖长,两字形态趋同,声儿圆润的颗粒感,字儿全)相(声儿稍涩,字儿稍短,劲儿稍轻)似。(粘连的陈述感,此处要注意避免由"不知"二字造成习惯性的疑问语气，因为江月的"待"是一定存在的，这里的"不知"仅为一种强调用途的假问而已。气儿实徐吐，声儿圆润，字儿短、宽发，劲儿略促）不知（声儿虚）江月＼（声儿虚）待（声儿较浑厚，字儿全）何人，（连，气儿疾吐，声儿稍明亮，字儿全，劲儿较结实）但见＼（声儿虚）长（稍浑厚）江＼（字儿短，劲儿较促）送＼（两字语速慢，声儿较虚，音程很慢，劲儿轻缓）流水。（现实空间的小场景的具象感，自言自语状。气儿实缓吐，声儿浑厚，字儿短小、轻便，劲儿灵巧）白云一片＼去＼（声儿圆润的颗粒感，字儿全，劲儿轻以示白云的散开状）悠悠，（云悠闲到人愁苦的转折感，全句声儿浑厚，每个字儿半全且间距相等，劲儿轻、绵、稳）青枫浦上不胜愁。（问题的引出感，气儿足疾吐，整句声儿圆润，字儿以半全居多,劲儿较紧）谁~家＼今夜~（字儿拖长）扁舟子?（疾连，气儿徐吐，整句声儿选择枯涩的较大的颗粒感，字儿较短，劲儿无奈的疑问态）何处相思明月楼?（叹口气，承接思绪回环的继续感）可怜楼上＼月~徘~徊,（疾连）应照＼离~人妆＼镜＼台。玉户帘~中＼卷~不去,（并）捣衣砧~上＼拂＼还＼（劲儿极轻）来。

（回归自然的思索态和追问感，气息重新调整至稳健、充足、平实态）此时~相（字儿全，声儿浑厚，劲儿较促）望＼（字儿短，劲儿轻以示不是真的不闻）不＼相（气儿疾吐，声儿圆润，劲儿扬起）闻，（粘连的结论感，稳健、坚决、温暖的劲儿，整句声儿选择浑厚）愿逐＼月＼华~流照（字儿拉开、字尾散收，声儿浑厚，劲儿平、轻）君。（递进的、客观的例证解释感，气儿实缓吐，声儿浑厚，字态儿轻便以示"鸿雁"飞行之态）鸿雁长飞＼（字儿全、音程慢，声儿圆润）光（气儿徐吐，字儿全，声调语流音变为阳平，声儿枯涩）不（字儿短、弹出）度，（并）鱼龙＼潜跃~（声儿涩，字儿短，劲儿轻）水成~（声儿虚）文。（无奈但是不回避的、积极面对的坦诚感，气儿实徐吐，声儿较浑厚，字儿半全，劲

儿虚无中带柔软）昨夜（字儿全，声儿圆润的颗粒感）闲～潭＼（字儿短，声儿
较浑厚但劲儿轻）梦＼落（声儿虚）花，（整句声儿选择相对的枯涩）可（字儿
拉开、字尾下落）怜～（声儿自然的浑厚）春（声儿虚）半＼（声儿自然的圆润，
字儿短，劲儿稍紧）不＼（声儿涩）还（声儿虚）家。（加强的、进一步的解释
感，气儿实徐吐，一组对仗句声儿选择规范的圆润，字儿以相对"全"居多）
江水流～春＼去＼欲尽～，（并）江潭落＼（字儿全，声儿稍虚）月～复＼（字
儿全、宽发）西（声儿虚）斜。（尘埃落定的认同感，声儿浑厚、圆润相杂，字
儿全与半全相间）斜月＼沉沉＼藏～海雾，碣石（并）潇湘＼无～限路。不＼知
～乘月～几人归，落月～摇情～满＼江＼树。

直叙平铺　夸张记录——《望庐山瀑布》其二朗诵解析

日照香炉生紫烟，遥看瀑布挂前川。

飞流直下三千尺，疑是银河落九天。

这是一首广为传诵的山水七绝。

此诗乃公元 725 年前后李白去金陵（今江苏省南京市）游历途中顺访庐山（今
江西省九江市境内）时所作，此时其尚未至长安供奉翰林。该诗通篇生动、形象
地描写了庐山瀑布飞流直下的形态和巨大水流的气势磅礴，文字也与作者飘逸潇
洒、恣意汪洋、奔放不羁的性格极为契合。

首句为远望的静态全景画面。"香炉"即庐山的香炉峰，因其巍峨、高耸而
云雾缭绕，于是在阳光的照射之下呈现一派紫色的缥缈、壮观之貌。

二句为走近之后视觉中瀑布的中近景形态，"挂"在山前的河流即"川"，
此句动静结合，"挂"貌似为静，却因其"瀑布"之水的固有属性而一定会客观
地流动着，所以才是山体前面的"川"。朗诵之时需要注意"劲儿""气儿"的

调整和分配。

三句为继续移步走近后人之于瀑布动态的直观感受。首先说的是水流速度之快，即"飞流"；再说水流体量之大，即"直下"，说明由于水量巨大所以流动起来才没有弯曲；三说水流距离之远，即"三千尺"，当然此处为夸张的泛指。庐山香炉峰高度的具体数据已无确切探究、测量之必要，总之山有多高，水流就会有多长，山体有多巍峨，水流就会多磅礴。

四句为经过刚才在同一场景、不同距离的不同视听感受之后，得出的山水形象总括。水流的"川"颜色为白，但是银河的明亮更加洁白。此处因为以"九天"璀璨的星河作为同色彩和同形态的比喻，于是文字和视像中瀑布和山川的存在便更具壮丽和浪漫的诗意感。

故而，这首七绝朗诵之"声儿"应以本真的浑厚、自然的圆润为主；"字儿"的形态应以多全、多拉开、少短为主；"气儿"之"徐"应以表达主体的视觉动态为"序"，"疾"应以景物单元的各自展开为"计"；"劲儿"之"起"应以山、川的远近顺序为"依"，"落"应以地、天的空间相融为"据"，以建立和塑造壮美的描写和浪漫的想象之"味儿"。

鉴于此，《望庐山瀑布》朗诵之技术技巧和口语外化基本态应该如下：

（远看的初始印象感，气儿实缓吐，声儿自然的浑厚，字儿靠前的半全、宽发，劲儿由于去声调导致稍促）日（声儿先圆润再稍虚，字儿全、字尾散收）照（两字词的联合感，声儿圆润，字儿半全）香（气儿徐吐，声儿浑厚、明显的颗粒感，字儿全）炉～生＼（声儿浑厚、较小的颗粒感，字儿半全、音程稍快，劲儿紧致）紫（声儿自然的涩以示缥缈、无力之态，字儿短，劲儿轻）烟，（移步换景感，气儿足徐吐，声儿先虚再浑厚，字儿全、音程较快，劲儿软）遥（声儿先虚再稍涩，字儿短、弹出）看＼（声儿自然的浑厚，字儿全、宽发）瀑（声儿涩，字儿短，劲儿轻）布（气儿疾吐，声儿虚，字儿全、音程稍慢）挂（声儿涩，字儿半全）前（声儿圆润，字儿全、音程较慢，劲儿轻）川。

（走近之后定睛打量、思忖后的惊叹感，气儿足徐吐，声儿圆润中的明亮，字儿拉开、字尾散收，劲儿结实）飞（声儿涩的颗粒感）流（声儿圆润，字儿半全、音程较快以示流速快而势不可当）直（声儿先虚再浑厚，字儿短，劲儿稍重）下（气儿疾吐，声儿先虚再浑厚，字儿拉开、字尾缓收）三＼（声儿虚，字儿短、音程极快、弹出）千＼（声儿涩，字儿短、音程较快，劲儿稍促）尺，（暂停、思考后的赋予感，气儿实缓吐，声儿圆润、稍明亮，字儿全、宽发，劲儿较平、不宜重）疑（"疑"的字尾自然过渡给声母"sh"，气儿疾吐，声儿涩，字儿短、弹出）是＼（气儿徐吐，两字声儿皆圆润的颗粒感，字儿全、音程稍快）银河～（声儿浑厚，字儿半全、字尾缓收以示下落的过程感，劲儿稍重）落＼（气儿徐吐，声儿先虚再涩的颗粒感，字儿全）九（声儿自然的圆润，字儿短、字尾缓收，劲儿轻落下）天。

春雨时节　干湿明灭——《春夜喜雨》朗诵解析

好雨知时节，当春乃发生。

随风潜入夜，润物细无声。

野径云俱黑，江船火独明。

晓看红湿处，花重锦官城。

这是一首耳熟能详的咏雨五律，尤其前四句几乎妇孺皆知。作者杜甫在历经了五年多（公元 755～760 年）的辗转、流离后，终于在他乡的草堂得以安顿。在次年的某个春夜，作者遇见了润泽的雨水，这给他漂泊的生活和干涸的心灵带来了独特和久违的陶醉之感，所以题目中是"喜"雨。在作者的精神世界中，远途迁徙的动荡加之战乱给心灵造成的创伤，仿佛经过这一夜的春雨洗涤，生发出了对未来生活的美好希望。

首联直抒胸臆。作者毫无遮掩地说了雨的好，即"好雨"，但是直言这雨好并非无稽之谈。那么如此直言的根据又是什么呢？出句里给出了答案即"知时节"，如此，首句中的五个字既有因又说果，而且是先说果、再表音。这样的表述极为直接、肯定，充分地表达了作者对这雨的热烈欢迎。对句递进、清晰地说明了"好雨"好的根本所在，是它"乃发生"的季节即"当春"。因为春天的雨水对古代中国农业社会生产的必要性和百姓一整年田地收获的重要性是无须赘述的。

然而这定义式的赞美即"好雨"还远未说完。

接续的颔联就从"雨"的动作行为和声响两个方面再次记录并成功地印证了这雨是的确"好"——一个惯常的自然现象居然好像通了人性似的，知道人们夜晚的安睡需要安静。所以并没有携带滚滚的雷声也没有狂风大作，而是悄悄地"潜"入这夜色中来，对人们没有产生丝毫的搅扰，而且还以最为天地万物生长所欢迎的方式，即"细无声"来低调地履行着它的义务。

正是因为这雨的"细"，它就更容易被经历过冬季且急需滋养的土地一点一点地全部吸收；又因为这雨的"无声"，所以它们就不会像瓢泼大雨那样喧嚣。因而，所有的读者都能够于阅读或者收听的第一时间，就认知到这雨的好，进而从内心的情感层面认同这真的是"春夜"的"喜雨"。

颈联沿着"喜"的逻辑继续将雨之所以"好"的意识再立体和丰富起来，于是作者的笔触在喜悦心情的支配下顺势来到了窗外。此时，作者发觉草堂外的小路即"夜径"在雨云的笼罩下，周遭一片黑色即"云俱黑"，对句的视线又放得更远大了些，看见在巨大的黑暗之中，江上亮着的即"明"的只有（独）船只的灯火即"江船火"。因为看见了独有的、突出的光明，所以此两句不仅将"好雨"

的意识在之前"潜、细、黑"的连续标记之后进行了延展，同时这样的视觉感受也就随即成了尾联现实春景呈现的前置逻辑。

尾联，到明早天明之时即"晓"，再看红色的和湿润的地方即"红湿处"。因为这一夜春雨的"潜入"和"润物"，而令春花都饱饮了水分并感觉沉重即"花重"（zhòng）起来了。当然这花重的分量不仅是春色中植被的蓊蓊郁郁的形象，更是诗人笔下对美好生活的设想和心中期盼尽快结束漂泊的希望。

故而，这首咏雨五律朗诵之"声儿"应以较多的圆润中含着结实的明亮为主；"字儿"的形态以较多音程稍慢的完全为宜；"气儿"之"徐"应以夜雨时的安静潜入为"序"，"疾"应以春晓后的景物充盈为"计"；"劲儿"之"起"应以期待下雨就有雨下的欣喜为"依"，"落"应以和风细雨的润物为"据"，以建立和塑造清幽的意境和自然的美景之"味儿"。

鉴于此，《春夜喜雨》朗诵之技术技巧和口语外化基本态应该如下：

（发觉并转念思忖后欣喜的抒发感，气儿实缓吐，两句整体声儿自然浑厚中的圆润，两字儿需全，"好"音程较慢，声调语流音变为阳平）好（声儿圆润的颗粒感，字儿全、字尾随上声调完全归音至"ü"后缓收，劲儿稳）雨（气儿疾吐，声儿结实但不尖利的明亮，字儿全、音程慢，劲儿平）知（气儿疾吐，声儿圆润，字儿半全）时（字儿短、音程稍慢，声儿涩的颗粒感）节，（暂停，换一半气儿后疾吐，声儿自然的浑厚，字儿半全）当（气儿徐吐，声儿先虚再圆润，字儿拉开、音程稍慢、字尾韵母"un"归音完全）春\（字儿稍拖长，气儿缓吐，声儿先虚再圆润、明亮的明显颗粒感，字儿全）乃（声儿虚，字儿短）发（声儿稍涩的浑厚，字儿半全，劲儿轻）生。

（注意力集中的收听并判断感，两句劲儿安静的轻，气儿足徐吐，声儿整体自然的圆润）随风（字儿全，音程慢以示动作的过程感）潜入（声儿先虚再涩）夜，

（连，气儿疾吐）润物＼（气儿缓吐，字儿全、宽发）细～（字儿半全）无～声。（气息调整，语速稍提，主观视线的高低转换感，全联声儿圆润的颗粒感）野径＼云～（气儿疾吐，字儿全、音程稍快，劲儿稍重）俱黑，（并列感，三字形成组合）江船火～（气儿徐吐，声儿先虚再圆润，字儿全）独（声儿涩，字儿短）明。（早晨云开雨霁之后的湿润、惬意感，气儿实缓吐，全联声儿圆润中的稍明亮、字儿靠前窄发）晓（字儿短、音程稍慢、弹出，声儿稍虚）看＼（三字皆半全，劲儿软）红～湿～处，（气儿徐吐，声儿稍浑厚的圆润，两字儿皆全、稍快）花重＼（两字儿皆全、稍慢）锦～官～（声儿自然的后鼻音韵母浑厚，字儿全、字尾疾收、音程稍快的收束感）城。

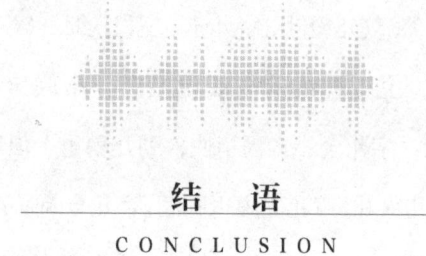

结 语
C O N C L U S I O N

人的任何一种活动都包含两个层面的指向——意识和行为。朗诵活动也不例外。

朗诵的意识是指源自朗诵者精神世界的思维，落实到物化形象上就是指大脑和大脑的思考。朗诵的行为是指朗诵者的口语外化实际，具象到执行层面就是指嘴巴和由其产生的声音信号。

也正是因为如此，就诞生了关于朗诵的两个核心的也是关键的问题，即大脑要思考什么且如何思考？嘴巴要外化什么并怎么外化？其实，归属于大脑的就是朗诵的方式方法问题，而由此给嘴巴带来的就是口语外化时的技术技巧问题。

朗诵活动的传播主体是朗诵者即实施朗诵的人的"声儿"，传播载体是文字信息即文本的"意"，传播客体是社会大众即受众的"情"。因此，让受众感动的前提和基础是朗诵者声音信号的口语韵味。如果缺少甚至没有了听觉感受的"味儿"，那么受众心理的变化和情感的震动将要从何而来？如何让无声无息的书面文字裹挟起可知可感的韵味呢？唯有精准的、美好的和高级的口语外化行为这一途径了。

朗诵者是转化者，也是传递者。

所以在探究和追溯表意达情根源的过程中，朗诵者需要对文字信息的认知和感悟加以有序地解析甚至进行逻辑倒推，以期得到朗诵表达方式方法的依据和口语外化技术技巧的缘起。

朗诵者需要以社会大众所最易于认知的一般性情理——饥则念食、渴则思饮、疲则欲息一样的通识认知，来建立对文字的认知和感悟意识。

简言之，如果文字的意思表示是冷的，那么就一定要让受众也感知到冷，就一定要让他们感觉到与文字作者书面的意思表示相同程度的冷，就一定还要他们感受到这个冷在人的精神世界里产生的情感变化。恰有切实具象之形映于眼前，仿佛真切意象之情动于胸中。

这样传播主体即朗诵者的"声儿"才能与声音载体即文本的"意"紧密团结起来，并形成信息逻辑集束，进而才可以与客体即受众的"情"建立共同。至此朗诵行为的社会传播效果即"味儿"也就水到渠成了。

因为朗诵者个人嗓音形态的绝对差异性加之他们生长经历不同、受教育程度各异，导致口语外化后的形态千差万别，这是正常的大众自然性的客观存在。正因为如此，受众对声音的认知标准当然也是仁者见仁、智者见智的。简言之，就是我喜欢这样的，他钟情于那样的。

那么如何在客观的殊异中求其同，于现实的差别中寻其共，以利于社会大众可以在最大范围内、能够最大限度地接纳某一个听觉信号，进而形成和建立一个相对同一和统一的诵读规范呢？这就是朗诵者需要也是必须进行研判和实践的专业性课题了。

《论语·卫灵公》中记："子曰：'有教无类。'"有教无类，一是指不分贵贱、贤愚，对各类人都是可以进行教育的；二是指人原本是"有类"的，比如有的智、有的愚、有的高、有的低，但通过教育是可以消除这些差别的。

对朗诵这个实践性的专业行为而言，取"有教无类"这个成语的第二层释义才是更有社会指导意义的。因为汉语言使用的久远和广度导致了大众认知的自然差异性是广泛和坚定的，所以对"何为对、何为好、何为美"这一艺术标准的研讨也是必要和重要的。因为如果诸多汉语言使用者每个人都有了各自认同的标准，那么，那样的标准也就不能被视为真正意义上的标准了，也就是没有了"类"，当然朗诵的艺术化也就没有标准了。

如果大众都认为各自的好才是好的话，那么什么才是标准和规范的好呢？若是如此，只会永无休止地争论下去，那样对朗诵艺术实践而言是毫无意义的。我们需要建立和培养一个关于朗诵表达艺术标准认知的同理心。

那么朗诵习练者和执业者应该做些什么和怎么做呢？需要如下三个阶段：

第一个阶段是在自我认识后的自我比对。

朗诵者首先应该在不受他人任何意见影响的时候，冷静地认识一下自己的嗓音特质，客观地判断一下自己的嗓音能不能以及能在多大程度上满足汉语言口语外化的艺术需要。

之后要将个人认知后的嗓音感受与专业教科书上的理论要求以及国家级大众传播机构里重点栏目中播音员的多个嗓音形态进行一个综合地比对。当然需要指出的是，那些活跃在大众视听范畴里的声音形态也不是最权威的，只是可以用来作为比对以寻找差异的样本而已，甚至有许多都是勉强地存在和暂时作为职业者使用的，所以其差别肯定是巨大的。

如果朗诵习练者能够练习出一个有明亮的基础听觉感受的、有生理结构支撑的乐音共鸣的、不靠前也倚后的、不单薄也不笨拙的，并可以自然发出的嗓音，才是适用于朗诵表达的。这就是"朗诵得对"的初级目标。

第二个阶段是在自我发觉后的自我修正。

朗诵者先将个人的嗓音用于文字信息的口语外化时，有必要将某一段落反复地朗读几次，以便发觉每一次和每一个有声语言链条中的声音差异。更有意义的是，结合这一轮的差异化寻找过程，朗诵者需要建立一个自我对照和对应调整的意识，从中捕捉到自己已经具备的和能够较自如运用的声音状态并继续保持下去。

朗诵者还要厘清自我嗓音的素质欠缺，以便于修正性地变化和完善，不随意变、不胡乱变，要变之以据、变之得法，要变之有度、变化得令人信服，这才是科学的变化。这个修正性地变化和完善所遵从的标准，就是专业人士能够认可、非专业人士可以接受的大众化的声音素质特点。如果能够不使用任何可以被察觉到的发声技巧就能实现一个明亮、圆润、持久、自然地从文字到声音的口语转换形态，才是高级的和适用于朗诵表达的技巧。这可以被视为"朗诵得好"的高级目标。

第三个阶段是在自我感悟后的自我开掘。

首先是对嗓音与文字结合后的声音外化状态的感悟，即朗诵"五元"中各个元素应用后的听觉信号感受。在口语外化即朗诵的进行过程之中以及之后朗诵者要找寻与文字的韵味建设最相匹配的"声儿、字儿、气儿、劲儿"的技术技巧以及与表达目的的差距程度。更为重要和具有实践意义的是，朗诵者应思考在继而的若干次朗诵行为中，如何进行有针对性的调整以达到"朗诵得好"的进一步要求。正如启功先生所言——"功夫不是时间和数量的积累，而是准确性的重复"。

如果失去了对应的准确性，岂不是在错误的方向上越走越错？岂不是在错误的道路上越走越远？因此，朗诵准确性的训练十分重要！只有经过日复一日准确性地训练，朗诵者在面对文字时的思想意识和实施口语外化时的技术技巧行为才会产生一个从量变到质变的本质飞跃，甚至可以形成一个正确的思维意识惯性和口语外化的生理情感记忆。经过准确性的数量化和技术技巧的熟练化之后，朗诵者就能够逐渐趋近于"朗诵得美"的朗诵艺术表达的终极目标了。至此朗诵者也就拥有了在文字和语言的大众传播层面中的自我开掘能力，进而在朗诵行为专业化的职业过程中就可以举一反三，成为行家里手了。

朗诵是存在于文字和语言范畴的专业性活动，是分别归属于意识和行为这两个层面的艺术化过程。朗诵者是与汉字、汉语言和社会大众这三个方面发生传播关系的专业化的人。

文字信息的意思指向，语言外化之后的意图所在，受众情感的感动点位，这三者应该成为朗诵者思想意识里面的根据地，并成为他们嗓音行为举动的立足点和出发点。只有在细腻、全面地捕捉，准确、无遗漏地转换，精准、美好地表达之后，才能够在文字作者的意思表示与社会受众的精神感受之间建立一个合情合理的认知桥梁。

　　这样的朗诵者才能真正成为意思表示向声音信号的转换者，这样的朗诵实践者才能成为支撑受众听觉感受生成的建立者，才能成为满足社会大众精神需求的声音信号的传递者。进而每一个嗓音和每一组嗓音携带着的字、词才不是"念字儿"。这样的口语外化活动才可以被称为真正意义上的"朗诵"，具有这种行为的人也才可以被视为专业和艺术层面的"朗诵者"。

【参考文献】

王孺童 . 道德经讲义（中华书局典藏本）[M] . 北京：中华书局，2013.

杨伯峻 . 论语译注 [M]. 北京：中华书局，2009.

王志彬 . 文心雕龙 [M]. 北京：中华书局，2012.

顾青 . 唐诗三百首 [M]. 北京：中华书局，2009.

吕明涛，谷学彝 . 宋词三百首 [M]. 北京：中华书局，2010.

冯友兰 . 中国哲学史 [M]. 上海：华东师范大学出版社，2015.

冯友兰 . 中国哲学史补二集 [M]. 北京：中华书局，2017.

傅庚生 . 中国文学欣赏举隅 [M]. 上海：三联书店，2018.

傅庚生 . 中国文学批评通论 [M]. 北京：文化艺术出版社，2018.

启功 . 诗文声律论稿 [M]. 北京：中华书局，2000.

叶嘉莹 . 风景旧曾谙 叶嘉莹谈诗论词 [M]. 广西：广西师范大学出版社，2008.

张颂 . 中国播音学 [M]. 北京：中国传媒大学出版社，2003.

张颂 . 朗读学（第三版）[M]. 北京：中国传媒大学出版社，2010.

张德英 . 五行辩证——张德英临证思辨录 [M]. 北京：中国中医药出版社，2015.